# 地域公共交通の活性化・再生と公共交通条例

The revitalization of local public transportation system, and the Public transportation ordinance

香川正俊
Kagawa Masatoshi

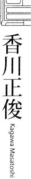

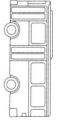

日本評論社

# はじめに

　少子高齢化や人口減少、地方経済の疲弊といった社会経済情勢の悪化に伴い、公共交通を取り巻く環境は厳しさを増しており、需給バランスによる市場原理では地域公共交通の維持・確保が困難になっている。需給調整規制の廃止を前提とする 2000 年 3 月施行の「鉄道事業法の一部を改正する法律」（平成 11 年 5 月 21 日、法律第 49 号）と、02 年 2 月施行の「道路運送法及びタクシー業務適正化臨時措置法の一部を改正する法律」（平成 12 年 5 月 26 日、法律第 86 号）成立以降、退出要件の大幅緩和に起因して、中山間部や農村部から鉄道、乗合バスやタクシー事業者の撤退が進行した。近年は都市周辺部においてもバス路線の休廃止が相次ぎ、高齢者や障害者の通院・買い物をはじめ、通勤・通学にも困難が生じる等、生活に不可欠な「移動の手段」が奪われる事態が加速化している。

　2007 年 5 月、「地域公共交通の活性化及び再生に関する法律」（平成 19 年 5 月 25 日、法律第 59 号）が制定された。同法の目的は「地域公共交通の維持に困難を生じていること等の社会経済情勢の変化に対応し、地域住民の自立した日常生活及び社会生活の確保、活力ある都市活動の実現、観光その他の地域間の交流の促進…（中略）…を図る観点から地域公共交通の活性化及び再生を推進することが重要となっていることにかんがみ、…（中略）…地域公共交通の活性化及び再生のための地域における主体的な取組及び創意工夫を総合的、一体的かつ効率的に推進」（第 1 条）することにある。同法に基づき、国土交通省は「地域公共交通確保維持改善事業費補助」制度等を創設して各種対策を進めている。けれども当該補助に係る予算は関連分を含め、毎年約 300 億円程度の規模にとどまる。16 年度当初予算における予算額は 229.23 億円（対前年度比 0.79 倍）で、道路関係当初予算 1 兆 6,637 億円（直轄

および補助金分。社会資本整備総合交付金の国費分 8,983 億円、防災・安全交付金の国費分 1 兆 1,002 億円、東日本大震災からの復旧・復興対策事業としての国費 2,376 億円を除く）の 0.021％に過ぎない。

　2013 年の第 185 回臨時国会参議院本会議において、「交通政策基本法」（平成 25 年 12 月 4 日、法律第 92 号）が可決・成立した。同法に定める交通関連施策は「交通が、国民生活の安定向上及び国民経済の健全な発展を図るために欠くことのできないものであることに鑑み、将来にわたって、その機能が十分に発揮されることにより、…（中略）…交通に対する基本的な需要が適切に充足されることが重要であるという基本的認識」（第 2 条）の下で実施されなければならない。地域公共交通に対する各種施策の進展が期待される。

　第 181 回臨時国会開会中の 2012 年 11 月、衆議院の解散に伴い廃案となった「交通基本法」案は、地方自治体による「公共交通条例」の制定に一定の影響を与えた。「交通政策基本法」に関しては公布・施行が 13 年 12 月 4 日であり、時系列的にみれば、これまで制定された条例にどの程度影響したか定かではない。けれども同法は地方自治体に対し、「基本理念にのっとり、交通に関し、国との適切な役割分担を踏まえて、その地方公共団体の区域の自然的経済的社会的諸条件に応じた施策を策定し、及び実施する責務を有する」（第 9 条第 1 項）と規定しており、今後、全国的な条例制定を促す可能性が高い。

　本書はまだ少数にとどまるものの、地方自治体が制定した地域公共交通の活性化・再生に関する「公共交通条例」を取り上げ、その内容と意義、諸課題について、地域の実情や「まちづくり」と絡ませ考察するものである。制定順に金沢市、福岡市、加賀市、新潟市、熊本市、奈良県、高松市ならびに長岡京市の事例を扱う。その際、公共交通空白地域等に対する地方自治体の対応、「移動権」（＝交通権）との関係、ライドシェア等、交通政策上の重要問題ならびに国の都市・地域再生政策との関連についても適宜考究する。

　本書は 2 部構成をとるが、第 1 部では地域公共交通の衰退状況をふまえ、交通政策に関する基本法である「交通政策基本法」の意義と国の補助制度について考察する。

　第 1 章は、地域公共交通が置かれた現状説明に充てる。地方部で人口減少

が著しい要因は、東京や地方拠点府県市への人口集中にあるが、人々が流出する理由として生活交通の衰退が挙げられる。行き過ぎた規制緩和政策が地域公共交通の相次ぐ撤退を招き、地域を支える諸産業を弱体化させ、労働力の流出を加速するのである（第1節）。次に地域旅客鉄道、乗合バス、タクシー、離島フェリー、離島航空およびデマンドバス、乗合タクシー等、地域公共交通に関わる現状を検討するとともに、自家用乗用車の保有理由と使途の変化についても考察する（第2節）。政府と一部経済界は当面、ライドシェアの導入を公共交通の利便性に劣る地域に限定し、適宜、全国的な展開につなげる考えと思われるが、安易な方式の採用はタクシー事業の存在自体を危うくしかねない（第3節）。

　第2章は、「交通政策基本法」の内容について、前身となる「交通基本法」案の廃案過程（第1節）と条文の比較分析を交え考察する。「交通基本法」案は幾度も上程されたが「移動権」の削除をはじめ、環境保護条項、危機管理条項、地方分権や国民参加ならびに国会対応に係る条項が後退していった。「交通政策基本法」成立に至る条文変遷の検討を行う（第2節）。

　第3章は、「交通政策基本法」の成立と「移動権」の取り扱いを中心に述べたものである。交通政策に関する基本的な法律や計画に関しては「基本法」が存在しない状態が続き、個別法に基づく別々の施策を行っていたため、各方面で齟齬が生じざるをえなかった。関係者の一体的な協力を得た施策の策定と、実行可能な体制づくりを目的とする「交通政策基本法」の成立は、生活交通の維持・確保とバリアフリー化を促進する上で重要な意義を有する。また、同法の概要を説明したい（第1節）。同法は「移動権」の存在を否定するとともに、国民の具体的権利や義務を規定していない。この問題についても扱うことにする（第2節）。

　第4章では、法的拘束力に関わる「交通政策基本法」の限界を考える。同法は、具体的な権利・義務を定めるものではなく、国政の重要な分野で政策の基本的な方向を定め、関連政策の体系化を図る目的で制定された「プログラム法」である。したがって「移動権」を是認する法改正を行い、個別法に委任する新たな規定を設けない限り「裁判上の請求権としての具体的権利」すなわち裁判規範性の付加は困難である。法的拘束力がないと判断された判

例を紹介する（第1節）。「地域再生」の切り札は生活交通の維持・確保および再生である。その意味で「移動権」を否定する現行の「交通政策基本法」には限界があるが、遠くない将来、必然的に同権利の是非をめぐる問題が顕在化すると思われる。韓国の諸法における「移動権」の扱いを交え、法制度の在り方を考察していく（第2節）。

　第5章は、「交通政策基本法」が規定する「交通政策基本計画」と改正「地域公共交通の活性化及び再生に関する法律」（平成26年5月21日、法律第41号）の概要と課題に関する検証である。「交通政策基本計画」は、国の交通政策の長期的な方向性をふまえ、政府が今後講ずべき施策の基本を決める「交通政策基本法」の中核となる。同計画の作成過程をふまえ（第1節）、内容と問題点を究明する（第2節）。改正「地域公共交通の活性化及び再生に関する法律」は、交通事業者の「自己責任」に委ねられていた事業運営の在り方および生活路線の維持・再生方策ならびに国の補助制度の見直しを意味する重要な法律となった。その概要と趣旨を明らかにしたい（第3節）。

　第6章では、地域公共交通の活性化・再生策を助成する国の補助制度について「地域公共交通の活性化及び再生に関する法律」に基づく「地域公共交通確保維持改善事業補助」を中心に考察する。地域公共交通の急速な衰退は、交通事業者への欠損補助を中核とする従来の補助制度の見直しにつながった。新たな補助制度の整備過程を法律改正や国会での審議経過等を交え検討したい（第1節）。次に「地域公共交通確保維持改善事業」の概要を紹介した後、補助制度の内容等を考える。鉄道建設・運輸施設整備支援機構の役割に関しても扱う（第2節）。詳細な説明を要するため、冗舌のおそれもあるが、交通事業者や地方自治体ならびに地域公共交通の活性化・再生に取り組む住民等の参考になれば幸いである。

　第2部は本書の核心になるところであり、地域公共交通の活性化・再生に際し、各地方自治体が定めた「公共交通条例」について考察していく。

　第7章は、全国に先駆けて制定された「金沢市における公共交通の利用の促進に関する条例」の検討である。同条例は公共交通に関わる基本条例としてだけでなく、「まちづくり」の一環として捉えた総合的な政策条例の性格を有する。金沢市の外観と観光および公共交通の実情を述べ（第1節）、「ま

ちづくり」条例との関連性を考える（第2節、第3節）。「歩けるまちづくり」は観光客を含む歩行と公共交通の利用促進を重視した試みである。パーク・アンド・ライドの導入と併せ分析する（第4節）。

　金沢市は公共交通の活性化・再生を重視しており、他都市と比べ各種施策に先進性をうかがうことができる。しかし、条例には「交通不便地域」における「地域交通計画」の策定を義務づける条項があるものの、具体性を備えた市の責務を規定していない。「地域交通計画」に関する問題を交え検証したい（第5節）。

　第8章では、福岡市の「公共交通空白地等及び移動制約者に係る生活交通の確保に関する条例」を取り上げる。当該条例は、移動制約者に対する生活交通の維持・確保に特化した全国初の条例で、「移動権」（＝交通権）是認の立場から制度設計を図った。条例制定の背景と概要を述べ（第1節）、公共交通空白地等の定義と範囲および内容を考察する（第2節）。

　公共交通空白地等での生活交通確保には、国の補助に加え市独自の補助金支出が欠かせない。福岡市の補助制度を具体的に検証しようと思う（第3節）。条例中、市民等の「生活交通の確保に向けた取組に参画する権利」を認める規定は、各種施策への参加意識を醸成するだけでなく、市政全般を通した直接民主主義的な自治行政の発展につながる可能性をもつ（第4節）。最大の関心事は「移動権」（＝交通権）是認の有無である。同条例は「移動権の保障を明確に示した」との見解も存在する。なお、「交通政策基本法」案をめぐる国会審議において、政府側から同法案には「移動権」の精神が盛り込まれた趣旨の答弁がなされている。同法の評価に関わる重要な事項であるとともに、福岡市をはじめ各地方自治体の生活交通確保策策定に際し、参考になると思われ、その内容も紹介しておく（第5節）。

　第9章は、「加賀市地域交通基本条例」について述べたものである。同条例は地域交通の役割に「市外からの来訪者の移動」を包含している。しかし、費用対効果を重視し過ぎるのは問題である（第1節）。次に条例に対する評価と問題点を整理し、「地域公共交通会議」と法定協議会の相違および補助制度をふまえ、小規模自治体が抱える財政問題を考える（第2節）。

　加賀市は市全域を計画区域とする「加賀市地域公共交通基本計画」を策定

した。各種交通施策の推進にあたっては同計画との整合に配慮することが求められるが、「まちづくり」全般に関わる上位計画との密接な連関も不可欠である。同市の上位計画は「加賀市市民主役条例」に基づいて策定される。あくまでも間接民主制を基本とした条例という限界があるとはいえ、市民等の計画および政策立案段階からの積極的な関与を容認し、市政参加を「権利」として明文化したことは評価に値する（第3節）。

　第10章は、「新潟市公共交通及び自転車で移動しやすく快適に歩けるまちづくり条例」に充てる。新潟市の交通事情に関する検討を交え、自動車利用を抑制し、公共交通と歩行、自転車利用を絡めた「まちづくり」を図る同条例の特長について述べ（第1節）、市、市民および交通事業者等の責務と役割を扱いながら問題点を整理する（第2節）。

　公共交通には「都市の装置」としての役割が求められる。そのため条例は交通施策の実施に際し、都市政策や福祉政策と関連付け、相互整合性の確保を重視した展開を促している。また、自動車通行の部分的な抑制策はトランジットモールや歩行者天国の実施に繋がる可能性がある（第3節）。加えて「まち歩き」の取り組みを定めた意義およびレンタサイクルに係る施策等を取り上げる（第4節）。新潟市は公共交通利用に係る環境整備方策を一定程度地域住民の自律と創意に委ね、必要な「権限」を付与している。その上で、実施に際しては財政補助を含む必要な支援を行うといった方針は、関係者の当事者意識と責任感を高める可能性をもつ（第5節）。

　第11章では、「熊本市公共交通基本条例」について考える。熊本市は公共交通を基軸とする「コンパクトシティ」の構築を目指している。けれども「集約地域」から除外された周辺地域の人口減少や、地域経済の疲弊を促進する可能性が高く、交通ネットワークの構築も困難にする危険がある（第1節）。当該条例は「移動をする権利」という文言を挿入した全国初の事例となる。「移動権」（＝交通権）との相違を検討する（第2節）。さらに、タクシーの供給過剰問題を条例の関連規定と絡め考究したい。タクシー事業の適正化は早急な対応が必要な全国的課題にほかならず、多角的な観点から問題点の整理を行う（第3節）。

　「熊本市公共交通基本条例」の狙いのひとつは、本格的なバス路線再編・

合理化を円滑に行うことにある。また、熊本市は市電の延伸を検討中である。乗合バス事業者の経営状況を紹介しながら検討を加える。市電延伸に関しては、実現すれば画期的で全国に波及する可能性があろう（第4節）。条例の重要な目的である公共交通空白地域等に係る同市の施策を分析する（第5節）。また「地域公共交通協議会」のあり方を考え、調整と市民参加の重要性を提示しようと思う（第6節）。

第12章は、「奈良県公共交通条例」に関わる考察である。県内の乗合バス路線の実情を述べ（第1節）、同条例の性格と特徴を取り扱う（第2節）。当該条例は各種施策の基本方針を定めた「プログラム条例」であり、大半の条文は概括的であるが、広域自治体の条例という性格を考慮した結果と考えられる。

奈良県は、都道府県で初となる「奈良県公共交通基本計画」と、県・県内市町村が共同で策定した「奈良県地域公共交通網形成計画」を公表した。両計画の関係は検討に値する（第3節）。その上で移動制約者の移動保障に関し、広域自治体としての奈良県と基礎自治体との「自治のあり方」を考えるとともに、補助制度の仕組みを詳細に紹介する（第4節）。

第13章は、「高松市公共交通利用促進条例」に充てる。高松市の「多核連携型コンパクト・エコシティ」構想は、同市を取り巻く環境に鑑みれば問題がある（第1節）。香川県内の公共交通は維持・確保が困難になっている。交通事業者の経営状況をふまえ、なぜ自家用乗用車の利用率が高く、公共交通利用者が減少するのかを考察し、条例制定の背景を扱う（第2節）。条例案は一定の市民参加を通して制定された。その意義を検討しようと思う（第3節）。

高松市は条例に定める公共交通事業者からタクシー事業者を除外した。タクシーが公共交通機関にあたるかに関しては議論があるが、公共交通が発達していない地域では重要な移動手段となる（第4節）。自転車利用に関する施策と「まちづくり」計画との調整と連携は十分とはいえない。また、同市は移動制約者への対応と公共交通利用促進の両面から運賃割引制度を導入した。パーク・アンド・ライド施策と併せ検討する。公共交通の利用に関する啓発活動の重要性にも言及したい（第5節）。高松市には公共交通空白地域

等が存在するにもかかわらず、条例には明確な条文が規定されていない。当該地域では対策が遅滞しており条例改正が肝要と考える。バリアフリー関連施策と併せ考察する（第6節）。

　第14章は、「長岡京市公共交通に関する条例」である。長岡京市の代表的交通手段分担率において、公共交通の利用割合が比較的高い理由を検討する（第1節）。次に条例の目的や、「市民」の定義を検討しながら「市民参加」を考える（第2節）。当該条例は、公共交通空白地域等に関する地域の分類・定義、基本的な方針・方策を定めておらず、高齢者の移動についても関連する条文が存在しない。その理由を交え、「長岡京市地域公共交通総合連携計画」に係る施策の成果を考察する（第3節）。

　長岡京市は心身障害者に対し、タクシー料金の一部を助成している。しかし、福祉政策の一環と捉える等、一定の問題が見受けられる。一方、条例とは別に公共交通空白地域等を定め、コミュニティバスの運行や市内乗合バスの充実等に係る施策を実施中である。本来は条例に規定することが望ましいが、分類方法は細やかで検討に値しよう（第4節）。

　本書の出版に際し、熊本学園大学付属産業経営研究所から2016年度出版助成を受けた。この場を借りて謝意を表したい。

# 目　次

はじめに　*iii*

## 第1部　地域公共交通の衰退と国の補助制度

### ［第1章］地域公共交通をめぐる環境および現状 ── 2
- 第1節　人口減少と少子高齢化の進展　*2*
- 第2節　地域公共交通の現状　*5*
- 第3節　公共交通空白地域等における移動環境とライドシェア　*9*

### ［第2章］交通政策基本法の意義と移動権 ── 14
- 第1節　交通基本法案の廃案過程　*14*
- 第2節　2009年法案と2011年法案の相違および交通政策基本法への反映　*16*

### ［第3章］交通政策基本法の成立と「移動権」の取り扱い ── 23
- 第1節　交通政策基本法の意義と概要　*23*
- 第2節　移動権の否認と国民の権利　*27*

### ［第4章］法的拘束力に関わる交通政策基本法の限界 ── 30
- 第1節　移動権に関連する判例　*30*
- 第2節　交通政策基本法の限界と韓国における交通権の取り扱い　*33*

## [第5章] 交通政策基本計画と地域公共交通の活性化及び再生に関する法律の改正 ―― 36

第1節　交通政策基本計画の作成　*36*

第2節　交通政策基本計画の内容と問題点　*38*

第3節　地域公共交通の活性化及び再生に関する法律の改正　*41*

## [第6章] 国の補助制度 ―― 44

第1節　地域公共交通の活性化及び再生に関する法律と補助制度の整備過程　*44*

第2節　地域公共交通確保維持改善事業補助制度の仕組み　*48*

(1) 地域公共交通確保維持改善事業の概要

(2) 地域公共交通確保維持事業補助の仕組み

### 第2部　「公共交通条例」の内容と意義および諸課題

## [第7章] 金沢市における公共交通の利用の促進に関する条例 ―― 62

第1節　金沢市の概観と観光および公共交通の実情　*62*

第2節　定住人口増加策とまちづくり条例　*63*

第3節　「金沢市における公共交通の利用の促進に関する条例」とまちづくり条例の連携　*65*

第4節　パーク・アンド・ライドの導入および審議機関等の連携問題　*68*

第5節　交通不便地域と地域交通計画に関する問題　*70*

## [第8章] 公共交通空白地等及び移動制約者に係る生活交通の確保に関する条例 ―― 74

第1節　福岡市の概観と条例制定の背景　*74*

第2節　公共交通空白地等の定義・分類と当該地域住民に対する施策および問題点　*76*

第3節　福岡市の補助制度と持続可能な交通政策　*82*

第4節　「共働」の理念と「福岡市地域公共交通会議」の役割　*86*
　　第5節　移動権（＝交通権）の取り扱い　*88*

## ［第9章］加賀市地域交通基本条例 ──────────────── 94
　　第1節　加賀市の概観と公共交通の実情　*94*
　　第2節　「加賀市地域交通基本条例」の目的および関係者の
　　　　　責務・財源　*95*
　　第3節　地域交通基本計画の策定と市民参加方式　*101*

## ［第10章］新潟市公共交通及び自転車で移動しやすく
## 　　　　　快適に歩けるまちづくり条例 ─────────── 104
　　第1節　新潟市における交通の実情と条例の特長　*104*
　　第2節　関係者の責務とその在り方　*106*
　　第3節　「移動しやすいまちづくり」と公共交通の在り方　*107*
　　第4節　「まち歩き」の取り組みと歩行、自転車利用等に関する
　　　　　施策　*109*
　　第5節　公共交通利用への環境整備　*110*

## ［第11章］熊本市公共交通基本条例 ─────────────── 115
　　第1節　熊本市における交通の概観と
　　　　　「熊本市公共交通グランドデザイン」　*115*
　　第2節　「移動をする権利」の取り扱い　*118*
　　第3節　熊本市における公共交通の捉え方と条例上の諸問題　*119*
　　第4節　バス路線再編・市電延伸問題と熊本市の姿勢　*124*
　　第5節　公共交通空白地域等への対応と課題　*129*
　　第6節　公共交通に対する熊本市の姿勢と利害関係者間の調整　*132*

## ［第12章］奈良県公共交通条例 ──────────────────── 138
　　第1節　奈良県の概観と公共交通の実情　*138*
　　第2節　奈良県公共交通条例の性格と特徴　*139*

第3節　移動制約者等に関する基本的問題および他施策との
　　整合性　*142*
　第4節　奈良県の補助制度　*150*

## [第13章] 高松市公共交通利用促進条例　　　　　　　　　156

　第1節　高松市の概観と
　　「多核連携型コンパクト・エコシティ」　*156*
　第2節　県内公共交通の実情と条例制定の背景　*157*
　第3節　高松市総合都市交通計画推進協議会と市民団体の役割　*159*
　第4節　高松市公共交通利用促進条例に係るタクシー事業の
　　取り扱い　*161*
　第5節　公共交通利用促進施策と各種取り組み　*164*
　第6節　公共交通空白地域等およびバリアフリー関連施策　*166*

## [第14章] 長岡京市公共交通に関する条例　　　　　　　　　170

　第1節　長岡京市と公共交通の概況　*170*
　第2節　長岡京市公共交通に関する条例の制定とその概要　*171*
　第3節　公共交通の環境整備と移動制約者対策に関する
　　諸問題　*173*
　第4節　公共交通空白地域等の定義および各種施策　*175*

## 資　料　　　　　　　　　　　　　　　　　　　　　　　181

　金沢市における公共交通の利用の促進に関する条例　*181*
　公共交通空白地等及び移動制約者に係る生活交通の確保に関する
　　条例　*185*
　加賀市地域交通基本条例　*189*
　新潟市公共交通及び自転車で移動しやすく快適に歩けるまちづくり
　　条例　*191*
　熊本市公共交通基本条例　*196*
　奈良県公共交通条例　*200*
　高松市公共交通利用促進条例　*202*

長岡京市公共交通に関する条例　*206*

おわりに　*209*

索　引　*213*

第 1 部 | 地域公共交通の衰退と国の補助制度

# ［第1章］
# 地域公共交通をめぐる環境およひ現状

## 第1節　人口減少と少子高齢化の進展

　2016年2月、総務省が発表した「平成27年国勢調査人口速報集計結果」[1]および「平成27年国勢調査抽出速報集計結果」[2]によれば、2015年10月1日時点におけるわが国の人口（在日外国人を含む）は1億2,711万人で、10年の国勢調査と比べて138.6万人減少（減少率1.1％）し、1920年の調査開始以来、初の人口減を記録した。人口が最も多い東京都は1,351万人、東京圏（東京都、神奈川県、埼玉県、千葉県）では5年間で51万人増の総計3,612万人となり、全国の4分の1以上にあたる28.4％を占める。上位9都府県の合計は6,847万人（53.9％）である。大阪府の884万人（減少率0.3％）は減少に転じたものの、沖縄県143万人（増加率3.0％）、東京都（同2.7％）、愛知県748万人（同1.0％）、埼玉県726万人（同0.9％）、神奈川県913万人（同0.9％）、福岡県510万人（同0.6％）、滋賀県141万人（同0.2％）、千葉県622万人（同0.1％）の8都県で人口増加がみられる[3]。これに対し、秋田県102万人（減少率5.8％）、福島県191万人（同5.7％）、青森県131万人（同4.7％）、高知県73万人（同4.7％）、山形県112万人（同3.9％）、岩手県128万人（同3.8％）、和歌山県（同3.8％）等、地方部に位置する39道府県が人口減となった。

　都市部での人口増加と地方部の人口減少は、基礎自治体も同様である。全

国1,719市町村のうち、人口が増えた市町村は303で全体の17.6％しかなく、東京都特別区部32.7万人増の927.2万人や福岡市7.5万人増の153.9万人、川崎市5.0万人増の147.5万人、さいたま市4.2万人増の126.4万人等、巨大都市圏または地方部の中心都市である。一方、82.4％に上る1,416市町村で人口が減少、減少率5％以上の市町村が48.2％に拡大した。2010年の国勢調査と比較すれば、北九州市が1.5万人減の96.2万人、長崎市1.4万人減の43.0万人、石巻市1.4万人減の14.7万人、南相馬市1.3万人減の5.8万人、函館市1.3人減の26.6万人、下関市1.2万人減の26.9万人、青森市1.3万人減の28.8万人等となっている。

市町村の人口規模は縮小傾向を続け、階級別にみると5万人未満の市数は253から272に増加、5,000人未満の町村数は237から268に拡大している。人口減少率が最も高い市町村は福島県楢葉町の87.3％で、宮城県女川町の37.0％、宮城県南三陸町29.0％、福島県川内村28.3、宮城県山元町26.3％等（原子力災害により全域が避難指示区域である町村を除く）の順であり、東日本大震災の被災地が上位を占める。

2016年8月時点における被災地の鉄道路線は、再開時期が未定であった常磐線の富岡駅～浪江駅間が20年春までに復旧の見込みとなった。大船渡線の気仙沼駅～盛駅間および気仙沼線の柳津駅～気仙沼駅間は鉄道での復旧が困難と見なされ、次世代型バス高速輸送システム（Bus Rapid Transit; BRT。以下、BRTと呼ぶ）方式で運行再開したものの、通勤・通学に支障が出ている。山田線の宮古駅～釜石駅間は復旧後、三陸鉄道へ移管される予定である。路線復旧の遅れは被災地復興の遅滞に直結するが、人口減少が鉄道の廃止につながり、復興を妨げる悪循環に陥る可能性を否定できない。

少子高齢化はますます顕著になっている。2015年10月1日時点における15歳未満の人口は1,586.4万人（総人口の12.7％）で、調査開始以来最低を更新した。生産年齢人口としての15～65歳までは7,591.8万人（同60.6％）、65歳以上が3,342.2万人（同26.7％）である。15歳未満の人口は1955年の3,012.3万人を最高に減少を続け、2000年には1,847.2万人、2010年調査では1,680.3万人に低落した。2015年の15歳未満人口は10年比0.5％減、15～65歳は3.2％減となる。これに対し、65歳以上は3.7％増で総人口に占

める割合は過去最高を記録している。高齢化率は全都道府県で上昇したが、41道府県で25％を超え、秋田県が33.5％、高知県32.9％、島根県32.6％と続く。

　人口減少と少子高齢化は将来にわたる問題である。国立社会保障・人口問題研究所の推計[4]によれば、わが国の総人口は2030年に1億1,662万人となり、2048年には1億人を下回る9,913万人、2060年には8,674万人まで減少（出生中位〔死亡中位〕推計による。以下同様）を続ける。2010年の人口と比べれば50年間で4,037万人、31.8％の減少である。出生数が1973年の209万人から2010年には107万人にまで低下したため、15歳未満人口は1980年代初頭の2,700万人規模から2010年の1,684万人、2015年の1,500万人を経て、2046年では1,000万人を割り、2060年は791万人（10年比893万人、53.0％減）に低落すると推測される。15～64歳人口は8,173万人から2060年には4,418万人（同3,755万人、45.9％減）まで下がる。一方、65歳以上の高年齢人口は2,948万人から3,464万人（同516万人、17.5％増）に拡大することになる。

　2040年の人口は全都道府県で10年の水準を下回り、70％の地方自治体で20％以上の減少となる。うち、65歳以上人口の割合が40％以上を占める地方自治体は10年の87（全自治体の5.2％）から836（同49.7％）に増加し、50％以上となる自治体は9（同0.5％）から167（同9.9％）に拡大する。また、0～14歳人口の割合が10％未満の自治体は192（全地方自治体の11.4％）から970（同57.6％）まで拡がると推計[5]される。

　わが国の人口が将来にわたり減少を続ける本質的な要因は、経済のグローバル化や貧困・格差の拡大、経済の停滞等、社会経済構造の悪化にある。これらについて扱う余裕はないが[6]、公平な富の再分配機能が失われ、人々の生活が脅かされる中で人口の増加は期待できない。少子高齢化が進み、2015年10月の国勢調査における高齢化率がイタリアの22.4％、ドイツの21.2％等を引き離して世界で最も高い水準となり、15歳未満の割合が最低水準に低落した主な原因も格差と貧困に求められる。

　とりわけ、地方部で人口減少が著しい要因は、東京や地方拠点府県市への人口集中である。都市部へ人々が流出する理由として生活交通の衰退が考え

られる。公共交通の利用者減少だけでなく、規制緩和政策の推進が公共交通機関の撤退や路線の休廃止を進め、地域を支える諸産業を弱体化して地域疲弊をもたらし、労働力流出を加速させるのである。「地方創生」を掲げるのであれば、国が率先して地域公共交通の維持・確保を図る必要がある。「地域公共交通確保維持改善事業費補助」額が道路関係当初予算の0.021％に過ぎない状況は直ちに改善しなければならない。財政力は脆弱ながら地方自治体も地域交通政策を「重要施策」に位置づけ、目的遂行に不可欠な条例を制定し、自家用乗用車に依存しない公共交通中心の移動手段を提供する義務があろう。

## 第2節 地域公共交通の現状

「交通政策白書」[7] をみると、鉄道による旅客輸送は1990年代前半まで大きく伸びたものの、その後はほぼ横ばいの状況が続いている。2013年度の旅客輸送人員は前年度比1.5％増の236.06億人、旅客輸送人キロは前年度比2.5％増の4,144.2億人キロであった。公共輸送機関分担率では輸送人員ベースで78.9％、輸送人キロベースで72.1％を占める。内訳はJR各社が30.6％、民鉄48.3％、輸送人キロベースでいえばJR各社が45.2％、民鉄26.9％となっている。また、16年2月時点における鉄軌道旅客事業者は200（貨物鉄道を含めば212）あり、JR6社、公営12社、私鉄182社、私鉄のうち大手民鉄16社、準大手5社、もっぱら地域旅客輸送に携わる中小民鉄等が161社である。

地域鉄道[8]の輸送人員は1991年度をピークとし、2002年度頃までは逓減傾向にあった。その後は横ばいの状態が続き、2011年度からはわずかに増加傾向がみられるものの、1987年度と2013年度を比較すれば約15％減となっている。経営状況も2013年度は事業者の74％が経常収支赤字と厳しい状況にある。地方中小鉄道の路線廃止状況をみると、2000年3月施行の「鉄道事業法の一部を改正する法律」（平成11年5月21日、法律第49号）による需給調整規制の原則廃止と、退出の許可制から事前届出制への移行に伴い、2001年度は2事業者が20.4営業キロを一部廃止、1事業者が18.0営業キロ

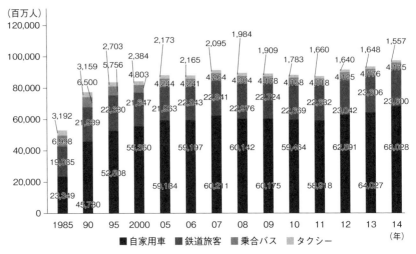

**図1　国内旅客輸送量の推移**

注：国土交通省総合政策局作成
出所：国土交通省総合政策局「平成27年度交通の動向　平成28年度交通施策　要旨」、
　　　2016年5月、6頁（http://www.mlit.go.jp/common/001131170.pdf）

を全部廃止、2006年度は2事業者が159.9営業キロを全部廃止する等、断続的な廃止が続いた。しかし、2013年度と2014年度はゼロ[9]といったん落ち着いている。

　2014年度における旅客自動車運送部門の輸送人員は図1に示すとおり、一般乗合旅客自動車（以下、乗合バスと呼ぶ）が約41億7,500万人、一般乗用旅客自動車（以下、タクシーと呼ぶ）約15億5,700万人であった。乗合バスの輸送人員は1980年代後半まで減少が続き、近年はほぼ横ばい状態で推移するが、タクシーは長期的な減少傾向を続けている。2014年3月末現在の事業者は乗合バスが2,171、法人タクシー約1万5,271で、資本金1億円以下の中小事業者の割合は乗合バス事業者が2,035（全体の96％）、法人タクシー事業者のうち、資本金1億円以下の事業者が1万5,126（同99％）[10]を占める。

　乗合バスの大都市部輸送人員（保有車両30両以上）は2010年度24億7,400万人、14年度25億7,700万人、それ以外の地域は13億6,800万人、

13億3,200万人[11])であった。大都市部を除く全国的な輸送人員の減少により、約3万8,000系統のうち、黒字の約1万系統（全系統の26.3％）に比べ、赤字系統が約2万8,000（同73.7％）を占める。黒字事業者は29.0％程度にとどまり、赤字事業者が約4分の3にあたる71.0％という状況であり、とくに地方部における乗合バス事業者の経営が厳しい。11年度から開始された「地域公共交通確保維持改善事業」をはじめ、地方バス路線維持に係る補助を受けた系統は約1,600で全体の約4.2％に過ぎない。これに伴って路線の廃止が続き、完全廃止キロは07年度1,832キロ、08年度1,911キロ、09年度1,856キロ、10年度1,720キロ、11年度842キロ、12年度902キロ、13年度1,143キロとなり、合計1万206キロが消滅した。09年度末における全国のバス路線41万7,400キロの約2％[12])に相当するキロ数である。

　乗合バス事業者の経営破綻も各地で生じている。2000年以降の法的整理等に係る事例を述べれば、02年9月に那覇地裁へ「民事再生法」（平成11年12月22日、法律第225号）の適用を申請（第21条第1項）した東陽バス（沖縄県）、03年6月の那覇交通（沖縄県）、04年の北都交通（北海道）と帝産富士交通（宮城県）、05年の琉球バス（沖縄県）、09年の茨城交通（茨城県）、岩手県北自動車（岩手県）が挙げられる。「会社更生法」（平成14年12月13日、法律第154号）の適用事例としては、04年に同法の適用を大阪地裁へ申請（第17条第1項）した京都交通（京都府）、05年の水間鉄道（大阪府）、08年の福島交通（福島県）があり、「産業活力再生特別措置法」（平成11年8月13日、法律第131号）[13])に基づき、事業再構築計画の認定申請（第3条第1項）を行った事例は、03年の九州産業交通（熊本県）、いわさきコーポレーション（鹿児島県）、04年の関東自動車（栃木県）、05年の宮崎交通（宮崎県）、立山黒部貫光（富山県）、国際興業（東京都）、日立電鉄バス他4社（茨城県）、08年のアルピコグループ松本電鉄他3社（長野県）等である。さらに「産業競争力強化法」（平成25年12月11日、法律第98号）関係においては、第2条第11項に定める要件を満たす事業再編計画の認定（第24条第1項）を14年に受けた土佐電気鉄道・高知県交通（高知県）[14])がある。

　一方、自家用乗用車の保有台数は、モータリゼーションの進展に伴い、1960年代後半から2005年にかけて急激に増加した。その後は長期にわたり

微増の傾向にあり、2015年3月末時点で約6,051.7万台となっている。1人あたり台数は0.47台、1世帯あたりの保有台数は1.069台で、1996年以降1世帯に1台の割合[15]を維持している。特筆に値する事柄は、自家用乗用車の保有理由や使途が、一時期の「贅沢な乗り物」や「レジャー」目的等から、地域公共交通の衰退が著しい地方部を中心に、生活上「必需な移動手段」へ変化する傾向が強まっていることである。

　日本自動車工業会の調査[16]によれば、自家用乗用車非保有あるいは保有中止の理由は、首都圏においては「ガソリン・駐車場代が負担」と「車検費用が負担」が計36％、地方圏では「高齢、病気、体力理由」が38％で最も高い。全体的には「ガソリン・駐車場代が負担」29％、「車検費用が負担」28％、「高齢、病気、体力理由」26％と続くが、経済上もしくは健康上の理由による場合が大きい。一方、自家用乗用車保有率は首都圏71.0％、地方圏87.9％、複数保有率も首都圏23.7％、地方圏45.8％と地方圏が高く、小都市89.2％、郡部92.3％と都市規模が小さい程高率となる。さらに、自家用乗用車を保有する理由について、「車がないと不便」と「どちらかといえば不便」の「不便計」は首都圏34％、地方圏59％、「車を保有する必要性が高い」と「どちらかといえば高い」の「必要計」は首都圏63％、地方圏86％となり、小都市では「不便計」が56％、「必要計」84％、郡部の場合はそれぞれ84％、96％に達する。これらの統計は、地域公共交通の衰退に伴って自家用乗用車の保有が、生活に「必需な移動手段」に変容しつつある結果と考えられる。

　そのことは自家用乗用車の使途をみても理解できよう。2001年と13年を比較すれば「仕事・商用・通勤・通学」は35％から27％へ、「レジャー」も17％から15％に減少したが、「買い物・用足し」は31％から44％へ増加した。自家用乗用車を生活に不可欠な移動手段と捉える証左である。利用頻度も毎日利用が43％、平均月間走行キロは380キロ弱、乗車人数は1人の36％に対し、2〜3人46％と4〜5人16％を合わせれば62％を占める。高齢運転者の死亡事故や運転免許証の返納件数も増加しており、通勤・通学者のみならず、地域公共交通が果たすべき役割は大きい。

　65歳以上の高齢者が第1当事者となった死亡事故の割合は、2005年の

17.0％から08年には20.6％に上り、14年26.3％、15年27.7％[17]と増え続けている。運転免許証の返納件数も、05年の1万7,410件から順次増加傾向にあり、10年には6万3,159件、15年では27万159件[18]に拡大した。

地域公共交通には離島航路も含まれる。離島と本土を連絡するフェリーは、離島住民の移動手段または生活物資等の輸送手段として重要な役割を果たす。しかし、離島では少子高齢化と過疎化が進み、利用者数は大幅な減少傾向にある。そのため、離島航路を運航する内航海運事業者の経営は厳しい状況に置かれている。2014年度末の離島航路数は289航路、うち国庫補助航路121航路、就航船舶は546隻（約20万総トン）であるが、離島航路事業の3分の1程度を公営もしくは第3セクター会社が運航する。12年度における離島航路（補助対象航路のみ）の98.%が赤字であった。

地方空港間を連絡する地方航空ネットワークも減少傾向にあり、2010年度は51路線、13年度には28路線に整理された。14年度は55路線に増加したが、うち国庫補助路線は18路線となっている。ただし、離島航路や地域航空に関しては、これまで地方自治体が策定した地域公共交通に関する「公共交通条例」とは関連がないため、本書では必要に応じて扱うことにする。

## 第3節　公共交通空白地域等における移動環境とライドシェア

「バス停から600メートル・鉄道駅から1キロメートル圏外」とされる「公共交通空白地域」の可住面積は全国で3万6,433平方キロメートル[19]といわれ、九州とほぼ同程度の面積に相当する。生活交通の維持が困難となる中で、公共交通空白地域等（以下、「公共交通空白地域」とそれに準じる地域を公共交通空白地域等と呼ぶ）の移動環境を改善するため、地域住民の移動手段を確保する手段として市町村等が運行するコミュニティバスや、利用者の要望に応じ、機動的にルートを迂回あるいは希望の地点まで送迎するデマンドバスおよび乗合タクシーの導入が増えている。2006年は887市町村で1,549両のコミュニティバスが運行したが、09年は137市町村、13年は311市町村においてデマンドタクシー[20]が導入された。14年の状況はコミュニティバスが1,251市町村で3,138両、デマンドタクシーの運行は338市町村とな

っている。

　公共交通空白地域等におけるコミュニティバスや乗合タクシーの役割は大きい。けれども過疎地域の地方自治体を中心に、これらの運行さえ困難な状況が見受けられる。それらへの対応もあり、政府は自家用自動車を使用して有償で運送する「ライドシェア（＝相乗り）」の導入を進めている。2015年10月30日、eビジネス業界を中心とする「新経済連盟」は過疎地域や公共交通空白地域等での移動手段確保のため、と称してライドシェアの導入を目指す「シェアリングエコノミー活性化に必要な法的措置に係る具体的提案」を発表した。スマートフォンのアプリを通してタクシーを配車し、自家用自動車で利用客を有償運送する方式である。規制改革会議は国土交通省に法的環境整備の検討を促したが、「道路運送法」（昭和26年6月1日、法律第183号）の規定に照らせば、ライドシェアは「対応不可」と回答した経緯がある。同法は「自家用自動車を有償で運送の用に供してはならない」（第78条、第80条第1項）と定めており、「白タク」行為の是認につながるおそれが生じるからである。

　しかし、安倍首相は「新3本の矢」による「GDP600兆円」の実現に向けた2015年10月の「国家戦略特区諮問会議」において、過疎地域等での「観光客の交通手段として自家用自動車の活用を拡大する」と発言し、規制緩和の推進に積極的な姿勢をみせた。京都府京丹後市、秋田県仙北市、富山県南砺市、兵庫県養父市が導入を目指すが、16年3月、安倍内閣は訪日外国人の交通手段として活用する方針を掲げ、「国家戦略特別区域法の一部を改正する法律」案を国会に提出、法案は6月に成立した。改正法（平成28年6月3日、法律第55号）には「国家戦略特別区域自家用有償観光旅客等運送事業…（中略）…が、自家用有償観光旅客等運送…（中略）…により行われる旅客の運送であって、一般旅客自動車運送事業者…（中略）…によることが困難で…（中略）…内閣総理大臣の認定を申請し、その認定を受けたときは、…（中略）…実施主体として当該区域計画に定められた運送者が行う…（中略）…自家用有償観光旅客等運送を、道路運送法第七十八条第二号に規定する自家用有償旅客運送とみなして、同法の規定を適用する」（第16条の2）等、道路運送法上の特例が設けられた。対象となる旅客は訪日外国人にとどまら

ず、地域住民や一般の訪問客に及ぶ。

　法律改正の結果、ライドシェアは一般旅客自動車運送事業による運送が困難な場合に限り認められる「自家用有償旅客運送事業」（道路運送法第78条、第79条）と見なされ、2016年中に京丹後市の「国家戦略特区」において、アプリを利用したNPOによる自家用有償運送が開始される。当該地域は過疎化が進み、タクシー営業所がなく、利便性の悪い乗合バスが運行するだけである。なお、福岡市では15年3月、アメリカのウーバー社（Uber Technologies Inc.）による実証実験が行われた。

　しかし、ライドシェアには問題が多い。事業者は仲介のみで運行には責任を負わないこと、運転者は一種免許で足りること、労働時間や健康状態に関する管理・監督者が不在であること、タクシーとしての車両規制が適用されないこと、事故時の責任者が個人であること、自家用自動車保険の対象になるか不明等が挙げられる。タクシーの運賃破壊が一層進展し、運転者の低賃金と劣悪な労働条件が一層悪化するおそれが強く、ひいてはタクシー事業の存在自体を脅かしかねない。ライドシェアを導入したフランス、スペイン、アメリカ、ドイツ、中国等では安全性確保の観点から業務停止命令や訴訟[21]が相次いでいる。また、ウーバー社[22]は創業からわずか6年で58か国300都市以上に進出したものの、インドやアメリカで運転者が女性を暴行する等の凶悪事件が発生した。政府は福祉関連事業等において特例として認める「自家用有償旅客運送事業」枠の拡大を図り、将来的には都市部も含め全国に普及させる意向と思われるが、肯定できない。

注
1）総務省統計局統計調査部国勢統計課、2016年2月26日。
2）同上、2016年6月29日。
3）沖縄県の場合は、歴史的に高い出生率と移住増が要因と思われる。
4）国立社会保障・人口問題研究所編『日本の将来推計人口—平成23年（2011）〜72（2060）年』一般財団法人 厚生労働統計協会、2012年5月。
5）国立社会保障・人口問題研究所人口構造研究部編『日本の地域別将来推計人口（平成25（2013）年3月推計）』同研究所、2013年3月27日。
6）拙著『世界と日本の格差と貧困』御茶の水書房、2013年を参照されたい。
7）国土交通省『交通政策白書 平成27年版』日経印刷、2015年07月。

8）国土交通省の説明によれば、一般に新幹線、在来幹線、都市鉄道に該当する路線以外の鉄道路線を「地方鉄道」といい、その運営主体はJR、一部の大手民鉄、中小民鉄および旧国鉄の特定地方交通線や整備新幹線の並行在来線等を引き継いだ第3セクター鉄道等である。これらのうち、中小民鉄および第3セクター鉄道を合わせて地方鉄道事業者と呼ぶ。しかし、「地域公共交通の活性化及び再生に関する法律」は、「地域住民の日常生活若しくは社会生活における移動又は観光旅客その他の当該地域を来訪する者の移動のための交通手段として利用される公共交通機関」（第2条第1項）を「地域公共交通」と定義する。また、同条第2項に定める「公共交通事業者」の中には鉄道事業者をはじめ、すべての公共交通事業者が含まれる。近年は国土交通省も「地方鉄道」だけでなく「地域鉄道」の表現を併用している。したがって、本著では「地方鉄道」とは呼ばず「地域鉄道」に統一したい。

9）国土交通省鉄道局監修『数字でみる鉄道2015』一般財団法人　運輸政策研究機構、2015年10月。

10）国土交通省自動車局監修『2015年版　数字でみる自動車』一般社団法人　日本自動車会議所、2015年6月。

11）国土交通省自動車局旅客課「平成26年の一般乗合バス（保有車両30両以上）の収支状況について」同課、2015年10月30日。

12）国土交通省総合政策局公共交通政策部交通計画課「持続可能な公共交通を目指して」同課、2015年2月。

13）2009年4月、「産業活力の再生及び産業活動の革新に関する特別措置法」に移行したが、同法も2014年1月、「産業競争力強化法」の施行に伴い一部を残して廃止された。

14）前掲（注12）、「持続可能な公共交通を目指して」。

15）日本自動車整備振興会連合会編『都道府県別の自家用乗用車の普及状況（軽自動車を含む）』同連合会、2015年4月。

16）一般社団法人　日本自動車工業会『2013年度乗用車市場動向調査』同会、2014年3月。

17）警察庁「平成27年中の交通事故死亡事故の発生状況特徴及び道路交通法違反取締り状況について」、2016年4月。

18）警察庁交通局運転免許課『運転免許統計　平成27年度版』2016年3月24日、18頁。

19）国土交通省「地域公共交通確保・維持・改善に向けた取組マニュアル」同省、2012年3月。

20）乗合タクシーの一種であり、乗車定員11人未満の車両で行う乗合型の旅客運送サービスをいう。

21）ライドシェアを禁止または制限した事例や司法判断は次のとおり。2014年10月、パリ地方裁判所で違法判決。同年11月、ネバダ地方裁判所で仮差止命令。同年12月、マドリード商務裁判所でサービス停止の仮処分。同年12月、デリー首都圏で業務停止命令。同年12月、ソウル検察が自家用車を使用したサービス等を行った代表者を起訴。2015年1月、中国当局が配車アプリを使用し、自家用車に客を乗せる行為を

禁止。同年3月、フランクフルト地方裁判所がドイツ全土での提供を禁止。同年8月、リオデジヤネイロ市が都市での営業を禁止する法案を承認。同年10月、ILOの道路運送部門が有償のライドシェアの運送形態に対する国内法規の全面的実施・履行を加盟国に求める決議を採択。

22）同社の日本法人は2015年3月、福岡市でライドシェアの実証実験を行うとともに、京都府京丹後市、富山県南栃市等でライドシェアの導入に積極的役割を果たした。また、新経済連盟代表理事、産業競争力会議民間議員の三木谷浩史氏が社長を務める楽天は15年、ウーバーと同業のリフト社に370億円を投資しており、三木谷氏が取締役に就任、同社は10％超の株主となった。ソフトバンクは中国企業であるアリババの筆頭株主で、アリババはリフト社に250億円を投資している。

## [第2章]
# 交通政策基本法の意義と移動権

### 第1節 │ 交通基本法案の廃案過程

　民主党（現：民進党）と社民党は2002年、議員立法として「交通基本法」案を第154回通常国会（2002年1月21日召集）および第155回臨時国会（2002年10月18日召集）に上程したが、審議未了・廃案となった。両党は第165回臨時国会（2006年9月26日召集）にも法案を共同提出しているが、閉会中審査扱いが続き、第171回通常国会（2009年1月5日招集）会期中の7月21日、衆議院の解散に伴い廃案になっている。これらの法案は行政機関との調整が不十分で、とりわけ「移動権」（＝交通権）是認の可否をめぐる議論や、関連法案との「すり合わせ」がほとんどなかったと思われる。

　内閣提出法案となる「交通基本法」案の具体的検討は、総選挙での圧勝を受けて誕生した民主党主導の鳩山連立内閣（2009年9月16日発足）以降に開始された。2009年11月には国土交通省内に「交通基本法検討会」を設置し、基本的な法制の在り方等に関する検討が進められ、有識者、地方自治体、交通事業者団体等の代表に対する度重なるヒアリングも行われている。与党の意向に従い10年6月、「移動権の保障」を法案の中核に位置づける「交通基本法の制定と関連施策の充実に向けた基本的な考え方（案）」[1]が取りまとめられた。一方、同年11月からは「交通政策審議会」と「社会資本整備審議

会」に「交通基本法案検討小委員会」が設置され、4回にわたる審議を通して12月、「移動権」是認に懐疑的な「交通基本法案の立案における基本的な論点について」[2]が発表されるのである。

　「交通基本法」案は2011年3月8日に閣議決定となり、同日、政府提出法案として第177回通常国会（2011年1月24日召集）に提出された。しかし、国土交通省総合政策局等との調整過程で中核となる「移動権の保障」が削除されている。法案は3月11日に発生した東日本大震災のため、実質審議が行われないまま再び閉会中審議扱いとなり、第178回臨時国会（2011年9月13日召集）に継続、同国会は短期日程のため第179回臨時国会（2011年10月20日召集）に持ち越しとなった。法案は第180回通常国会（2012年1月24日召集）を経た12年末の第181回臨時国会（2012年10月29日召集）において、衆議院・国土交通委員会に付託されたが、11月16日の衆議院解散に伴い審議未了廃案になっている。

　総選挙の結果は民主党の惨敗で2012年12月、安倍政権が誕生する。下野した民主党と社民党は13年6月13日、東日本大震災を教訓とし、交通を取り巻く環境の変化をふまえ、11年の法案を基本に大規模災害発生時の代替ルートやエネルギーの確保、ICT技術の積極的な活用、交通安全・保安の確保、既存交通施設の有効活用等に係る新たな条文を盛り込んだ「交通基本法」案を第183回通常国会（2013年1月28日召集）に上程[3]した。内容は追加部分を除き、11年に上程した法案とほとんど同じであったが、結果的に廃案となった。その後、国土交通省総合政策局は内容を若干変更して法案の成立を図り、安倍政権下において「交通政策基本法」案の上程・成立に至るのである。なお、同法の意義と概要については第3章第1節で扱う。

　「移動権」を是認した第171回通常国会における「交通基本法」案（以下、2009年法案と呼ぶ）と、第177回通常通常国会以降上程された「移動権」を削除した「交通基本法」案（以下、2011年法案と呼ぶ）を比べれば、2011年法案には様々な問題が存在する。2009年法案の理念は「生存権」と国の社会的使命を規定した憲法第25条、「移転の自由」を保障する第22条、「幸福追求権」に係わる第13条等に置かれたが、2011年法案では産業界や交通事業者等の意向を受けて曖昧にされた。国と地方の役割分担、住民自治の尊重、

民主的手続きに関する対応や国の責務も同様である。

　次節では、2009年法案と「交通政策基本法」案の基礎となる2011年法案を比較・検討し、「交通政策基本法」（平成25年12月4日、法律第92号）への反映状況を交え問題点を考察する。2法案の比較・検討は「交通政策基本法」の意義と、公共交通の維持・確保に係る諸施策を考える上で不可欠と思われるためである。

## 第2節　2009年法案と2011年法案の相違および交通政策基本法への反映

　2011年法案が新たに「国民その他の者（以下「国民等」という。）」（第2条）との文言を追加して外国人を利益享受の対象に含めたこと、「まちづくり」や「観光立国」に関する事項を明文化（第22条、第23条）したこと等は、交通を単なる「移動手段」ではなく、「都市の装置」としての役割を適正に捉えたもので評価できる。これらは2013年成立の「交通政策基本法」に継承された（第2条、第6条、第25条、第26条）。しかし、2011年法案には重大事案の明確な後退が見受けられる。

　主な問題点の第1は「すべて国民は、健康で文化的な最低限度の生活を営むために必要な移動を保障される権利を有する」（2009年法案第2条）規定の全面削除であり、「交通に対する施策の推進は…（中略）…交通に対する基本的な需要が適切に充足されなければならない」（2011年法案第2条）との表現に抑制された。「基本的な需要」の意味と範囲も曖昧であるが「移動権」削除の理由としては、①法制論上、「移動権」の具体的な内容が定義できるだけの国民的コンセンサスがない、②行政論上、財源的な裏打ち等が整わない現状では権利を保障できず、不作為を問われたり、都市・地域づくりに障害が生じるおそれがある、③社会実態論上、「移動権」の規定をもって課題が解決するわけではなく、当事者間の協働にあたり対立意識を生じさせるおそれがある[4]等の主張が挙げられる。

　「移動権」否認の背景には、行政や自動車産業界のみならず、不採算路線からの撤退規制を受けるおそれのある公共交通事業者からの激しい陳情活動

があった。けれども同様の反発は、民主党主導の政権発足以前の自民党政権時から行われており、政府・与党による事前調整と、財源問題をはじめとする懸案事項の処理能力不足にも起因する。2010年12月1日施行の「フランス交通法典」（no 2010-1307 du 28 octobre 2010 Code des transports）は、「すべての利用者が移動できる権利」（第L1111-1～L1111-6条等）や「交通手段選択の自由」（第L1111-1条）等を「交通権」として容認している。韓国の「交通基本法」案（政権交代により廃案。ただし、各個別法において「交通権」の保障を明記）も「国民が普遍的な交通サービスを受けて、便利かつ安全に陸上、海上、航空の交通手段及び交通施設等を利用して移動する権利」（第3条第5項）としての「交通権」を盛り込んだ。「移動権」是認に反対する理由は、国民に新たな権利を付与するための合意形成を回避して現状を維持し、財政支出と裁判訴訟の増加を防ぎ、関係業界の権益を守ろうとする現実論に則した政治的配慮のように思える。ともあれ「移動権」は「交通政策基本法」でも否定された。

　第2の問題は法案の目的を定めた、交通が「環境に多大な影響を及ぼすおそれがある」（2009年法案第1条）文言の削除であり、環境保護条項の弱化である。「できる限りその〔筆者注：交通による環境への負荷の〕低減が図られなければならない」（2009年法案第5条）との条文は「環境への負荷の低減が図られることを旨として行われなければならない」（2011年法案第4条）に改められ、「交通政策基本法」第4条に引き継がれている。2009年法案に規定した「鉄道及び船舶による貨物輸送への転換」（第20条）は残したものの「環境の保全上の支障を防止するための交通規制」（2009年法案第23条）は除かれ、「交通政策基本法」第23条に掲げる「交通に係る環境負荷の低減に必要な施策」にも包含されていない。

　第3は危機管理に係る規定の後退である。交通施設の整備は「大規模な災害が発生した場合に必要な交通が確保されるようにすることを旨として、行われなければならない」（2009年法案第6条）という条文と、「災害に対する安全性の向上並びに住民の避難及び緊急輸送のため必要な経路の確保の促進その他必要な措置を講ずる」（2009年法案第24条）文言が省かれたのである。東日本大震災では渋滞による死者が多数に上った。2011年法案の立案段階

では想定外であったとはいえ、危機管理には避難に要する交通施設等の整備にとどまらず、自家用乗用車を含む各種交通手段の利用規制が不可欠であり、基本法に明文化すべき事項である。大震災の反省をふまえ、「交通政策基本法」においては、交通に関する施策の推進に際し「大規模な災害が発生した場合においても交通の機能が維持されるとともに、…（中略）…避難のための移動に的確に対応し得るものとなるように配慮しなければならない」（第3条第2項）との条項が復活した。また、国の施策として「避難のための移動を円滑に行うことができるようにするため、…（中略）…交通手段の整備その他必要な施策を講ずるものとする」（第22条）と定めている。しかし、関連法としての「交通安全対策基本法」（昭和45年6月1日、法律第110号）は「交通安全対策の総合的かつ計画的な推進」（第1条）を目的とするもので、緊急時における自家用乗用車等の利用規制に関する方策は必ずしも明確ではない。

　災害復興や防災・減災を名目とする、行き過ぎた大型公共事業の実施は許されない。10年間で約200兆円ともいわれる資金を要する「強くしなやかな国民生活の実現を図るための防災・減災等に資する国土強靱化基本法」（平成25年12月11日、法律第95号、以下、「国土強靱化基本法」と呼ぶ）の施行と併せ、これらの規定を乱用すれば大型公共事業推進の補完的役割を担う可能性が生じる。東日本大震災で被災したJR気仙沼線と大船渡線は、JR東日本が鉄道復旧を断念しBRTに転換された。国と地方自治体は、震災復興に資する地域公共交通の再生ならびに鉄路を含む交通施設の耐震化に尽力すべきと考える。

　第4は、第3の問題とも関連するが、「国際競争力の強化」に名を借りた従来型公共事業の促進である。2009年法案は「国際交通機関及びこれに関連する施設の整備は、我が国経済の国際競争力の維持及び強化が図られることを旨として、行われなければならない」（第7条）と規定していた。2011年法案は「我が国の産業、観光等の国際競争力の強化…（中略）…を図るため、国内交通網の形成、国際輸送網及び輸送に関する拠点の形成その他必要な施策を講ずる」（2011年法案第19条。関連条文：第3条、第26条）とあり、「国際競争力の強化に必要な施策」の実施分野が一層明確に規定（第19条）

された。「交通政策基本法」は、「輸送網の拠点となる港湾及び空港の整備、これらの輸送網と全国的な国内交通網とを結節する機能の強化その他必要な施策を講ずる」（第19条）と規定し、港湾や空港という具体的な整備対象まで明記している。さらに2011年法案の第26条を継承し、「交通に関し、我が国に蓄積された技術及び知識が海外において活用されるように配慮しつつ、国際的な規格の標準化その他の国際的な連携の確保及び開発途上地域に対する技術協力その他の国際協力を推進する」（第30条）と規定、交通関連技術やインフラ輸出を図る等、大企業中心の「経済成長戦略」に対する貢献を求めている。

　第5は地方分権および国と地方の役割分担の不鮮明化と、国民参加規定の後退である。国が「交通に係る施策を総合的に策定・実施」する一方、地域の輸送需要に対応可能な交通関係事業に関しては「地方への権限委譲、国の関与の縮小等の施策を推進」（2009年法案第8条第3項）するとした地方分権に関わる規定が抹消された。加えて、国による施策の策定・実施にあたり「国民の参加を積極的に求めなければならない」（2009年法案第8条第2項）との文言が「基本理念に関する国民の理解を深め、かつ、その協力を得るよう努めなければならない」（2011年法案第8条第2項）という努力義務に改められた。地方自治体の責務も「地域住民の参加を積極的に求めなければならない」（2009年法案第9条第2項）から「情報の提供その他の活動を通じて、基本理念に関する住民その他の者の理解を深め、かつ、その協力を得るよう努めなければならない」（2011年法案第9条第2項）に緩和されている。交通事業者の責務も同様で「交通の安全性、円滑性及び快適性の向上、交通による環境への負荷の低減等」ならびに「基本理念の実現に寄与するよう努めなければならない」（2009年法案第10条）を「国又は地方が実施する交通に関する施策に協力するよう努めるものとする」（2011年法案第10条）に修正し、各種施策への「協力」という表現に抑えたのである。

　交通に関する施策の基本となる「交通基本計画」（2009年法案第14条第1項、2011年法案第15条第1項）の策定については、新たに経済産業大臣（2011年法案第15条第4項）が加わり、「環境大臣への協議」（2011年法案第15条第5項）を追加したものの、国会「承認」（2009年法案第14条第5項）を削除し、

「報告」（2011年法案第15条）にとどめている。環境保全の観点から環境大臣への協議は当然であるが、経済産業大臣の参画は自動車産業等、関係業界の意向を計画に反映するためとも思われ、国会への「報告」は立法府の役割軽視につながる。各種施策の実施は行政権に属するため、立法上の措置として「報告」にとどめても法的瑕疵はないが、議会制民主主義の趣意に鑑みれば「承認」に戻す方が望ましい。なお「交通政策基本法」は計画の名称を「交通政策基本計画」に改め、2011年法案を踏襲した。

　「交通政策基本計画」の作成に対する地方自治体の参画にも問題がある。「国土形成計画法」（最終改正：平成24年3月31日、法律第13号）に基づく「国土形成計画」（第6条第1項）の策定にあたっては、不十分ながら「都道府県及び指定都市の…（中略）…意見」（第6条第5項）を聴く必要がある。しかし、2011年法案に規定された「交通基本計画」または「交通政策基本法」が定める「交通政策基本計画」の場合は、意見を聴取する必要がない。また、2009年法案は地方自治体の「交通基本計画」については「都道府県交通計画」（第15条第1項）と「市町村交通計画」（第16条第1項）に分けて作成するとあったが、2011年法案では削除された。「交通政策基本法」も2011年法案を踏襲しており、住民に身近な公的責務は基礎自治体が行う「近接性の原理」と、基礎自治体のみでは困難な業務を都道府県が支える「補完性の原理」の重要性に鑑みても後退したといわざるをえない。

　第6は地域公共交通の確保に係る地域の範囲と、各種施策対象の縮小である。2009年法案は「国は、交通条件に恵まれない地域の住民が日常生活及び社会生活を営むに当たり、…（中略）…当該地域における交通施設の整備及び輸送サービスの提供」（第17条）を行うとともに「高齢者、障害者等移動に関し制約を受ける者…（中略）…の移動に係る身体の負担の軽減に配慮された交通施設の整備及び輸送サービスの提供…（中略）…その他必要な措置を講ずる」（第18条）と定めていた。2011年法案は「必要不可欠な通勤、通学、通院その他の人又は物の移動を円滑」にするため「離島に係る交通事情その他地域における自然的経済的社会的諸条件に配慮しつつ、交通手段の確保その他必要な施策を講ずる」（第16条）に改め、移動目的と施策対象となる地域の範囲を法律上、一定程度に抑制している。「交通施設の整備及び

輸送サービスの提供」を削除して「必要不可欠な」等を入れば、確保すべき地域公共交通を低コストの代替交通に収斂させ、鉄道事業が重要な施策対象から除かれる可能性が高まる。高齢者等の移動制約者については「円滑に移動できるようするため、自動車、鉄道車両、船舶及び航空機、旅客施設、道路並びに駐車場に係る構造及び設備の改善の推進その他必要な措置を講ずる」（2011 年法案第 17 条）に修正し、「輸送サービスの提供」を削除して施設等の「構造と設備改善」に抑制した。

　公共交通空白地域等における地域公共交通の維持・確保と、移動制約者に対する実効性のある施策は「交通政策基本法」の最も重要な課題でなければならない。したがって 2011 年法案を踏襲した同法の規定には疑問が残る。

　これらの諸問題のほか、運賃・料金に係る交通事業者の負担軽減のため「国は公共交通機関についての助成その他必要な措置を講ずる」（2009 年法案第 20 条）との条文や「真に必要性がある交通施設の重点的な整備の促進その他必要な措置を講ずる」（2009 年法案第 21 条）文言が削除された。「まちづくり」やモーダルシフトの重要性を考慮すれば、交通体系の整備は「徒歩、自転車、自動車、鉄道、船舶、航空機等による交通が、それぞれの特性に応じて適切な役割を分担」（2009 年法案第 4 条）して実施する必要がある。けれども「交通に関する施策の推進は、徒歩、自転車、自動車、鉄道車両、船舶、航空機その他の手段による交通が、交通手段の…（中略）…選択に係る競争及び国民等の自由な選考を踏まえつつそれぞれの特性に応じて適切に役割を分担」（2011 年法案第 5 条）して行われるとの修正が施された。地域公共交通の衰退は深刻で、交通機関の「競争」や「自由な選考」は、大都市および航空・新幹線等の長距離輸送を除けばほとんど望みえない。「競争の原理」に基づく全国一律の規制緩和政策が、地方部における公共交通空白地域等の拡大要因となったのである。「交通政策基本法」は 2011 年法案を踏襲したが、地域公共交通活性化・再生を促進するためにも、交通体系の整備や交通に関する施策の推進に係る基本姿勢の見直しが不可欠と考える。

　「交通政策基本法」は「政府は、総合的かつ実施するため必要な法制上又は財政上の措置その他の措置を講じなければならない」（第 13 条）と規定する。法制上の措置は同法施行後、「地域公共交通の活性化及び再生に関する

法律」（平成19年5月25日、法律第59号。以下、原則として「地域公共交通活性化・再生法」と呼ぶ）の改正を通して一定程度進められており、今後の進展を期待したい。けれども財政上の措置については十分な予算確保が見込める状況にない。「フランス交通法典」や韓国における関連法の特長は、公共交通を「社会公共財」と位置づけ、「税負担の原則」を明確に打ち出したことである。「フランス交通法典」では「雇用者が旅客公共交通における正規サービスの提供に必要な負担金（以下、交通負担金という）を義務づけられる」（第L1221条〜第13条）と定められ、韓国の「交通税法」（改正：1998年9月16日、法律第5554号）は、その目的を「道路及び都市鉄道等交通施設の拡充に必要とされる財源を確保すること」（第1条）に置いている。これに対し、わが国では一定の助成はあるものの、長期にわたり、交通事業者の「自己責任」を基本原則とし、規制緩和政策に基づく撤退の自由が容認されてきた。改正「地域公共交通活性化・再生法」の施行に伴い「自己責任論」は徐々に修正されつつあるが、撤退の自由はほとんど見直しが行われておらず、国民生活よりも財政支出の抑制を優先する姿勢の表れと考えられる。

注
1)『交通基本法の制定と関連施策の充実に向けた基本的な考え方（案）―人々が交わり、心の通う社会をめざして』国土交通省、2010年6月。
2)『交通基本法案の立案における基本的な論点について（案）』交通政策審議会・社会資本整備審議会交通基本法案検討小委員会、1999年12月。
3) 衆議院付託2013年8月2日。三日月大造議員ほか3名。交通権学会発行のニューズレター「トランスポート21」（2013年8月15日。無記名。）によれば「野党としての民主党提出であり、与党や国土交通省との調整もなく、実質的な審議は期待せず、継続審議を目的として提出されたものと考えられる。このような状況から、交通事業者や労働団体等も対応を決めかねており、早期の審議・成立は期待できない」と分析している。
4)「交通基本法案の立法における基本的な論点について（案）」交通政策審議会・社会資本整備審議会交通基本法案検討小委員会、2010年12月。

[第3章]
# 交通政策基本法の成立と「移動権」の取り扱い

## 第1節 交通政策基本法の意義と概要

　「交通政策基本法」案は、2013年1月召集の第183回通常国会に上程される予定であったが「検討中法案」扱いとなり、第185回臨時国会（2013年10月15日召集）開会中の11月1日に閣議決定され、同日上程となった。法案は15日の衆議院本会議で可決、27日には参議院本会議において可決・成立し、12月4日に公布・施行された。法案の審議が短期間で終了した理由は主に、第177回通常通常国会以降の「移動権」等を削除した2011年法案および上述の第183回通常国会に民主・社民両党が改めて提出した「交通基本法」案と内容的に大差なかったためと思われる。以下、同法の意義と概要を整理する。

　人口減少と高齢化に伴う公共交通の衰退を止め、地域の疲弊に対処するには、交通政策の基本理念と方向性を規定する法律の制定が不可欠である。国土政策分野では「国土形成計画法」と同法第6条に基づく「国土形成計画（全国計画）」（平成27年8月14日、閣議決定。計画期間：2015〜25年）が、交通施設整備の場合は「社会資本整備重点計画法」（平成15年3月31日、法律第20号）と同法第4条に基づく「第4次社会資本整備重点計画」（平成27年9月18日、閣議決定。計画期間：2015〜20年度）が存在し、両者は総合的・

計画的な施策を推進する役割を果たしている。

　これに対し、交通政策に関する基本的な法律や計画については「基本法」が存在しない状態が続き、個別法に基づく別々の施策を行っていたため、各方面で齟齬が生じざるをえなかった。したがって交通政策の推進に関する基本理念を規定し、関係者の連携と役割分担のもと、総合的な政策を担う体制を構築する必要性が一層高まることになる。こうして交通に対する今日的要請に応ずべく、関係者の一体的な協力を得た施策の策定と、実行可能な体制づくりを目的とする「交通政策基本法」が成立したのである。

　「交通政策基本法」の基本的な意義は、生活交通の維持・確保とバリアフリー化の促進にある。身体的な移動制約者に関しては「高齢者、身体障害者等の公共交通機関を利用した移動の円滑化の促進に関する法律」（平成12年5月17日、法律第68号）および2006年の同法廃止に伴う「高齢者、障害者等の移動等の円滑化の促進に関する法律」（平成18年6月21日、法律第91号）の制定により、移動手段の確保に係る法的根拠が付与された。「高齢者、障害者等の移動等の円滑化の促進に関する法律」は、基本理念や関係行政機関の責務の明確化並びに施策の総合的かつ計画的な推進にとどまらず、「高齢者、障害者等の自立した日常生活及び社会生活を確保することの重要性にかんがみ、…（中略）…一体的な整備を推進するための措置その他の措置を講ずることにより、高齢者、障害者等の移動上及び施設の利用上の利便性及び安全性の向上の促進」（第1条）を目的とする。国には「高齢者、障害者等、地方公共団体、施設設置管理者その他の関係者と協力して、…（中略）…適時に、かつ、適切な方法により検討を加え、その結果に基づいて必要な措置を講ずるよう努めなければならない」（第4条第1項）法的責務を課せられた。また、地方公共団体、施設設置管理者等の具体的な義務も定められている。しかし、個別法による各種施策の齟齬にとどまらず、規制緩和で廃止が相次ぐ生活路線の維持・確保に関しては「交通政策基本法」の成立まで確固たる根拠法が存在せず、十分に改善されていなかった。問題点は多々あるが、その意味でも同法には積極的な意義が見出せる。

　「交通政策基本法」の基本理念は、①生活交通をはじめ、国民等の交通に対する基本的需要の充足と交通機能の確保および向上（第2条、第3条）、②

交通による環境への負荷の低減（第4条）、交通の適切な役割分担および有機的かつ効率的な連携（第5条）、③国、地方自治体、交通関連事業者等の連携による施策の推進（第6条）、④交通安全の確保（第7条）等である。①の「基本的需要の充足と交通の機能の確保」とは、豊かな国民生活の実現、地域の活力の向上等、政府が推進する交通に関する施策についての基本理念を指す。

さらに、基本理念を実現するために不可欠な基本的施策として、①まちづくりと一体となった公共交通ネットワークの維持・発展を通じた地域の活性化、②国際的な人流・物流・観光の拡大を通じた国際競争力の強化、③交通に関する防災・減災対策や多重性・代替性の向上による巨大災害への備え、④少子高齢化の進展をふまえたバリアフリー化と交通の利便性向上、⑤これらの取り組みを効果的に推進するための情報通信技術（ICT）の活用を定めている。

交通に関する施策については国、地方自治体、交通関連事業者、交通施設管理者ならびに国民等の責務（第8～11条）を規定する。その際、国および地方自治体が講ずる交通に関する基本的施策を定め、交通に関する施策の総合的かつ計画的な推進を図るため、政府は先述した「交通政策基本計画」（第15条第1項）を策定する必要がある。国会に対しては、交通の動向および政府が交通に関して講じた施策に課する「年次報告」（第15条第8項）を行わなければならない。「交通政策基本法」の概要は図2のとおりである。

ところで、一般に「基本法」は具体的な権利・義務を定めるものではないが、個別法に対する優越的な地位を有し、国政の重要な分野で政策の基本的な方向を定め、関連政策の体系化を図る目的で制定される法律である。学説では「社会における基本的な原則や準則、あるいは一定の法分野における制度、政策等に関する基本や原則・基準等について定める法律」[1]に位置づけられる。重要分野に係る政策の方向性や指針を示す法律のため「プログラム法」とも呼称されるが、法令上の定義は存在せず、明確な基準があるわけでもない。「基本法」の性格に鑑みれば、法的拘束力や裁判規範性をもたないと理解するのが通説である。裁判規範性とは、裁判所に対してその保護・救済を求め、法的措置の発動を請求し得る規範であり、「具体的権利性」とも

## 基本理念等（第2〜7条）

○交通の果たす機能
 ・国民の自立した生活の確保
 ・国民の自立した生活の確保、活発な地域間交流・国際交流
 ・物資の円滑な流通
○国民等の交通に対する基本的需要の充足が重要

## 交通機能の確保・向上（第3条）

○少子高齢化の進展等に対応しつつ、
 ・豊かな国民生活の実現
 ・国際競争力の強化
 ・地域活力の向上
 に寄与
○大規模災害に的確に対応

## 環境負担の低減（第4条）

## 様々な交通手段の適切な役割分担と連携（第5条）

## 交通の安全の確保（第7条）

## 交通安全対策基本法に基づく交通安全施策と十分に連携

## 国、地方自治体、事業者等の関係者の責務等（第8〜11条）

## 関係者の連携・協働（第6条、第12条）

## 法制上、財政上の措置（第13条）

## 国会への年次報告等（第14条）

## 「交通政策基本計画」の閣議決定・実行（第15条）
《パブリックコメント　審議会への諮問等》

## 国の施策（第16〜31条）

【豊かな国民生活の実現】
○日常生活の交通手段確保（第16条）
　……離島等の地域の諸条件への配慮
○高齢者、障害者等の円滑な移動（第17条）
　……妊産婦、ベビーカー等にも配慮
○交通の利便性向上、円滑化、効率化（第18条）
　……定時制確保、乗り継ぎ円滑化等

【国際競争力の強化】
○国際海上・航空輸送のネットワークと拠点の形成、アクセス強化（第19条）

【地域の活力の向上】
○国内交通ネットワークと拠点の形成（第20条）
○交通に関する事業の基盤強化、人材育成等（第21条）

【大規模災害への対応】
○大規模な災害が発生した場合における交通の機能の低下の抑制および迅速な回復等（第22条）
　……耐震性向上、代替交通手段の確保、多人数の円滑な避難

【環境負荷の低減】
○エコカー、モーダルシフト、公共交通利便増進等（第23条）

【適切な役割分担と連携】
○総合的な交通体系の整備（第24条）……交通需要・老朽化に配慮した重点的な整備
○まちづくり、観光等との連携、関係者間の連携・協働の促進（第25〜27条）

○調査研究（第28条）
○技術の開発および普及（第29条）……ICTの活用
○国際的な連携の確保および国際協力の推進（第30条）……規格標準化、交通インフラの海外展開
○国民等の意見を反映（第31条）

## 地方公共団体の施策（第32条）

**図2　交通政策基本法の概要（平成25年12月4日公布・施行　法律第92号）**
出所：国土交通省総合政策局公共交通政策部資料

呼ばれる。したがって、努力義務を定める規定はあっても具体性に欠け、罰則規定もない「交通政策基本法」が、法的拘束力や裁判規範性を備えているかは極めて疑問である。同法は基本的に「プログラム法」であり、国や地方

自治体等が十分な責務を果たさない場合、国民や住民が当該事由で提訴することは困難である。なお、「移動権」に関する法理的検討については第4章に委ねたい。

　地域公共交通の維持・確保を目的とする「地域公共交通活性化・再生法」は個別法にあたる。同法の諸規定は基本的に裁判規範性を有するが、地域公共交通の活性化・再生策に関しては、国等の「努力義務」（第4条）を定めるに過ぎず、「地域公共交通網形成計画」に基づく事業に要する費用も「必要な資金の確保に努めるものとする」（第37条）にとどめた。国の費用負担については「交通政策基本法」に「交通に関する施策を実施するため必要な法制上又は財政上の措置その他の措置を講じなければならない」（第13条）と規定されている。にもかかわらず、実際は予算の範囲内において措置され、具体的な取り扱いも法律ではなく、行政の裁量が大きい「地域公共交通確保維持改善事業費補助金交付要綱」ならびに「地域公共交通確保維持改善事業実施要領」に委ねられる。「地域公共交通確保維持改善事業」に係る国の予算は毎年度約300億円程度に過ぎない。「交通政策基本法」の存在意義をふまえ、各種施策の実効性を確保する個別法の改正と十分な予算の確保が求められる。

　なお、「交通政策基本法」の成立に伴い、「地域公共交通の活性化・再生法」は2014年に改正された。その意義については第5章第3節で扱う。

## 第2節　移動権の否認と国民の権利

　2011年法案で削除された「移動権」に関連する条文は、野党となった民主・社民両党が提出した2013年の「交通基本法」案において「国民の健康で文化的な最低限度の生活を営むために必要な移動…（中略）…日常生活を営むに当たり必要な移動、物資の円滑な流通その他の国民等の交通に対する基本的な需要が適切に充足されなければならない」（第2条）と書き換えられた。「健康で文化的な最低限度の生活を営む」との文言は憲法第25条に規定する「生存権」を意識している。けれども「交通政策基本法」では、交通が「国民の自立した日常生活及び社会生活の確保、活発な地域間交流及び国

際交流並びに物資の円滑な流通を実現する機能を有するものであり、国民生活の安定向上及び国民経済の健全な発展を図るために欠くことのできないものであることに鑑み、…（中略）…交通に対する基本的な需要が適切に充足されることが重要であるという基本的認識の下に行われなければならない」（第2条）とされ、「移動権」に関わる憲法上の表現は完全に抹消された。同法は交通に関する施策について「基本理念及びその実現を図るのに基本となる事項」を定め、「国及び地方公共団体の責務等を明らかにすることにより、…（中略）…交通に関する施策を総合的かつ計画的に推進」（第1条）する目的の「プログラム法」に収斂したのである。

　「交通政策基本法」は国の責務について、基本理念に基づき「交通に関する施策を総合的に策定し、及び実施する責務」（第8条第1項）を有し、「情報の提供その他の活動を通じて、…（中略）…国民等の理解を深め、かつ、その協力を得るよう努めなければならない」（第8条第2項）と定めている。地方自治体に関しては「国との適切な役割分担を踏まえ」、当該管轄区域の「自然的経済的社会的諸条件に応じた施策を策定」し、「実施する責務」（第9条第1項）があり、「情報の提供その他の活動を通じて、…（中略）…住民その他の者の理解を深め、かつ、その協力を得るよう努めなければならない」（第9条第2項）とされるが、国と同様「移動権」の保障とは無縁である。

　一方、交通関連事業者及び交通施設管理者は、基本理念の実現に重要な役割を有していることに鑑み「その業務を適切に行うよう努めるとともに、国又は地方公共団体が実施する交通に関する施策に協力するよう努めるもの」（第10条第1項）とされる。しかし「その業務を行うに当たっては、当該業務に係る正確かつ適切な情報の提供に努める」（第10条第2項）程度の責務にとどまる。これらの規定は、国や地方自治体等に対する国民の裁判規範性を回避する立法上の措置にほかならない。交通関連事業者等への扱いは、新自由主義に基づく容易な参入・撤退を認める規制緩和政策に配慮した結果でもある。それらに対し、国民らは基本理念についての理解を深め、「その実現に向けて自ら取り組むことができる活動に主体的に取り組むよう努める」とともに、国または地方自治体が実施する「交通に関する施策に協力するよう努めることによって、基本理念の実現に積極的な役割を果たすもの」（第

11条）とされる。これは責務というより「役割」を求める規定に過ぎず、国民は何らの具体的権利や義務を有しない。

**注**
1) 川崎政司「基本法再考―基本法の意義・機能・問題性 (1)」『自治研究』81巻8号、2005年。

# ［第4章］
# 法的拘束力に関わる交通政策基本法の限界

## 第1節　移動権に関連する判例

　生活交通の維持・確保やバリアフリーの推進には、国や地方自治体の責務遂行を担保する、法的拘束力を備えた法律の存在が望ましい。既述したように「基本法」を「プログラム法」と捉えれば「国家の政治的・道義的義務を規定したもの」となり、法的拘束力は生じない。「抽象的権利」とみる場合は法規範性が認められるが、具体性が欠如するため、立法府や行政府を相手に訴訟を提起し、または是正を求めることは難しくなる。請求権としての性格をもつには、一般に「基本法」自体に具体的な権利規定としての裁判規範性をもたせるか、もしくは「移動権」に関する内容を具体的に定めた個別法がなければならない[1]。けれども「交通政策基本法」は個別法へ委任していない。

　「交通政策基本法」の成立過程に鑑みれば、「移動権」を是認する法改正を行い、個別法に委任する新たな規定を設けない限り「裁判上の請求権としての具体的権利」すなわち裁判規範性の付加は困難である。その場合、同法に求められる事項は「国民が自己の意思に従って自由に行動し、財貨を移動させるための適切な移動手段の保障を享受する権利」としての「移動権」条項の追加である。もっとも同法を変更せず、個別法において、事実上の「移動

権」を是認する条文を追加する方法も法理上は可能である。いずれにせよ必要な事柄は、国民の移動の自由（自由権）ならびに移動手段の保障（請求権）の明文化にほかならず、具体的権利の付与である。しかし、「移動権」を一切否定する国の頑なな姿勢を考慮すれば、現時点において同権利の存在が法律に規定される可能性は皆無といえる。それは下記に紹介する諸判例からも明らかである。「移動権」を認める条文を追加するには、国民的な要求と運動の高揚が必須条件となろう。

　「基本法」の条文を「プログラム規定」と見なし、法的拘束力がないと判断した判例としては、障害者保護をめぐる2008年の名古屋地裁判決が挙げられる。「障害者基本法」（昭和45年5月21日、法律第84号）に定める「すべて障害者は、個人の尊厳が重んぜられ、その尊厳にふさわしい生活を保障される権利を有する」（第3条第1項）との規定や「何人も、障害者に対して、障害を理由として、差別することその他の権利利益を侵害する行為をしてはならない」（第3条第3項）等の条文を根拠に、名古屋市によるホームヘルプサービス事業の継続義務を争った事案である。当該事案は裁判所が同法を一種の「プログラム法」と見なし、具体的権利は「個別法で定められる」とした典型的な事例であった。原告側は被告である同市のホームヘルプサービス事業を利用していたが、2005年3月限りで廃止され、利用契約の解除が行われたことは、①事業の廃止自体が違法な措置であり、②利用契約の債務不履行または不法行為にあたると主張、被告に対して不法行為または債務不履行に基づく損害賠償を求めた。名古屋地裁判決は、同法が定める「障害者の自立及び社会参加のための施策に関し、…（中略）…国、地方公共団体等の責務を明らかにする」（第1条）との条文をはじめ、「すべて障害者は…（中略）…その尊厳にふさわしい生活を保障される権利を有」（第3条第1項）し、「社会、経済、文化その他あらゆる分野の活動に参加する機会が与えられる」（第3条第2項）とする規定は「国及び地方公共団体の基本的な理念」を述べているに過ぎず、第4条の「国及び地方公共団体は、…（中略）…障害者の自立及び社会参加を支援すること等により、障害者の福祉を増進する責務を有する」規定も「一般的な責務を定めているにとどまる」と判断した。その上で、具体的権利については他の法律等を通じて実現させる趣旨である

とし、原告の請求を退けた[2]のである。

「移動権」に関する事案としては1991年の「和歌山線格差運賃返還請求事件」がある。同事案は旧国鉄和歌山線が地方交通線に選定され、幹線とは異なる割高な運賃が設けられたことに対し、国鉄の成立以来続いた全国一律運賃と異なる運賃体系は住民の「交通権」を侵害するものであり、格差運賃の設定は無効であるとして不当利得の返還を求めた住民訴訟である。原告側は「国民は自らの生活を向上させ、ひいては住みよい国土を建設する手段としての全国的交通網を国家に対して要求する権利を持つ」とし、「交通権」は移動の自由（憲法第22条第1項）、幸福追求権（第13条）、生存権（第25条第1項）の集合であり、是認されるべき権利であると主張した。しかし、和歌山地裁は「仮に原告らの主張するごとき交通権を、国家の負う政治的責務の範囲を超えて、…（中略）…具体的権利として認めるならば、これをすべての国民について等しく認めるべきことは憲法第14条から当然のことであるから、…（中略）…いかなる山間あるいは離島等の僻地に居住する者についても、同等の交通手段を同等の運賃で直ちに提供すべき法律上の具体的義務が国家に課せられることとならざるをえないが、このような論が非現実的で採りえないのは明らか」[3]として原告側の憲法解釈を覆し、「原告等の主張する交通権は、これを原告らの本件請求の根拠となるような具体的権利として考える限り、憲法上根拠づけることはできないものというほかない」との判断を示した。

「移動権」を否定する判決は、1997年の北陸新幹線一部開業に伴う信越本線横川〜軽井沢間の廃止とバス転換ならびに軽井沢〜篠ノ井間の第3セクター・しなの鉄道移管に対する「信越本線廃止許可取消請求控訴事件」[4]にもみることができる。控訴人等は「本件路線の廃止は公衆の利便を著しく阻害するものであり、運輸大臣が行った路線の廃止の許可処分は違法である」として処分取り消しを求めた。その際、控訴人等の「原告適格性」が問題になったが、控訴人等は「交通機関である信越本線の利用者であり、生存権（憲法第25条）、移動の自由（憲法第22条）及び幸福追求権（第13条）として位置付けられる権利」をもち、「誰でも、いつでも、どこへでも便利に安全、快適かつ低廉に移動でき、自由に貨物を送り、受け取ることができる権利」

としての「交通権」あるいは「交通の利益」を有すると主張した。けれども、東京高裁は「控訴人等の本件訴えは原告適格性を欠く不適法なものである」として原判決を支持し、「本件控訴はいずれも理由がないからこれを却下する」との判断を下している。すなわち、控訴人等は本件許可処分により「交通権」ないし「交通の利益」が侵害されると主張するが、本件許可処分により利用者が被った具体的な不利益は、①バス転換されたことによる所要時間と運賃の値上げ、②しなの鉄道の運賃値上げ等であり、仮に「交通権」ないし「交通の利益」が権利として認知される余地があるとしても、本訴における「原告適格性」の判断にあたっては、①および②の事実を基にして判断すれば足りるとしたのである。「交通政策基本法」は「移動権」を是認していないが、仮に抽象的な表現がなされていても、提訴すれば類似の判示が出るか「行政事件訴訟法」（最終改正：平成26年6月13日、法律第69号）第9条の「法律上の利益を有する者」と見なされず、「原告適格性」が認められないであろう。

## 第2節 ｜ 交通政策基本法の限界と韓国における交通権の取り扱い

　全国各地で地域公共交通の廃止が相次ぎ、住民の自由な移動が困難になる中で、地域経済の疲弊や地域社会の崩壊が急速に進行している。「地域再生」の切り札は生活交通の維持・確保および再生である。その意味で「移動権」を否定する現行の「交通政策基本法」には限界があるが、遠くない将来、必然的に同権利の是非をめぐる問題が顕在化すると思われる。具体的な「移動権」を是認する規定の明文化が望まれる。

　「交通政策基本法」が定める交通に関する施策の推進は「交通に対する基本的な需要が適切に充足されることが重要であるという基本的認識の下に行われなければならない」（第2条）とされる。同条文を活かし、「…重要であり、すべての国民等が自由に移動する権利を等しく享受するという…」に改め、「具体的な権利の内容は個別法に委ねる」とすれば「移動権」に裁判規範性を持たせる前提条件が整えられる。その上で個別法に具体的な諸権利とそれに基づく各種施策を条文化し、国等の「交通に関する施策を総合的に策

定し、及び実施する責務」（第 8 条第 1 項）を遵守させるため、国民の「監視・監督権」を確保する条項を追加すれば裁判規範性が成立すると考える。それが無理であれば個別法を個々に改正し、必要不可欠な移動を保障する方策の推進が求められる。

　第 2 章第 2 節で紹介した韓国の「交通基本法」案は「国と地方公共団体は、本法または他の法律で定めるところにより、公共の安全保障、秩序維持と福祉増進を阻害しない範囲において、国民に交通権を最大限保障しなければならない」（第 13 条第 1 項）と規定した。その上で「国と地方公共団体は、すべての国民が身体的障害、性別、宗教、社会的身分または経済・地域的事情等により、交通サービスの差別を受けないように、必要な措置を講じなければならない」（第 13 条第 2 項）という「交通権」保障条項を設けている。さらに「交通権」を振興する「国と地方公共団体の施策方向」（第 14 条）に加え、「最低限の交通サービスを測定・評価・管理するための指標及び基準の設定並びに改善」（第 15 ～ 18 条）を定め、同権利の確保・推進策を具体的に規定した。国民の移動の自由（自由権）是認と移動手段の保障（請求権）の明文化ならびにその保障条項である。また、他法との整合性に関して「交通に関する他の法律を制定したり、改正する場合は、この法律の目的と基本理念に適合させなければなら」ず、「政府と地方自治体が樹立する計画・政策は、この法律の基本理念・交通権等と調和しなければならない」（第 5 条第 1 項）と定めた。法案は未成立に終わったが「交通権」に係る関連規定を整備し、同権利の深化を個別法に委任する規定を設けたことで、裁判規範性を備える関連諸法の改正を促したのである。

　裁判規範性のある具体的権利を定めた韓国の個別法として「交通権」の存在を規定した 2013 年の「交通弱者の移動便宜増進法」（2013 年 3 月 23 日改正、法律第 11690 号）が挙げられる。同法に基づき交通弱者は「人間としての尊厳と価値および幸福を追求する権利を最大限に保障するため…（中略）…人々が利用するすべての交通手段、旅客施設や道路を差別せずに、安全で便利に利用して移動することができる権利」（第 3 条）を有するのである。国および地方自治体は「移動制約者が安全で便利に移動できるよう交通手段と旅客施設の利用利便性と歩行環境改善のための政策を策定し、施行」（第 4

条）しなければならず、個人の権利及び責務も各条文に具体化されている。

「公共交通機関の育成及び利用促進に関する法律」（最終改正：2008年3月28日、法律第9071号）は「すべての国民は、公共交通機関のサービスを受けるとき、不当な差別を受けずに、便利で安全な公共交通機関を利用する権利」（第4条第1項）を有すると規定している。そのため「国又は地方公共団体は公共交通機関の育成及び利用促進のため、地方公共団体や公共交通機関の運営者に対し、…（中略）…必要な資金の全部あるいは一部を、…（中略）…補助又は融資することができる」（第12条）との規定に従い、公共交通機関の優先通行措置や低床バスの導入、公共交通機関の高級化と多様化、乗り継ぎ施設等の整備・改善及び全国対応型交通カードの整備・運用等に関する補助・融資が行われる。同法も国民の権利と国等の責務を具体的に表記しているが、とくに「離島や僻地等における地域の公共交通サービスの強化」（第3条第1項6号）を重視しており、注目に値する。

このように、韓国では「基本法」が存在しなくとも「交通権」は各種個別法で保障されている。現時点では、わが国において「移動権」是認を求めても現実的ではない。前述したように国は「交通政策基本法」と「地域公共交通活性化・再生法」をはじめとする各個別法の適正化に努め、これらの法律に基づき実施される各種施策の充実・拡大を図ることが肝要である。その際、韓国の関連諸法が参考[5]になろう。

注
1) 国土交通委員会調査室　廣原孝一「国土交通政策の課題」『立法と調査』No.312、2011年1月14日。
2)「ホームヘルプサービス事業廃止損害賠償請求事件」名古屋地方裁判所判決、2008年3月26日。
3)「和歌山線格差運賃返還請求事件」和歌山地方裁判所判決、1991年2月27日。
4)「信越本線廃止許可取消請求控訴事件」東京高等裁判所判決、2000年2月16日。
5) 韓国の交通法規とわが国の交通法規の比較については拙稿「韓国の交通法規と『交通権』―我が国諸法との比較を交えて」熊本学園大学海外事情研究所『海外事情研究』42巻1号、2014年を参照されたい。

# ［第5章］
# 交通政策基本計画と地域公共交通の活性化及び再生に関する法律の改正

## 第1節 交通政策基本計画の作成

「交通政策基本法」の中核は、国の交通政策の長期的な方向性をふまえ、政府が今後講ずべき施策の基本を決める「交通政策基本計画」である。同法は「政府は、交通に関する施策の総合的かつ計画的な推進を図るため、交通に関する施策に関する基本的な計画…（中略）…を定めなければならない」（第15条第1項）と規定している。計画案は「国土の総合的な利用、整備及び保全に関する国の計画並びに環境の保全に関する国の基本的な計画との調和」（第15条第3項）に留意し、国土交通大臣の諮問機関である「交通政策審議会及び社会資本整備審議会の意見」（第15条6項）を聴取して策定される。

2014年4月、国土交通省は「交通政策基本計画」の策定を開始した。内容は交通に関する施策の基本的方針、施策の目標、政府が総合的かつ計画的に講ずべき施策・その他の事項（第15条第2項）である。主な施策目標は、①離島等の自然的経済的社会的条件に配慮した通勤、通学、通院、物流等に必要な日常生活に係わる交通手段の確保（第16条関連）、②高齢者・障害者、妊産婦・乳幼児を同伴する者等の円滑な移動の促進のための自動車、鉄道、船舶、航空機、旅客施設、道路、駐車場のバリアフリー化等（第17条関連）、③定時性・快適性の確保、速達性向上、乗り継ぎ円滑化、交通結節機能の高

度化、輸送の合理化等（第 18 条関連）のほか、④環境負荷の低減（第 23 条関連）、⑤運輸事業等の健全な発展（第 21 条関連）、⑥総合的な交通体系の整備（第 24 条関連）、⑦まちづくりの観点からの施策推進（第 25 条関連）や、地域経済の活性化等のための企業立地促進等（第 20 条関連）、⑧関係者相互間の連携と協働（第 27 条関連）に置かれた[1]。

　計画案は 2014 年 4 月 7 日開催の「社会資本整備審議会・計画部会及び交通政策審議会・交通体系分科会計画部会合同会議」での意見聴取を経て作成されたが、下部組織として「交通政策基本計画小委員会」を設置し、詳細な検討が行われた。同年 6 月 25 日発表の「交通政策基本計画・中間とりまとめ素案」は、①日常生活の交通手段確保や高齢者・障害者・妊産婦等の円滑な移動、交通の利便性向上、まちづくりの観点からの施策推進に係わる「豊かな国民生活に資する使いやすい交通の実現」、②運輸事業等の健全な発展、大規模災害時の機能低下抑制と迅速な回復、環境負荷の低減に係わる「持続可能で安心・安全な交通に向けた基盤づくり」、③産業・観光等の国際競争力強化、地域活力の向上、観光立国の観点からの施策推進、国際連携確保・国際協力に係わる「成長と繁栄のための基盤となる国際・地域間の旅客交通・物流ネットワークの構築」を基本方針に位置づけている。その上で、総合的かつ計画的に講ずべき施策の骨子を「これまでの取り組みを更に推進していくもの」と「今後新たに検討するもの」に分類した。

　同素案は、①国際海上・航空輸送網の形成、輸送拠点となる港湾・空港の整備等（第 19 条関連）、②大規模災害時の交通機能低下の抑制および迅速な回復（第 22 条関連）といった、大規模公共事業の復活につながりかねない「国土強靱化基本法」を受けた事項や、③観光立国の実現の観点からの施策促進（第 26 条関連）、④国際連携の確保（第 30 条関連）等、「経済成長に貢献する国際交通網の増強策」を強調している。具体的には 2020 年の東京オリンピック・パラリンピック開催も視野に入れ、近隣アジア諸国との競争に打ち勝つため「国際空港、国際港湾などの立法的措置拠点にした国際交通ネットワークづくりが不可欠として、成田・羽田両空港の発着枠の 8 万回拡大や、10 年間で 5,500 億円もの税金を投入する国際コンテナ戦略港湾の大深水化等の整備を明記した。さらに、1 メートル 1 億円の建設費と批判される東京外

環道等の三大都市圏環状道路建設をはじめ、採算性に疑義があり、膨大なトンネル残土、水枯れや異常出水、電磁波問題等、環境への深刻な悪影響が懸念される14年12月17日着工の中央新幹線についても、JR東海との「必要な連携、協力を行う」[2]と記している。

　これら、大型公共事業の実施計画に対し、生活交通を維持・確保する「豊かな国民生活に資する使いやすい交通の実現」に係わる施策の目標は、①自治体を中心にコンパクトシティ等のまちづくり施策と連携し、地域交通ネットワークの再構築を図る、②地域の実情をふまえた多様な交通サービスの展開を後押しする、③バリアフリーを一層身近なものにする、④旅客交通・物流のサービスレベルをさらに引き上げる程度の記述にとどまった。主要施策の骨子も、①コンパクトシティ・プラス・ネットワークの形成を推進するとともに、過疎地物流の確保を「今後新たに検討する」としたに過ぎない。バリアフリーについては、ベビーカーマークの普及等による「心のバリアフリー」の推進に低コストのホームドア開発によるコストダウンを通したさらなる普及促進が加わった程度で、とくに目新しい施策はみあたらない。

## 第2節　交通政策基本計画の内容と問題点

　「交通政策基本計画」（計画期間：2014～20年度）[3]は、2015年2月13日の閣議決定を経て同日「交通政策基本法」第15条第8項に基づき国会に報告され、公表となった。内容は既述した素案と大差ないが、とくに重要な生活交通の維持・確保、バリアフリー、国際競争力の強化、大規模災害やインフラの老朽化に関する対応等について検討したい。

　生活交通の維持・確保に関し「交通政策基本法」は国に、国民が日常生活および社会生活を営むにあたり、必要不可欠な交通手段を確保するため必要な施策を講ずる責務を課している。2007～11年までに約8,160キロメートルに及ぶバス路線が廃止され、鉄道の場合は08～12年で7路線、約105キロメートルが廃止[4]となった。地域公共交通の活性化・再生に対応するため、「交通政策基本計画」には、14年の改正「都市再生特別措置法」（平成26年5月21日、法律第39号）に基づき、住宅および都市機能増進施設の立地の適

正化を図る「立地適正化計画」（第 81 条第 1 項）と、改正「地域公共交通活性化・再生法」（平成 26 年 5 月 21 日、法律第 41 号）に基づき、持続可能な地域公共交通網の形成に係る「地域公共交通網形成計画」を作成する地方自治体を総合的に支援する体制を構築し、それらの計画の着実な策定を促し、成功例の積み上げにつなげるとある。

地域公共交通網の再構築は「地域公共交通活性化・再生法」による「地域公共交通確保維持改善事業」を充実・拡大する意味で評価できる。ただし、過疎地や離島等、条件が不利な地域について、それぞれの地域の特性や実情に応じた最適な生活交通ネットワークを確保・維持する「小さな拠点」（＝コンパクトシティ）の形成に関する施策との連携や「多様な関係者の連携による交通基盤の構築に向けた取り組みを支援」する方針には問題がある。コンパクトシティの形成が都市部と過疎地等との連絡を一層脆弱にし、過疎地等の孤立を深める可能性を否定できないからである。公共交通空白地域等を中心として NPO 法人や住民団体等の様々な主体の活用を検討する計画も、組織化が困難な高齢者の多い地域特性を理解していない。交通分野に関係する様々な資金の活用等、支援の多様化を「検討課題」に挙げることも事実上、国の財政的支援が見込めない現状の肯定につながる。生活交通ネットワークを確保・維持するため、民間事業者のバス路線の再編等による活性化、コミュニティバスやデマンド交通の効果的な導入を促す方針は当然であり、とくに自転車の活用を重視する姿勢を強調すべきと考える。

「交通政策基本法」が高齢者、障害者、妊産婦といった移動制約者の移動を円滑化するため、各種交通手段や交通関連施設の改善その他必要な施策の実施を求めていることを受け、旅客施設等のバリアフリー化を 2020 年度までに約 100％にする目標を設定した。この目標設定は評価できる。

一方、国際競争力の強化に関して「交通政策基本計画」は「近隣のアジア諸国との厳しい競争に打ち勝つとともに、これら地域の成長を我が国に取り込んでいくには、国際交通ネットワークの要である国際空港や国際港湾の機能強化が必須である」とする。具体的な施策は 2014 年度中の年間合計発着枠 75 万回化の達成が見込まれる首都圏空港や、関西空港・中部空港における訪日外国人旅行者等の受入れのゲートウェイとしての機能強化、那覇空港

滑走路増設事業の推進、福岡空港の抜本的な空港能力向上、わが国との往来の増加が見込まれる国・地域へのオープンスカイの拡大、三大都市圏環状道路の整備と空港アクセス道路等の重点的な整備等による国際航空ネットワークの一層の拡充である。港湾整備に関しては、大水深コンテナターミナルの機能強化による国際コンテナ戦略港湾政策の深化を図るとともに、三大都市圏環状道路と港湾へのアクセス道路等の重点的な整備、埠頭周辺における渋滞対策等による効率的な物流の実現を目指している。国際コンテナ戦略港湾における大水深コンテナターミナルの整備数は、13年度の3バースから16年度には12バースに増加させる計画である。このような大型公共事業の復活に対する懸念は第2章第2節および本章第1節で述べたとおりである。

　ただし、大規模災害やインフラの老朽化には十分な対策が求められる。東日本大震災の経験をふまえ、大地震や集中豪雨等の大規模災害に向けた対策は不可欠である。首都直下地震または南海トラフ地震で震度6強以上が想定される地域等に存在する主要鉄道路線の耐震化率を2012年度の91％から17年度までに概ね100％へ、緊急輸送道路上の橋梁の耐震化率を12年度の79％から16年度82％に高め、大規模地震が特に懸念される地域における港湾による緊急物資供給可能人口を13年度の約2,810万人から16年度には約2,950万人とする目標は低過ぎるかもしれない。

　「交通政策基本計画」は「『国土強靱化基本計画』を基本として他の関連する計画等とも連携し、すみやかに実施する」とし、「国土強靱化基本法」第10条に基づく「国土強靱化基本計画」（平成26年6月3日、閣議決定）を重視する方針である。とはいえ同計画の内容は、国民の生命・財産の保全に資する関連事業やインフラ施設の老朽化対策にとどまらず、「国家・社会の重要な機能が致命的な障害を受けず維持される」ための全事業を包含しており、施策対象はほぼ全省庁の所管にわたる。第2章第2節で述べたとおり、「経済成長戦略」の主柱として、防災・減災に名を借りた不要不急の総花的な大規模公共事業の実施は厳に慎むべきである。

## 第 3 節　地域公共交通の活性化及び再生に関する法律の改正

　長年にわたる規制緩和政策によって疲弊した地域公共交通の確保・維持については、根拠法が脆弱なため、各種施策に係る改善が遅滞していた。2010年の公共交通の輸送人員は 1990 年比、路線バスが 35％減、地方鉄道は 25％の減少であり、民間バスの約 70％、鉄道事業者の約 80％が赤字となっている。こうした状況の下、2013 年の「交通政策基本法」成立に伴い、個別法の改正が行われた。

　2014 年の第 186 回通常国会（2014 年 1 月 24 日召集）で成立した改正「地域公共交通活性化・再生法」には、「急速な少子高齢化の進展、移動のための交通手段に関する利用者の選好の変化により地域公共交通の維持に困難を生じていること等の社会経済情勢の変化に対応し、…（中略）…地域公共交通の活性化及び再生を推進することが重要となっていること」に鑑み、「交通政策基本法の基本理念にのっとり…（中略）…地域公共交通の活性化及び再生のための地域における主体的な取組及び創意工夫を推進」（第 1 条）するとの目的が追加された。

　法案の提案理由は「持続可能な地域公共交通網の形成に資する地域公共交通の活性化及び再生を推進するため、市町村等による地域公共交通網形成計画の作成、同計画に定められた地域公共交通再編事業を実施するための地域公共交通再編実施計画の作成、同計画が国土交通大臣の認定を受けた場合における同事業の実施に関する道路運送法等の特例等について定める必要がある」[5]となっている。改正法は 2014 年 5 月 21 日公布、11 月 20 日に施行されたが、交通事業者の「自己責任」に委ねられていた事業運営の在り方および生活路線の維持・再生方策ならびに国の補助制度の見直しを意味する重要な法律となった。なお、「地域公共交通活性化・再生法」の内容と「地域公共交通網形成計画」および補助制度の整備過程に関しては第 6 章で詳述する。したがって、本節では簡単な紹介にとどめたい。

　改正「地域公共交通活性化・再生法」の趣旨は、「交通政策基本法」の基本的理念である①日常生活等に不可欠な交通手段の確保、②「まちづくり」の観点からの交通施策の促進、③関係者相互間の連携と協働の促進を具体化

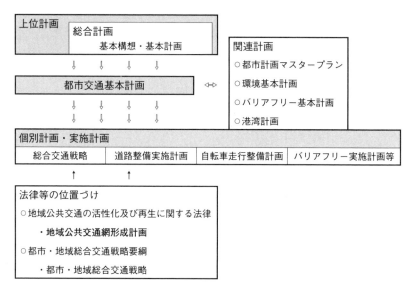

**図3　地域公共交通網形成計画の位置づけ**

出所：筆者作成

することにある。また、本格的な人口減少社会における「地域社会の活力の維持・向上」を目指し、地方自治体が中心となる「まちづくり」と一体化した公共交通ネットワークの再構築との連携も求められる。

　施策の推進にあたり、主務大臣は地域公共交通の活性化および再生を推進するための「基本方針」（第3条第1項）を定める必要がある。その際、「交通政策基本計画」との調和（第3条第4項）が保たれたものでなければならないと改められた。市町村が作成可能な「地域公共交通総合連携計画」（旧第5条第1項）についても「地域公共交通網形成計画」（第5条第1項）に変更するとともに、当該計画の策定主体に都道府県を追加（同上）した。同計画は、地方自治体が関係者（地方自治体、公共交通事業者、道路管理者、公安委員会、利用者等）により構成される協議会（第6条第1項）等と協議（第5条第7項）して作成しなければならない。

　国土交通省によれば、2015年9月末までに把握した「地域公共交通網形成計画」策定件数は全国で55、16年1月末では67に上る。「地域公共交通網形成計画」と他の計画との関係を示せば図3のとおりである。「地域公共

交通網形成計画」は、上位計画である「都市交通基本計画」の「基本理念及び目標像」を実現するため、基本計画に示す「施策の基本的な方針」に基づき、必要な施策を体系的に整理した「実施計画」にあたる。

　ともあれ、地域公共交通の活性化・再生に要する資金の確保については「国及び地方公共団体は、…（中略）…必要な資金の確保に努めるものとする」（第 37 条）とされ、第 2 章第 1 節で触れたとおり、「地域公共交通確保維持改善事業費補助金交付要綱」等に基づく補助金のほか、地方自治体等の財政支出に依存せざるをえない。国は「地方公共団体、公共交通事業者等その他の関係者が行う持続可能な地域公共交通網の形成に資する地域公共交通の活性化及び再生を推進するために必要となる情報の収集、整理、分析及び提供、研究開発の推進並びに人材の養成及び資質の向上に努め」（第 4 条第 1 項）る努力義務がある。けれども「持続可能な地域公共交通ネットワーク」を構築する主な実施主体は地方自治体であり、国が十分な財政的支援を行わなければ実効性のある生活交通の維持は図れないであろう。

注
1) 国土交通省総合政策局公共交通政策部資料「交通政策基本計画の策定に係るヒアリングについて」2014 年 4 月 10 日。
2) 国土交通省社会資本整備審議会・交通政策審議会合同会議『交通政策基本計画　中間とりまとめ（素案）』2014 年 6 月 25 日。
3) 「交通政策基本計画」国土交通省総合政策局公共交通政策部、2015 年 2 月 13 日。
4) 2010 年時点のバス路線総許可キロは 42 万 757 キロ。その後の路線廃止は 11 年 842 キロ、12 年 902 キロ、13 年 1,143 キロ。2014 年時点の地方鉄道の総営業キロ数は 3,413.4 キロ。12 年には十和田観光電鉄・十和田観光電鉄線 14.7 キロと長野電鉄・屋代線 24.4 キロが廃止された。なお、15 年 10 月、JR 西日本は広島県三次市と島根県江津市間を走行する三江線 108.1 キロの 17 年度中の廃止方針を決定した。
5) 第 186 回通常国会衆議院　閣法 29、地域公共交通の活性化及び再生に関する法律の一部を改正する法律案、提案理由。

# [第6章]
# 国の補助制度

## 第1節　地域公共交通の活性化及び再生に関する法律と補助制度の整備過程

　地域公共交通の衰退は、移動手段の存続に関する国民・地域住民の不安や一定程度の危機意識を喚起し、地方自治体の交通政策に影響を与えた。交通事業者に対する欠損補助のみならず、行政や地域が主体となった公共交通の維持・確保方策の促進である。自家用乗用車から公共交通に回帰するような全国各地の取り組みは、国の政策にも反映し、鉄道、乗合バス、離島航路等、交通事業ごとに行われる個別施策[1]の見直しにつながった。様々な公共交通機関を連携させ、地域公共交通の活性化・再生を総合的かつ一体的に推進する政策への転換である。各種施策遂行を助成する国の新たな補助制度の整備過程について、法律改正や国会での審議経過等を交え検討したい。

　「地域公共交通活性化・再生法」は、地方自治体が交通事業者や利用者、関係者等で構成する「地域公共交通総合連携計画の作成に関する協議及び地域公共交通総合連携計画の実施に係る連絡調整を行うための協議会」（「第6条第1項。以下、原則として法定協議会と呼ぶ）[2]を組織し、協議を経て「単独で又は共同して、…（中略）…地域公共交通の活性化及び再生を総合的かつ一体的に推進するための地域公共交通総合連携計画」（第5条第1項）を作成

できると規定する。新たな補助制度は、当該計画に基づく事業実施に対し補助を行うというもので、とくに重点的な取り組みが期待される「地域公共交通特定事業」に関しては、国の認定を前提に関係個別法が定めた特例による支援措置が可能となった。

「地域公共交通特定事業」とは、①軽量軌道交通（Light Rail Transit; LRT。以下、LRTと呼ぶ）に係る上下分離等、定時性や速達性および快適性に優れた軌道運送を実施する「軌道運送高度化事業」、②大量輸送を可能とする連節バスの導入等、定時性、速達性および快適性に優れた道路運送を実施する「道路運送高度化事業」、③優れた加速性能を有する船舶の導入等、定時性、速達性および快適性に優れた海上運送を実施する「海上運送高度化事業」、④上下分離方式の採用をはじめ、継続が困難または廃止のおそれがある旅客鉄道事業を対象とし、当該路線と輸送の維持を図る「鉄道事業再構築事業」、⑤接続ダイヤの改善、共通乗車船券の発行、乗降場の改善等に係る「乗継円滑化事業」の5つに分類される。また、2008年創設の「地域公共交通活性化・再生総合事業」には、計画策定調査に必要な経費に対する上限2,000万円の定額補助と、計画に基づく実証運行にあたり、鉄道、コミュニティバス、乗合タクシー、旅客船等の事業に取り組む「地域公共交通協議会」に対し、運行経費の2分の1を一括支援する補助金（「地域公共交通活性化・再生総合事業費補助金交付要綱」、平成20年2月29日、国総計第100号）の交付が行われた。

しかし、2009〜10年に行われた行政刷新会議の「事業仕分け」や、国土交通省の「行政事業レビュー」を受けて11年4月、「地域公共交通活性化・再生総合事業」は廃止となり、個別補助の見直しとともに、11年度以降は地域公共交通関係の補助金を一括交付する「地域公共交通確保維持改善事業」が新たに制度化された。生活交通の存続が危ぶまれる地域において、地域の要望をふまえた最適な交通手段を維持・確保するため、多様な関係者による協議を経た地域交通に関する計画に基づく取り組みを一体的かつ継続的に支援する事業である。

国の補助は「地域公共交通確保維持改善事業費補助金交付要綱」（平成23年3月30日、国総計第97号、国鉄財第368号、国鉄業第102号、国自旅第240号、

国海内第149号、国空環第103号）に基づき市町村、関係交通事業者、地方運輸局等で構成する協議会（第3条。「地域公共交通活性化・再生法」第6条第1項に定める法定協議会とは区別される）を設置し、生活交通ネットワーク計画または代替可能な「地域公共交通総合連携計画」を策定し、補助金の交付が決定されれば当該事業に対し、期間限定ではなく継続的に助成される。「地域公共交通確保維持改善事業」の詳細は第2節で検討する。

　2013年12月、交通に関する施策について基本理念や基本事項を定め、総合的かつ計画的な施策の推進を目的とした「交通政策基本法」が制定された。「地域公共交通活性化・再生法」と相まって、地域公共交通の確保・維持を図る基本法である。

　これに伴い、2014年の第186回国会において「交通政策基本法」の理念を尊重する「地域公共交通の活性化及び再生に関する法律の一部を改正する法律」（平成26年5月21日、法律第41号）が成立し、同年11月20日に施行された。主な改正点は①「交通政策基本法」の基本理念に基づき、持続可能な地域公共交通網の形成に資する、地域公共交通の活性化および再生の取り組みを推進する旨を目的に追加（第1条）したこと、②面的な公共交通ネットワークを再構築するため、民間事業者の自助努力に委ねる従来の方式を改め、地方自治体が主導して「まちづくり」と連携しつつ、「地域公共交通総合連携計画」を廃止し、都道府県（新規追加）および市町村（複数または県と市町村の共同を含む）が「地域公共交通網形成計画」を策定できる制度（第5条、第6条）に変更したこと、③当該計画において、路線の再編等を行う「地域公共交通再編事業」に係る事項が盛り込まれた場合、地方自治体は当該事業を実施する区域内の関係公共交通事業者等の同意を得て、事業実施に必要な「地域公共交通再編実施計画」を作成し、国土交通大臣の認定を申請（第27条の2～8）可能にしたこと、④認定を受けたとき、「地域公共交通再編事業」に対する「鉄道事業法」や「道路運送法」等の特例（同）を設けたことである。

　とくに重点的な取り組みが期待される「地域公共交通特定事業」のうち、「乗継円滑化事業」が廃止となり、先述の「地域公共交通再編事業」が新設された。内容は旅客鉄道事業、旅客軌道事業、乗合バス事業および国内一般

旅客定期航路事業といった特定旅客運送事業に係る路線等の編成の変更、他種類の旅客運送事業への転換、自家用有償旅客運送への代替、異なる公共交通事業者間の旅客乗継ぎを円滑に行うための運行計画の改善、共通乗車船券の発行等である。また、法律上の特例としてはバス路線、輸送力の設定等に関する許認可審査基準の緩和、運賃・利用料金の上限認可制から届け出制への転換、計画の維持を困難とする可能性がある行為の防止、事業が未実施のときの勧告・命令等が挙げられる。

2015年5月、「地域公共交通の活性化及び再生に関する法律及び独立行政法人鉄道建設・運輸施設整備支援機構法の一部を改正する法律」(平成27年5月27日、法律第28号)が公布され、国土交通大臣の認定を受けた「認定軌道運送高度化事業」等、地域公共交通ネットワークの再構築を図る事業に対する独立行政法人鉄道建設・運輸施設整備支援機構の出資が可能な制度改正(第29条の2関連)が行われた。法案の提出理由は「持続可能な地域公共交通網の形成に資する地域公共交通の活性化及び再生を推進するため、認定軌道運送高度化事業等の実施に必要な資金の出資等の業務を独立行政法人鉄道建設・運輸施設整備支援機構に行わせる等の措置を講ずる…(中略)…必要がある」[3]となっている。

制度改正の背景には、2014年成立の「地域公共交通の活性化及び再生に関する法律の一部を改正する法律」に関わる衆参両院・国土交通委員会の付帯決議があった。「地域公共交通網形成計画に基づく地域公共交通再編事業が効率的・効果的に実施されるよう、基本方針を見直すとともに、円滑な合意形成が可能となる諸施策、公共交通事業者に対する予算措置、融資制度等の支援措置の拡充について幅広く検討を行うこと」[4]との内容である。

さらに財政制度等審議会財政投融資分科会は報告書[5]の中で、財政投融資の対象として今後期待される分野に地域公共交通の活性化を挙げ、「採算性を確保した形で地方における公共交通事業への支援が可能か検討する」という問題提起を行っている。また、交通政策審議会交通体系分科会地域公共交通部会は、現行制度にはいくつかの課題があるとし、「まちづくりや観光振興など地域戦略との一体的な取組みが不十分な点、総合的な交通ネットワークの計画づくりに欠け、廃止路線へのコミュニティバスの導入など個別・

局所的な対応にとどまっているものが多いという点、地域特性や生活環境の変化を踏まえ、利用者のニーズに即し、かつ持続可能な新しい地域公共交通ネットワークを構築するための方策が十分に伴っていない点」を列挙し、「地域公共交通の活性化及び再生に関する法律に示された方向性をさらに強化すべき」であり、「予算措置のみならず、地域公共交通に係る設備投資等の促進に資する税制特例、交通再編に必要となる設備投資等の促進に資する財政投融資制度等も含めた多様な支援措置についても、幅広く検討すべきである」[6]と提言している。

こうして地域公共交通の活性化・再生を図る現行の補助制度が基本的に整うのである。第2節ではその仕組みと概要について補助事業ごとに検討する。

## 第2節　地域公共交通確保維持改善事業補助制度の仕組み

### (1) 地域公共交通確保維持改善事業の概要

「地域公共交通確保維持改善事業」は、「地域公共交通確保維持改善事業費補助金交付要綱」(最終改正：平成27年4月9日、国総支第65号、国鉄都第131号、国鉄事第330号、国自旅第380号、国海内第118号、国空環第91号) 第3条に定める都道府県、市区町村、交通事業者もしくは交通施設管理者等で組織する協議会（以下、要綱第3条に規定する協議会と呼ぶ）の議論を経て策定される補助対象ネットワーク交通等に係る「生活交通確保維持改善計画」に基づき、国の財政支援が行われる事業である。「生活交通確保維持改善計画」とは、地域公共交通の確保・維持・改善のために、要綱第3条に規定する協議会または都道府県もしくは市区町村が、地域の生活交通の実情のニーズを的確に把握しつつ、当該協議会での議論を経て策定する「地域の特性・実情に応じた最適な移動手段の提供、バリアフリー化やより制約の少ないシステムの導入等移動に当たっての様々な障害の解消等を図るための取組についての計画」(第2条第1項第1号。) とされる。

同要綱によれば「地域公共交通確保維持改善事業」は、「地域公共交通確保維持事業」と「地域公共交通バリア解消促進等事業」および「地域公共交通調査等事業」の3種類に大別できる。過疎地域等において、バス交通や離

表1 地方公共交通確保維持改善事業における2015年度の改正事項（現行制度の重点的支援内容）

| | 通常（従来）の支援内容 | 国の認定を受けた地域公共交通再編実施計画に位置づけられている場合の支援内容 |
|---|---|---|
| 地域公共交通網形成計画・再編実施計画の策定等【地域公共交通確保維持事業】 | 計画策定（定額：上限2,000万円） | 計画策定（定額：上限2,000万円）<br>利用促進・事業評価（補助率：1/2）<br>※地域公共交通網形成計画については最大2年間 |
| 路線バス・デマンド型タクシーの運行【地域公共交通確保維持事業（陸上交通：地域間幹線系統補助・地域内フィーダー系統補助）】 | 対象系統<br>【地域間幹線系統】<br>①複数市町村にまたがるもの<br>②1日あたりの計画運行回数が3回以上のもの<br>③輸送量が15～150人/日と見込まれるもの<br>【地域内フィーダー輸送】<br>①政令市、中核市、特別区以外において、補助対象地域間幹線バス系統を補完するもの又は交通不便地域における移動手段の確保を目的としたもの<br>②新たに運航を開始するなどの新規性があるもの<br>【共通】<br>車両減価償却費等補助又は公有民営補助（補助率：1/2） | 対象系統<br>【地域間幹線系統】<br>イ．路線再編により、従来の補助対象系統を基幹系統と支線系統に分ける場合の再編後の系統<br>→・①および③の要件の適用除外<br>　・支線系統における小型車両（乗車定員7～10人）の補助対象化<br>ロ．イ．の対象となる系統以外の系統<br>→・③の要件の緩和（最低輸送量：3人/日）<br>　・小型車両（乗車定員7～10人）の補助対象化<br>【地域内フィーダー輸送】<br>①の要件：政令市、中核市、特別区以外とする地域限定の解除<br>②の要件：従前から運用している系統のみなし適合<br>【共通】<br>車両減価償却費等補助、車両購入時一括補助または公有民営補助（補助率：1/2） |
| 路線バスからデマンド型タクシーへの転換【地域公共交通確保維持事業（陸上交通：予約型運行転換経費補助）】 | ― | デマンド運行に用いる小型車両（乗車定員7～10人）・セダン型車両（乗車定員6人以下）の補助対象化・購入時一括補助化・予約システムの導入補助化（補助率：1/2） |
| 離島航路の運営【地域公共交通確保維持事業（離島航路運営費等補助）】 | 対象航路：唯一かつ赤字の一般旅客定期航路事業（補助率：1/2） | 対象航路：唯一かつ赤字の一般旅客定期航路事業、左記の補助対象航路から転換する人の運送をする不定期航路事業及び人の運送をする貨物定期航路事業（補助率：1/2） |
| LRT・BRTの整備【地域公共交通バリア解消促進等事業（利用環境改善促進事業）】 | 低床式路面電車、連節バス、ICカードシステム導入等（補助率：1/3） | 低床式路面電車、連節バス、ICカードシステムの導入等（補助率：2/5（軌道運送高度化事業、道路運送高度化事業を実施する場合や、立地適正化計画及び都市・地域総合交通戦略（注）も策定されている場合は1/2））<br>（注）国の認定を受けたものに限る。 |
| 地域鉄道の安全対策【地域公共交通バリア解消促進等事業（鉄道軌道安全輸送等整備事業）】 | 安全設備の整備等（補助率：1/3〔鉄道事業再構築事業を実施する場合、財政力指数が厳しい地方公共団体が負担する費用相当分については1/2〕） | 安全設備の整備等（補助率：1/3〔鉄道事業再構築事業を実施する場合、地方公共団体が負担する費用負担相当分については1/2〕） |

注：下線部は主な改正事項（新規に追加された支援内容）

出所：国土交通省資料より作成

島航路、航空路線等、生活交通の維持・確保を支援する「地域公共交通確保維持事業」は、地域の特性に応じた生活交通の維持・確保を目的とする。鉄道駅等のバリアフリー化、公共交通の利用環境改善、地域鉄道の安全性向上等を支援する「地域公共交通バリア解消促進等事業」の目的は、快適で安全な地域公共交通の構築に置かれる。「地域公共交通調査等事業」は、地域公共交通ネットワークの形成に向けた計画策定に際し、必要な調査実施に係る経費等を支援する補助事業である。

なお、「地域公共交通確保維持改善事業」の補助予算規模は、2011年度313億円、12年度319億円、13年度320億円、14年度374億円、15年度339億円、16年度229億円[7]となっている。

「地域公共交通確保維持改善事業」に係る補助制度の仕組みを、前述の「地域公共交通確保維持改善事業費補助金交付要綱」と、「地域公共交通確保維持改善事業実施要領」（最終改正：平成28年3月31日、国総支第61号、国鉄都第128号、国鉄事第471号、国自旅第408号、国海内第137号、国空事第7273号、国空環第77号）に基づき順次説明したい。また、2014年の改正「地域公共交通活性化・再生法」と、15年の「地域公共交通の活性化及び再生に関する法律及び独立行政法人鉄道建設・運輸施設整備支援機構法の一部を改正する法律」をふまえ、新規に追加された支援内容（2016年度見直し分を含む）は表1に示すとおりである。

### (2) 地域公共交通確保維持事業補助の仕組み
#### ①陸上交通の分野における補助制度

「地域公共交通確保維持事業補助」のうち、陸上交通の分野は「地域間幹線系統確保維持費補助」、「地域内フィーダー系統確保維持費補助」、「車両減価償却費等補助」、「公有民営方式車両購入費補助」および「予約型運行転換経費補助」に分類される。

「地域間幹線系統確保維持費補助」は、地域の特性や実情に応じた最適な生活交通ネットワークを確保維持するため、地域間交通ネットワークを形成する地域間幹線系統の運行を支援する目的をもち、補助対象事業者は乗合バス事業者または要綱第3条に規定する協議会、法定協議会もしくは都道府県

等である。補助対象経費は、予測費用（補助対象経常費用見込額）から予測収益（経常収益見込額）を控除した額とされ、補助率は2分の1となる。主な補助要件としては、①複数市町村にまたがる系統であること（2001年3月31日時点で判定）、②1日あたりの計画運行回数が3回以上のもの（1日の運行回数3回〔朝、昼、夕〕以上で、1回あたりの輸送量5人以上——乗用車では輸送できず、バス車両が必要と考えられる人数——等）、③輸送量が15〜150人／日と見込まれること、④経常赤字が見込まれることが挙げられる。

「地域内フィーダー系統確保維持費補助」は、地域の特性や実情に応じた最適な生活交通ネットワークと密接な関係をもつ、地域内のバス交通・デマンド交通の運行を支援する制度で、補助対象事業者は乗合バスや自家用有償旅客運送者、市区町村等または要綱第3条に規定する協議会である。補助対象経費は、予測費用（補助対象経常費用見込額）から予測収益（経常収益見込額）を控除した額とされ、補助率は2分の1となる。主な補助要件としては、①補助対象地域間バス系統を補完するものであること、または過疎地域等の交通不便地域の移動確保を目的とするものであること、②補助対象地域間幹線バス系統等へのアクセス機能を有するものであること、③新たに運行または公的支援を受けるものであること、④乗車人員が1人／1便以上であること（定時定路線型の場合に限る）、⑤経常赤字が見込まれることが挙げられる。

「地域間幹線系統確保維持費補助」と「地域内フィーダー系統確保維持費補助」について、需要規模が小さい地方部のバス路線に関し、ミニバンやセダンといった車両の小型化と併せ、増便や定時性の向上等のサービス改善、デマンド交通への転換を図る取り組みに対する支援の拡充が行われた。地域公共交通ネットワークの効率化・再編に資する場合は「地域公共交通再編実施計画」に基づく特例が適用される。すなわち、地域間幹線系統ではゾーンバス化等により、基幹系統と支線系統に運行系統を分けることで地域間幹線補助系統の要件を満たさなくなる系統であっても「複数市町村」要件、「輸送量」要件の適用外となった。それ以外の系統も「輸送量」要件（15人／日）を緩和（3人／日）し、ゾーンバスの支線系統等に係る効率的運行に必要な小型車両（乗車定員7〜10人）を補助対象とする措置が施されるのである。「地域内フィーダー系統」の場合もまた、乗合バスからデマンド型運行

への転換に際し、小型車両（乗車定員7～10人）および予約システムの導入支援や地域の実情に応じた効率的な運行を実現するため、バス会社の資金繰りや金融費用削減を考慮してセダン型車両（乗車定員6人以下）を補助対象に加え、車両購入時の一括補助が行われる。

「車両減価償却費等補助」と「公有民営方式車両購入費補助」は、厳しい経営状況に置かれた乗合バス事業者の負担軽減や、老朽車両の非更新に伴う安全性の低下防止および利用者利便を図る観点から、バス車両の更新等を支援する制度である。前者の補助対象事業者は、幹線系統においては乗合バス事業者または「地域公共交通活性化・再生法」第6条に規定する法定協議会であり、フィーダー系統の場合は乗合バス事業者または自家用有償旅客運送者もしくは法定協議会となる。後者の補助対象事業者は地方自治体または要綱第3条に規定する協議会もしくは法定協議会である。「車両減価償却費等補助」の補助対象経費は、補助対象購入車両の減価償却費および購入に係る金融費用の合計額（地域公共交通再編実施計画に位置づけられた系統に関しては車両購入費の一括補助も可能）とされ、補助率2分の1の助成金が支払われる。「公有民営方式車両購入費補助」の対象経費は、補助対象車両の購入費用、補助率は同じく2分の1であるが、ノンステップ型車両1,500万円、ワンステップ型車両1,300万円、小型車両1,200万円を限度とする。主な補助要件としてはともに①補助対象期間中に新規購入等を行うもの、②主として地域間幹線または地域内フィーダー補助対象系統の運行に供するもの、③地上から床面までの地上高が65センチ以下で、かつ定員11人以上の車両であり、ノンステップ型車両（スロープまたはリフト付き）、ワンステップ型車両（同）、小型車両（前二者の類型に属さない長さ7メートル以下で、かつ定員29人以下の車両）のいずれかに該当するもの等が挙げられる。

「予約型運行転換経費補助」は、「地域公共交通再編実施計画」に基づく乗合バスからデマンド型運行への転換に関し、セダン型車両を含む小型車両および予約システムの導入を支援する目的を有する。車両導入における補助対象事業者は乗合バス事業者、自家用有償旅客運送者および「地域公共交通活性化・再生法」第6条に規定する法定協議会である。デマンド型交通の導入を図る地域は道幅が狭隘な道路等が多いことから、小回りがきき、効率的な

運行にも適した小型車両が多用される状況に鑑み、小型車両の導入が求められるのである。補助対象経費は、セダン型車両を含む乗車定員10人以下の車両購入に係る経費（上限500万円）であり、バリアフリー化対応のための改造費も対象とされ、補助率は2分の1となる。予約システムの導入について、デマンド型運行に要する利用者登録、利用者からの電話等による予約受け付け、最適運行ルートの検索、設定、運行等、一連の作業を関連機器一式（共有サーバ〔クラウド方式〕、PC、車載器）を用いて一括管理するには、ドア・ツー・ドアの効率的なサービス提供が可能な予約システムの導入を支援する必要がある。補助対象経費は、予約システム導入に係る経費（関連システム開発、機器導入、オペレーター研修に要する経費）であり1,300万円を上限とし、補助率は2分の1となる。

**②離島航路における補助制度**

離島航路の維持・確保に関しては「離島航路運営費等補助」と「離島航路構造改革補助」および「離島住民運賃割引補助」の3種類がある。「離島航路運営費等補助」は、離島航路が居住する住民にとって、日常生活での移動や生活必需品の輸送上、不可欠の交通手段であることから、離島航路事業者が行う当該航路の確保・維持に係る地域の取り組みに対する支援を目的とする。補助対象航路の主な基準は、①「離島振興法」（昭和28年7月22日、法律第72号）第2条第1項の規定に基づき指定された「離島振興対策実施地域」またはこれに準ずる地域に係る航路であること、②本土と①の地域あるいは①の地域相互間を連絡する航路であり、かつ、ア．他に交通機関がないか、または他の交通機関によることが著しく不便となる場合、イ．同一の離島に複数航路が存在するときは、同一の離島について起点港を異にし、終点が同一市町村にない航路であって、要綱第3条に規定する協議会で決定された航路である場合、ウ．陸上の国道または都道府県道に相当する海上交通機能を有する場合、エ．関係住民のほか、郵便・信書便もしくは生活必需品および主要物資等を輸送している場合、オ．航路経営に伴って生じる欠損見込みがやむをえないと明確に認められる場合のいずれかに該当することである。補助対象は唯一かつ赤字の航路とされ、事前算定方式による内定制度を採用する。補助対象経費は、効率的な運営を前提とした標準収支見込みに基づく

標準化方式で算出されるが、欠損見込み額全体に対する補助率は2分の1、補助対象期間は10月から翌年9月までの1年間となる。2015年度における補助対象航路は121航路110事業者であった。

「離島航路構造改革補助」の目的は、離島航路の維持・改善のため、要綱第3条に規定する協議会において当該航路の経営診断等を行い、問題点や課題を把握した上で将来的な欠損増大・経営破綻を回避する取り組み支援にある。航路診断や経営診断を経て航路改善計画が策定すれば、地方自治体を補助対象事業者とする「船舶の公設民営化」あるいは航路事業者を補助対象事業者とする「効率化船舶の建造」に対し、補助金が交付される。「船舶の公設民営化」とは、民間や第3セクター会社等の航路事業者に貸し渡す前提で、船舶を保有する地方自治体を支援する制度であり、補助率は30％となる。「効率化船舶の建造」は省エネルギー設備機器を要する船舶等、「効率化船舶」へ代替建造する航路事業者を支援する制度で、補助率は90％となる。「効率化船舶」の要件は、省エネルギー設備機器を要する船舶、既存船舶のトン数を10％以上小型化した船舶、離島航路事業者が共同で利用する予備船舶のいずれかに該当する船舶である。

離島に居住する住民には、当該地域での乗合バス等に係る運賃水準までを引き下げ限度幅とした「離島住民運賃割引補助」が行われる。運賃水準は地方自治体等の負担を勘案し、要綱第3条に規定する協議会の議論を通して決定されるが、協議会で定められた運賃引き下げ額の2分の1を含めて補助する仕組みである。

一方、離島航空路の確保・維持については「離島航空路補助」があり、「離島航空路運航費補助」と「離島住民運賃割引補助」に分類される。「離島航空路運航費補助」は、離島航空路が離島住民の日常生活に重要な役割を果していることから、安定的な輸送の確保のために運航費補助を行う制度で、補助対象は経常損失が見込まれる離島路線のうち、要綱第3条に規定する協議会で決定された最も日常拠点性を有する路線とされる。主な選定基準は補助対象期間に経常損失が見込まれる離島航空路線において、ア．当該離島にとって最も日常拠点性を有する地点を結ぶ路線である場合、イ．海上運送等、主たる代替交通機関による当該離島と「ア」の地点との所要時間が概ね2時

間以上である場合、ウ．二以上の航空運送事業者が競合関係の下で経営する航空路線以外の場合、エ．離島航空路線に係る運航計画の内容が、当該離島航空路線の確保・維持を図るため適切なものであって、その実施が確実であると認められる場合のすべてを満たすこととなっている。事前算定方式による内定制度を採用し、補助対象経費は実績損失見込み額と標準損失額のいずれか低い方となる。補助率は補助対象経費の2分の1以内で、残り2分の1は地域が負担する。補助対象期間は4月から翌年3月までの1年間である。2015年度の運航費補助対象路線は54離島航空路のうち18路線であった。

　海上離島航路と同じく、離島航空路線でも「離島住民運賃割引補助」が適用される。運賃引き下げによる損失額の2分の1を国が補助し、残り2分の1は地域で負担する仕組みである。引き下げ限度額は、同一都道府県内にある離島航空路線およびこれに準ずる路線（県庁所在地までの路線より距離が短い県外路線）のうち、補助対象外路線の平均単価に路線距離を乗じた金額とされ、最も日常拠点性を有する路線に加え、一定の要件を満たす当該路線に準ずる路線も補助対象となるが、実際の運賃水準は要綱第3条に規定する協議会の議論を通して決められる。

### (3) 地域公共交通バリア解消促進等事業補助の仕組み

　「地域公共交通バリア解消促進等事業補助」は、バリアフリー化や、より制約の少ないシステムの導入等、円滑な移動を妨げる障害の解消等を図る目的を有し、「バリアフリー化設備等整備事業補助」、「利用環境改善促進等事業補助」および「鉄道軌道安全輸送設備等整備事業補助」に分けられる。「バリアフリー化設備等整備事業補助」は、高齢者・障害者等の移動に係る利便性および安全性の向上等を図るため、「生活交通確保維持改善計画」（当該計画に代えて策定される生活交通改善事業計画を含む）に基づき交付する補助である。「利用環境改善促進等事業補助」とは、バリアフリー化された「まちづくり」の一環として、より制約の少ないシステムの導入等、地域公共交通の利用環境改善を促進する「生活交通確保維持改善計画」（当該計画に代えて策定される生活交通改善事業計画を含む）に基づき交付する補助である。「鉄道軌道安全輸送設備等整備事業補助」は、鉄道および軌道による輸送上の安

全確保を図るため、「生活交通確保維持改善計画」（当該計画に代えて策定される生活交通改善事業計画を含む）に基づき交付する補助を指す。

「バリアフリー化設備等整備事業補助」の補助対象事業者は、交通事業者等であり、鉄道駅や、バス・旅客船・航空旅客等が利用する旅客ターミナルのバリアフリー化、待合・乗継施設整備における段差の解消、転落防止設備の整備、誘導ブロックの整備、障害者対応型トイレの設置等に対し、補助率3分の1で交付される。ノンステップバスやリフト付きバスの導入に関しては補助率4分の1または上限140万円とし、補助対象経費と通常車両価格の差額の2分の1のいずれか低い方の補助となる。福祉タクシーの導入もしくは発車案内表示システム等、情報提供に関わる場合は3分の1である。

「利用環境改善促進等事業補助」は、低床式路面電車による幹線交通システムとしてのLRTや連節バス、バスレーン等を組み合わせたBRTの導入等に際し、交通事業者等に対して3分の1の補助率で交付される。しかし、事業計画によって補助率は嵩上げとなり、「地域公共交通網形成計画」および「地域公共交通再編実施計画」に基づき実施される事業の場合は5分の2、「地域公共交通網形成計画」および「地域公共交通再編実施計画」ならびに「立地適正化計画」および都市交通戦略に基づいて実施される事業か、「地域公共交通網形成計画」および「地域公共交通再編実施計画」ならびに「軌道運送高度化実施計画」または「道路運送高度化実施計画」に基づいて実施される事業の場合は2分の1の補助率になる。

地域鉄道事業者が行う安全性向上に資する設備整備等を支援する「鉄道軌道安全輸送設備等整備事業補助」は、補助対象事業者を鉄軌道事業者とし、車両設備の更新・改良や「地域公共交通活性化・再生法」に基づき、「鉄道事業再構築事業」を実施する事業者に対してはレール、枕木、落石等防止設備、自動列車停止装置（Automatic Train Stop; ATS）、列車無線設備、防風設備、橋梁、トンネル等の修繕も補助対象事業に含まれる。補助率は原則3分の1であるが、設備の更新等の一部は「鉄道施設総合安全対策事業補助」（2016年度鉄道局予算36億円の内数）からも支出される。また、財政の脆弱な地方自治体が支援する場合は、当該費用相当分につき補助率を2分の1とし、実施事業者に配分する。2016年、「鉄道事業再構築事業」を実施中の事業者

は福井鉄道、若桜鉄道、三陸鉄道、信楽高原鉄道、北近畿タンゴ鉄道、四日市あすなろう鉄道の各社である。

### (4) 地域公共交通調査等事業補助の仕組み

「地域公共交通調査等事業補助」[8]は「地域公共交通活性化・再生法」に基づく「地域公共交通網形成計画」や「地域公共交通再編実施計画」の策定に必要な経費を支援する「地域公共交通調査事業補助（計画策定事業）」と「地域公共交通再編推進事業補助（再編計画策定事業）」、「地域公共交通網形成計画」または国の認定を受けた「地域公共再編実施計画」に基づく事業として実施する、利用促進および事業評価（協議会運営・フォローアップ等）に要する経費を負担する「地域公共交通調査事業補助（計画推進事業）」と「地域公共交通再編推進事業補助（再編計画推進事業）」および「事業評価補助」に分類される。

「地域公共交通調査事業補助（計画策定事業）」の補助対象者は要綱第3条に規定する協議会か、同協議会を設置する地方自治体であり、補助対象経費は地域データの収集・分析の費用、住民・利用者アンケートの実施費用、専門家の招聘費用、協議会開催等の事務費、短期間の実証調査のための費用等、地域公共交通の確保維持改善に係る計画（地域公共交通再編実施計画を除く）の策定に必要な経費とされ、補助額は上限2,000万円（予算の範囲内）である。

「地域公共交通調査事業補助（計画推進事業）」と「地域公共交通再編推進事業補助（再編計画推進事業）」の補助対象者は法定協議会か、同協議会を設置する地方自治体であり、補助対象経費は地域公共交通利用促進に係る公共交通マップ、総合時刻表等の作成、公共交通・乗り継ぎ情報等の提供、割引運賃の設定、企画切符発行等、地域におけるワークショップ等の開催、モビリティマネジメントの実施ならびに現況等の調査等に要する経費とされ、補助率は2分の1である。ただし、「地域交通調査事業補助（計画推進事業）」の補助対象期間は「地域公共交通網形成計画」の策定から最大2年間、「地域公共交通再編推進事業補助（再編計画推進事業）」の場合は「地域公共交通再編実施計画」の認定から最大5年間（認定期間内に限る）に限られる。

「事業評価補助」の補助対象者は法定協議会を設置する地方自治体であり、

補助対象経費は事業実施に係る目標達成状況の把握・検証に要する満足度調査、OD調査等の経費、検証結果をふまえた事業改善方策の検討に要する協議会委員の旅費・日当等となる。

### (5) 独立行政法人鉄道建設・運輸施設整備支援機構の出資制度

第1節で述べた2014年成立の「地域公共交通の活性化及び再生に関する法律の一部を改正する法律」は、「地域公共交通網形成計画」の中で目標達成に必要な事業に定められ、実施計画が認定された「地域公共交通特定事業」としての「認定軌道運送高度化事業」等に対する鉄道建設・運輸施設整備支援機構の出資等を主な内容とする。出資等の対象は「地域公共交通網形成計画」に盛り込まれた「地域公共交通再編事業」を実施する民間主体の新会社となるが、機構および地方自治体による出資比率は2分の1未満である。

持続的な地域公共交通ネットワークの再構築を図るには、初期投資に要する費用支援が求められる。その際、中長期的な収益性が見込まれる場合は同機構が産業投資等を行って柔軟な資金調達を可能にするとともに、必要な民間資金の確保を図る目的がある。出資要件は、対象となる事業の運営を行うために株式会社が設立されること、機構が単独で最大出資者とはならず民間出資額を超えないこと、収益性が確保されること等となっている。

対象事業はLRTの整備・運行、地域鉄道の上下分離による地域鉄道の再生、施設・車両の貸し付けや、幹線・支線におけるバス路線の再編およびBRT化もしくはこれらと一体化したICカード、情報案内システムの導入等となる。

地域公共交通の活性化・再生策は、交通事業者の自助努力に加え、上述してきた国の補助制度を利用する地方自治体ならびに地域の各種団体・個人の拠出金によって実施されるのである。なお、地方自治体の補助制度において、国の補助金は当該自治体が支出する補助金額から除外される。第2部では必要に応じ、地方自治体独自の補助制度を中心に検討したい。

注
1) 地域公共交通への支援は従来、バス事業者に対する地方バス路線維持費補助と公共

交通移動円滑化設備整備費補助、地方鉄道事業者に対する鉄道軌道輸送対策事業費補助、LRT システム整備費補助および交通施設バリアフリー化設備等整備費補助、離島航路事業者に対する離島航路補助等、個別の交通手段ごとになされてきた。
2) 設置開始以降、3 年間で全国 436 の法定協議会が認定された。
3) 閣法　第 189 回国会　19「地域公共交通の活性化及び再生に関する法律及び独立行政法人鉄道建設・運輸施設整備支援機構法の一部を改正する法律案」理由書。
4) 第 186 回国会衆議院国土交通委員会議事録第 11 号、2014 年 4 月 15 日。第 186 回国会参議院国土交通委員会議事録第 13 号、2014 年 5 月 13 日。
5) 財政制度等審議会財政投融資分科会『財政投融資を巡る課題と今後の在り方について』同審議会、2014 年 6 月 17 日。
6) 交通政策審議会　交通体系分科会地域公共交通部会　最終とりまとめ『地域公共交通の充実に向けた新たな制度的枠組みとその活用に関する基本的な考え方』2014 年 8 月 6 日。
7) 2011 ～ 15 年度までは補正予算を加えた金額であり、16 年度は当初予算額である。このほかに復興庁による東日本大震災の被災地特例制度がある。
8)「地域公共交通確保維持改善事業費補助金交付要綱」によれば「地域公共交通調査事業」と「地域公共交通再編推進事業」ならびに「事業評価」に分かれるが、ここでは便宜上、「地域公共交通調査等事業」とする。

# 第2部 「公共交通条例」の内容と意義および諸課題

[第7章]
# 金沢市における公共交通の利用の促進に関する条例

## 第1節 金沢市の概観と観光および公共交通の実情

　人口約 46.6 万人（2016 年 6 月 1 日現在の推計人口）の金沢市は本州のほぼ中心に位置し、1889 年の市制施行以来、近隣町村との合併や編入によって市域を拡大、1996 年には中核市に移行した。兼六園や長町・武家屋敷跡等の名所旧跡は全国的に有名である。また、周遊観光地としては能登半島が挙げられるが、近隣地域での宿泊客は加賀温泉が最も多くなっている。2014 年における金沢地域の観光入込客数は対前年比 102.5％の 844 万 2,000 人、観光消費額は対前年比 103.9％の 595 億 6,400 万円[1]である。県庁所在地の同市は商工業が発達しており、北陸有数の都市として広域交通の利便性も比較的よい。2015 年 3 月 14 日には北陸新幹線東京～金沢間が開業となり、最速達列車の所要時間は 2 時間 28 分である。2014 年に行われた「北陸新幹線の金沢開業に関する調査」[2]では 2015 年開業を「知っている」が 89.5％を占め、対象者を関東に限定すると「北陸新幹線開業は金沢再来訪の契機になる」とした人が 88.9％に達した。さらに政府・与党が 2014 年 12 月、金沢～敦賀間の延伸を 2025 年度から 2022 年度へ前倒しする方針を固めた結果、話題性が高まり、観光入込客数の一層の増加が見込まれる。石川県も 2016 年 3 月、新幹線効果の最大化を中心に、海外誘客の促進と次代を担う観光

人材の育成を基本戦略とし、金沢市をはじめ 2025 年の県内観光入込客数を 3,000 万人（2015 年は約 2,500 万人）に設定する「ほっと石川　観光プラン 2016」（計画期間：2016～25 年度）を策定している。

　金沢市の課題は全国的な傾向と同じく、自家用自動車の増加と公共交通の利用減少への対応である。2007 年における金沢都市圏（金沢都市圏とは金沢市、白山市、野々市町、津幡町、内灘町の 2 市 3 町をいう。人口規模は約 64.0 万人）のトリップ調査[3]によれば、代表交通手段別分担率は徒歩が 16.1％（1995 年の前回調査では 20.1％）、二輪車 10.2％（同 13.6％）、乗合バス 4.6％（同 5.1％）、鉄道 1.8％（同 2.0％）に対し、自家用自動車が 67.2％（同 59.2％）であった。金沢市中心市街地の人流は 1974 年頃から減少を続けており、とくに内々の交通量が近々 3 分の 1 に激減すると予想され、商店街等の衰退が懸念されている。中心市街地の内々の交通分担率は徒歩が 59％、自転車が 13％である。ただし、中心市街地に向かう買い物客の交通手段は自家用自動車が半数を占めるものの、他の商業地に比べ乗合バスの割合が比較的高い。観光客の交通手段は自動車で来訪する人々が市内移動においても 76％を占めるが、鉄道で来訪する人の市内移動は乗合バスやシャトルバスが 59％、徒歩 18％、タクシー 14％[4]となっている。

　金沢市は市民の公共交通機関を利用した移動促進と、観光客に対する公共交通機関の利便性向上を重視している。「金沢市における公共交通の利用の促進に関する条例」（平成 19 年 3 月 23 日、条例第 1 号）は、「公共交通が市民の日常生活における移動のための手段としてその利便性の向上が図られること及び市民によって積極的に利用されることを基本」（第 3 条第 1 号）理念のひとつと位置づける。同条例は自家用自動車から公共交通機関への転換等による公共交通の利用促進に加え、良好な都市環境の形成に寄与することを目的としており、公共交通に関わる基本条例のみならず、交通を「まちづくり」の一環として捉える総合的な政策条例の性格を有する。

## 第 2 節　定住人口増加策とまちづくり条例

　金沢市では、郊外の宅地開発と市街地の外延化が進む一方、狭隘な道路や

狭小敷地が多い中心市街地において、郊外への移転に伴う人口減少や跡地の青空駐車場化等が進行し、商業機能の空洞化が危惧されている。同市は、人口流出抑制や郊外からの住み替え促進ならびに低未利用地の活用による土地利用の改善を促進するため、2001年度から藩政期の城下町区域で形成する「まちなか区域」内の定住人口増加策を実施中である。例を挙げれば、市内外から同区域への移住者等を対象に戸建住宅や分譲マンションの新築・購入費等に係る借入金の一部を助成しており、住宅建設や建て替え誘導策として、一定の基準を満たす共同住宅を建設する事業者に対する補助（定住補助制度）にも積極的である。また、町家等を改修する場合は外観、構造および内部の水回り等の改善に要する工事費の一部を補助する制度[5]の活用を薦めている。

「まちなか区域」における定住補助制度の内容は、2001年制定の「金沢市まちなかにおける定住の促進に関する条例」（平成13年3月23日、条例第5号）第9条、第10条第5項、第11条第5項および第12条に定めてあるが、本条例は同区域を含む市内全域において、自家用自動車から公共交通への転換による公共交通の利用を総合的に推進し、「良好な都市環境の形成に寄与すること」（第1条）を目的として制定された。補助金交付に際しては「金沢市まちなか空地活用促進奨励金交付要綱」（平成22年6月30日決裁、平成23年4月1日改正）等に定める手続きが必要となる。

全市域にわたる「まちづくり条例」としては「金沢市における歩けるまちづくりの推進に関する条例」（平成15年3月24日、条例第1号）があり、「市民が本市の自然、歴史、文化等を背景としたまちの個性に親しみながら、安全かつ快適に歩くことができるまちづくり…（中略）…について、基本理念を定め、…（中略）…もって本市の個性豊かで住みよい都市環境の形成に寄与すること」（第1条）を目的に掲げている。「歩けるまちづくり」の実践は、金沢市の歴史的特性を活かした画期的な試みといえよう。また同市は、交通渋滞の緩和および歩行者に対する安全性向上のため「金沢市における駐車場の適正な配置に関する条例」（平成18年3月27日、条例第6号）を制定、駐車場の適正な配置を図り、「交通を取り巻く状況に応じた住みよい都市環境の形成」（第1条）に努めている。「金沢市における公共交通の利用の促進に

関する条例」に基づく各種施策は、上述の各種「まちづくり条例」等と一体的に行われるのである。

## 第3節　「金沢市における公共交通の利用の促進に関する条例」とまちづくり条例の連携

　「金沢市における公共交通の利用の促進に関する条例」の基本理念は、公共交通が、①既述した「市民の日常生活における移動のための手段としてその利便性の向上が図られること及び市民によって積極的に利用されることを基本」（第3条第1項）とし、②環境改善に効果的な特長を活かし、「環境への負荷の少ない社会への実現に資する」（第3条第2項）こと、③安全かつ快適に歩ける「まちづくりや駐車場の適正な配置と相まって、金沢のまちの魅力を高め、にぎわいの創出に資する」（第3条第3項）ことに置かれる。その上で地域特性に応じ、「市、市民、事業者等の相互の理解と連携のもとに、協働」（第3条第4項）して公共交通の利用促進を進めなければならないと定めている。これらの規定は「金沢市における歩けるまちづくりの推進に関する条例」の目的にもかなうもので、「住民に身近な道路においては歩行者への配慮が特に必要であるという認識のもとに、歩行者の歩行と自動車等の通行とが調和した良好な交通環境の整備を図ることを基本」（金沢市における歩けるまちづくりの推進に関する条例第2条）に、市長は「歩けるまちづくり基本方針」（同上、第6条第1項）を定めなければならない。同方針には通過交通の抑制と「歩行者の歩行に配慮した交通環境の整備に関する事項」および「歩くことの大切さについての市民の意識の高揚に関する事項」ならびに「回遊性の向上に関する事項」（同上、第6条第1項各号）が包含される。ただし、「歩けるまちづくり」の実現には公共交通の利用促進が必須要件となるため、「金沢市における公共交通の利用の促進に関する条例」との協調と一層密接な連携が求められる。

　金沢市は「金沢市における公共交通の利用の促進に関する条例」に基づき、公共交通の利用促進に関する「総合的かつ計画的な施策を策定し、及び実施」（第4条第1項）にあたるが、施策の策定に際しては「市民及び事業者の

意見を十分に反映させるよう努める」（第4条第2項）とともに「これらの者の理解と協力を得るよう努め」（同条同項）ながら実施する必要がある。さらに市は、公共交通事業者の状況を斟酌し、「公共交通事業者その他関係機関〔筆者注：道路管理者や交通警察、地方運輸局等〕と協力しながら、公共交通の利便性の向上」に努め、とくに「まちなか区域」（第2条第1項）においては「公共交通の利用によって円滑な移動を行うことができるよう配慮」（第4条第3項）しなければならない。本条文は「金沢市まちなかにおける定住の促進に関する条例」の「安全で快適な居住環境及び良好なまちなみの形成に関する事項」（第4条第1項第4号）に定める市の責務に連動する規定である。

他方、市民は公共交通の利用促進に関する理解と関心を深め、市が実施する「施策に協力」（第5条第1項）し、交通渋滞および環境への負荷状況等をふまえ「自家用車の利用を控えて公共交通を利用」（第5条第2項）し、「まちなか区域」以外においても「できる限り公共交通を利用するよう」（第5条第3項）努めなければならない。各種法人や商店主等、事業者の責務は、事業活動を行うにあたり、「公共交通の利用の促進に配慮し、その従業員の通勤における公共交通の利用の促進その他の措置の実施」と、市の「施策に協力」（第6条）するよう努めることである。また、公共交通事業者にも、公共交通の利用状況を考慮して利便性を高め、市の「施策に協力」（第7条）する努力義務が課せられる。

同条例に基づく具体的な施策として、中心市街地の歩行環境に関しては「まちなか歩行回廊」が設定され、歩行者優先の安全・安心でわかりやすい歩行環境の整備が進められる。加えて自転車をシェアする「公共レンタサイクルまちのり」サービスが2012年3月から始まり、中心市街地の19か所に駐輪場が設置された。バス交通に関しては「兼六園シャトル」、「まちバス」、「城下まち金沢周遊バス」および「ふらっとバス」が運行している。「ふらっとバス」は気軽にふらっと乗れるということと、フラットな床という掛詞で命名された経緯があるが、コミュニティバスとしての機能に加え、バリアフリーに対応しており、車椅子のまま乗車可能なバスを最初に導入した先進的事例として全国的にも有名である。導入目的は、旧市街地におけるバス交通

空白地域のモビリティ向上や、高齢者等の日常的な移動手段として地域内医療を支援するとともに「中心市街地へのアクセス改善に寄与し、その活性化を図」り、「人々の交流を活性化し、地域コミュニティの形成を支援」しながら、「自家用自動車依存型の都市内移動からの脱却に寄与する」等[6]にあるといわれる。

　公共交通利用の促進に関する基本的な施策として金沢市は、公共交通事業者その他関係機関と協力しながら「需要に応じて、市民及び事業者が利用しやすい公共交通体系の実現に努める」（第8条）責務がある。とりわけ「まちなか区域」における公共交通の利用を促進するため、市は「まちなか区域全体の公共交通の利便性を高度に維持増進する等の措置を講ずる」とともに「商店街等の事業者との公共交通の利用の促進に係る連携の推進、歩行環境等の確保その他必要な施策を実施」（第9条）することになる。さらに、公共交通体系の実現を図る上で重要と認められる「公共交通重要路線」（第10条第1項）について、関係機関の協力を得ながら「利便性の向上及び利用の促進その他必要な施策」（同条同項）が実施される。その場合、市民および事業者は「公共交通重要路線」における公共交通の利用と公共交通機関の優先的な走行に協力（第10条第2項）するよう努めなければならない。

　しかし、「公共交通重要路線」内で公共交通機関の優先的な走行に反しても罰則規定はなく、同規定はあくまでも努力義務の域を出ない。「道路交通法」（最終改正：平成26年11月21日、法律第114号）は乗合バス等、優先通行帯内の自動車走行に一定の通行制限（同法第20条の2）を設けており、違反すれば5万円以下の罰金（同法第120条第1項第3号、同条第2項）が課せられる。公共交通の利便性向上等には優先走行の確保が不可欠であり、先進的な地方自治体と同様、適格な規制が可能な条文の追加が望ましい。

　金沢市は国の制度や市の上位関連計画をふまえ、交通政策の基本方針および目標を設定する「新金沢交通戦略」（計画期間2007〜15年度）[7]を策定・実施してきた。その後の社会情勢や環境変化、さらには「新金沢交通戦略」に係る課題等に鑑み、交通による「まちづくり」を図る具体的な行動計画として2016年3月、新たに「第2次金沢交通戦略」（計画期間2016〜22年度）[8]を作成した。社会情勢や環境変化とは国、地方自治体、交通事業者、住民等、

多様な主体の連携・協働による計画的な取り組みを求めた「交通政策基本法」の成立や、2014 年 5 月の改正「都市再生特別措置法」および 15 年 5 月の改正「地域公共交通活性化・再生法」に基づく土地利用政策（立地適正化計画）等と、交通政策（地域公共交通網形成計画）との連携による「コンパクトシティ」推進の方向性[9]もしくは北陸新幹線の金沢開業等を指す。ただし、基本的な考え方や方向性は「新金沢交通戦略」と変わらない。

　両戦略によれば、上述した「公共交通重要路線」の選定基準は、①沿線の人口密度が高いこともしくは今後人口増が予想されること、または沿線に主要施設（学校、病院、公共施設等）があること、②原則として片側 2 車線以上の道路であること、③既存のバスの運行便数・利用者数が一定程度以上確保されていること（必須条件ではない）である。両戦略には、利便性向上のための「パッケージ施策」を重点的に実施して利用者の需要を喚起するとある。「パッケージ施策」とは「公共交通重要路線」に係る①運行頻度の向上、②定時性・速達性の確保、③バス利用環境の整備、④パーク・アンド・ライド駐車場の設置と利用促進策の実施、⑤同路線から自宅（目的地）までの移動手段の確保、⑥環状バスとの連携による多様な移動ルートの確保、⑦乗り継ぎ利便の確保、⑧市民や企業への意識啓発の充実等の一体的な組み合わせ施策を指す。金沢市は「まちなかゾーン」と「外環状ゾーン」を結ぶ路線のうち、公共交通によるモビリティを優先的に確保するため、バス路線と JR 北陸本線、北陸鉄道石川線・浅野川線を「公共交通重要路線」と位置づけ、サービスの向上やパーク・アンド・ライド等による郊外ゾーンからの移動の集約化を図っている。

## 第 4 節　パーク・アンド・ライドの導入および審議機関等の連携問題

　留意すべき事項は、交通渋滞の緩和を目指し、市内近郊において自家用自動車から公共交通機関に乗り換え、目的地に移動するパーク・アンド・ライドに関する条文である。「金沢市における公共交通の利用の促進に関する条例」は、「市は、公共交通事業者その他関係機関と協力して、パーク・アンド・ライドの利便性の向上に努めなければならない」（第 11 条第 1 項）と定

め、同方式の「利用の促進に関する事項は、金沢市における駐車場の適正な配置に関する条例第 3 章に定めるところによる」(第 11 条第 2 項) と規定する。当該条例の第 3 章には、公共交通機関の利用促進を目的とする市長の「パーク・アンド・ライド駐車場の配置に関する基本指針」の策定 (同条例第 12 条) と、市による計画的な配置 (同条例第 13 条) ならびに市民の積極的な利用 (同条例第 14 条) が定められている。

「金沢市パーク・アンド・ライド駐車場の配置に関する基本指針」は、公共交通機関の利用促進を図り、本市の中心部への過度な自動車の流入を抑制するため、パーク・アンド・ライド駐車場の位置・目標とする駐車台数・利用促進策等を定めることにより、市の計画的な配置および市民の積極的な利用を進め、もって本市の特性に応じた住みよい都市環境の形成に寄与することを目的として策定された。駐車場位置の選定は乗合バスの場合、①バス便数が多いこと (新規路線の開設、増便等によってバス便数を増やすことが可能な場合を含む)、②駐車場からバス停までの距離が近いこと (概ね 200 メートル以内)、③幹線道路からの自動車によるアクセスが容易であること、④渋滞が発生している区間の外側であること、⑤バス専用レーンのある区間においては、その外側であること等の条件を満たすこととされる。鉄道の場合は、①鉄道駅の周辺であること、②幹線道路からの自動車によるアクセスが容易であること、③渋滞が発生している区間の外側であるとの条件[10]を斟酌して決定するとしている。2016 年 7 月時点のパーク・アンド・バスライドは主に商業施設に整備されたもの 11 か所、パーク・アンド・レールライドは駅舎近辺の 4 か所あるが、自家用自動車から乗合バスや電車に乗り換えて通勤・通学する「K パーク専用バス定期券」を利用すれば、通常運賃の 40% 引き (通常の定期券は 30% 引き) となり、スーパー等の駐車場を利用する場合に併せて商品券を購入すれば、買い物に有利な特典[11]が付加される。

問題は各条例が定める審議機関等の連携である。「金沢市における公共交通の利用の促進に関する条例」に基づき「公共交通利用促進市民会議」(第 18 条) が設置されたが、「金沢市における歩けるまちづくりの推進に関する条例」の場合は「金沢市歩けるまちづくり審議会」(第 13 条) が置かれ、「金沢市における駐車場の適正な配置に関する条例」では「金沢市駐車場適正配

置審議会」(第18条)が設けられた。関係機関の共同会議が定期的に開催されると仮定しても、各機関は基本的に縦割りの組織であり、委員数も多いため方向性や施策が一致せず混乱を招く可能性を否定できない。それぞれの事務局による対応を含め、市長の調整力や指導力が問われる事態も想定される。

## 第5節 交通不便地域と地域交通計画に関する問題

「金沢市における公共交通の利用の促進に関する条例」には、「交通不便地域」における「地域交通計画」の策定を義務づける条項がある。ただし、地域公共交通に関わる初期の条例のためと思われるが「交通不便地域」に関する具現性をもつ市の責務を規定していない。条例によれば「山間地域その他の交通が不便であると認められる地域の住民により組織される団体で、自主的な運営により当該地域における交通手段を確保しようとするもの(以下、「自主運営団体」という。)は、当該地域における交通手段に関する計画(以下、「地域交通計画」という。)を策定することができる」(第12条第1項)とあり、「地域交通計画」には当該計画の名称、対象となる交通手段、運行経路、計画、経費、その他の運行に関する事項ならびに交通手段を確保するために必要な事項(第12条第2項)が含まれなければならない。

上述の規定に従えば「交通不便地域」とは公共交通のみならず、自家用自動車も包含する全交通手段が脆弱な地域を指すと解釈できる。しかし、条例の精神に沿えば、主に公共交通を念頭に置いていると思われる。ともあれ、自主運営団体が「地域交通計画」を策定する際は「市の交通に関する計画と調和するよう努め」(第12条第3項)る必要がある。また計画を策定した場合は、市長との間で地域交通に関する「地域交通協定」(第12条第4項)の締結が可能で、市長は「交通手段の確保を図るため必要があると認めるときは、当該地域交通協定の締結に係る自主運営団体が行う当該地域交通計画の具現化のための取組に協力する」(第12条第5項)ものとされる。これらの条文により、住民参加による地域の特性に応じた対策が期待できるかもしれない。ただし、市の「交通不便地域」対策や「地域交通協定」に対する特段の責務が規定されていないため、協定の内容にもよるが、主に自主運営団体

による自発的対応が施策の中核になる可能性がある。

　このような懸念に対し、金沢市は「交通不便地域の対策については、地域ごとに課題が異なり、求められる対策は多様であるため、具体的な内容には触れていない。市の責務についても、その対策に応じた支援が必要であることから規定していない」[12]との見解を示している。確かに「交通不便地域」の状況は様々であり、人口規模や交通手段の脆弱性等をもって機械的に当該地域を指定し、利便性に劣る代替交通機関の導入を図るより、各地域の特性や住民の要望に合致した施策を進めることが求められる。行政の自由裁量範囲も拡大するため、柔軟な措置も期待できる。けれども高齢者が多数の地域において、自主運営団体が効果のある「地域交通計画」を策定できるか、結果的に自家用自動車主体の対策に収斂する可能性がないか、もしくは費用対効果を理由に挙げ、首長権限で行政サービス水準が抑制されないか等、多くの疑義が生じる。

　金沢市は、自主運営団体が「地域交通計画」を策定するにあたり、地域の状況に合せた運行方法について、情報の提供や助言等の支援（自家用自動車対策は対象外）を行っており、2015年8月時点で2団体が同計画を策定している。当該計画の策定には「市の交通に関する計画との調和」が必要なことから市独自の対策も進むと思われる。市は「郊外部では住民参加も得ながら、地域の特性に応じた移動手段を確保することとした。公共交通の利用には住民が自ら努力して交通手段を確保し、地域全体が意識的に行動しなければ、運行そのものが継続しないと考える。本市では、その過程で発生する法的な助言や、運行した際の財政的な支援等の側面的な支援を行っている」[13]と説明する。しかし、同市も自家用自動車の普及が進んだ時期を中心に「交通不便地域」の実態を十分精査することなく、公共交通の維持をそれほど重視してこなかった経緯がある。本来、条例には具体的な施策まで詳細に記す必要はないが、「交通不便地域」の定義、自主的運営団体の在り方や施策の方向性ならびに市の概括的責務は定めなければならない。その意味で、同地域に関する条項は主に当該地域住民の自助努力に委ねたものと思われ、「交通不便地域」に対する規定は不十分であるといわざるをえない。

　ところで条例には市、市民、事業者等の協働に関し、「自主的かつ自発的

に公共交通の利用の促進に関する活動を推進するため、公共交通利用促進市民会議（以下、「市民会議」という。）を組織する」（第18条）とあり、公共交通の利用促進に向けた意識高揚に関する事項、利便性向上に関する事項、その他の利用促進に関する事項について協議が行われる。「公共交通の利用促進を図る者」と公共交通事業者の間でも「公共交通の利用の促進及び利便性の向上のための協定」（第13条第1項）締結が可能である。市長は「その内容が公共交通の利用の促進に寄与すると認めるものを公共交通利用促進協定として認定」（第13条第2項）し、「公共交通利用促進協定」に係る活動に対し、必要な支援（第13条第3項）を行うことになる。これらの活動を進めるには関係者の意識の向上が求められるが、条例によれば市長は、「公共交通の利用の促進に関する市民及び事業者の意識の高揚に努めるとともに、市民及び事業者による自主的かつ自発的な公共交通の利用の促進に関する活動が推進されるよう努めなければならない」（第14条）と定めている。

　市長は「公共交通の利用の促進に関し必要があると認めるときは、国、県その他関係団体に対し、必要な協力を要請」（第15条）する一方、公共交通の利用を促進するため必要があると認めるときは「技術的な援助をし、又は予算の範囲内において財政的な援助」（第16条）を行うことができる。地方自治体が有益な技術的援助を行うことは能力的にそれ程期待できないが、一定の財政支出は可能であり、積極的な支援が求められる。とはいえ、金沢市の財政力は全国の地方自治体と同じく脆弱であるため、その中核は国の「地域公共交通確保維持改善事業」による補助金に依存せざるをえない。

**注**
1) 『統計から見た石川県の観光』石川県観光戦略推進部、2014年。
2) 『金沢市観光調査結果報告書』金沢市経済局観光交流課、2013年。
3) 『金沢都市圏総合交通体系調査』石川県、2007年。『金沢都市圏パーソントリップ調査』金沢都市圏総合都市交通計画協議会、2009年3月。パーソン・トリップ調査は概ね10年に1度行われる。
4) 『中心市街地都市機能向上に向けた基本構想の策定について』金沢市、2014年10月14日。
5) 金沢市定住促進部住宅政策課資料「9年目を迎えたまちなかへの居住支援策　定期的な見直しで効果的な支援を実施」http://www.sumikae-nichiikikyoju.net/pdf/guide

（2016 年 7 月 14 日アクセス）。
6) 第 5 回コンパクトシティ研究会における金沢市都市計画課・木谷弘司氏の基調講演「公共交通主体の交通体系を目指して―金沢市の交通政策」、2006 年 1 月 19 日。http://www.thr.mlit.go.jp/compact-city/contents/study/（2016 年 7 月 16 日アクセス）。
7) 『新金沢交通戦略―4 つのゾーン別施策とゾーン間の連携』金沢市、2007 年 3 月。
8) 『第 2 次金沢交通戦略』金沢市、2016 年 3 月。
9) 「コンパクトシティ」に対する評価は、主に第 11 章「熊本市公共交通基本条例」で扱う。
10) 「金沢市パーク・アンド・ライド駐車場の配置に関する基本指針」都市政策局交通政策部交通政策課、2006 年 10 月。
11) 「パーク・アンド・ライドシステム」金沢市都市政策局交通政策部交通政策課資料、2015 年 10 月。
12) 金沢市交通政策課ヒアリング、2015 年 8 月 12 日。
13) 同上、2015 年 8 月 13 日。

［第 8 章］
# 公共交通空白地等及び移動制約者に係る生活交通の確保に関する条例

## 第 1 節 福岡市の概観と条例制定の背景

　福岡市は中世以来アジアに開かれた商業都市として繁栄し、戦後は経済成長を経て九州の拠点都市となり発展してきた。現在は各種企業の支社・支店、地元企業の卸売り、小売り、物流、サービス、金融等の第 3 次産業を主体とする産業都市を形成している。2015 年国勢調査結果（速報値）によれば、福岡市の人口は 5 年前の前回調査より 7 万 4,767 人増加して 153 万 8,510 人（5.1％増、2016 年 6 月 1 日現在の推計人口 155.0 万人）となった。神戸市を 650 人上回り、政令市の規模で第 5 位である。同市は九州一の産業都市でありながら通勤・通学時間が平均 34.5 分と職住近接が進み、全国 7 大都市圏で最も短い。また、衣料品店や飲食店等が天神・博多エリアに凝縮しており、広範囲を移動しなくとも都会生活が満喫できる。しかも食料品物価は全国 20 の大都市において最も安価である。このように福岡市は住環境に優れ、日経産業消費研究所の調査によれば、ビジネスマンが勤務して住みよい街の第 1 位、英情報誌 MONOCLE による「世界で最も住みやすい都市ランキング」では 14 年に第 10 位になった。けれども、人口増加の最大要因は九州内における産業一極集中の結果にほかならず、他都市との協調的発展が求められる。

一方、2010年の「公共交通空白地等及び移動制約者に係る生活交通の確保に関する条例」(平成22年3月29日、条例第25号)制定当時、146万人超の人口を抱えた同市は、海岸線沿いに人口が集中する反面、南側に位置する山側の縁辺部は低人口地域のままで、現在に至るも公共交通が未発達の状態にある。縁辺部における乗合バス路線の休廃止は06年の改正「道路運送法」(平成18年5月19日、法律第40号)成立以降、同条例が制定される10年までに25路線に及び、4路線が公費助成に依存する状況であった。

　このような背景をふまえ、福岡市の市民団体等は2009年9月発足の民主党(現:民進党)を中心とする連立政権が検討していた「交通基本法」案[1]に先駆けて「交通権」(＝移動権)是認の立場から、生活交通を確保する目的で制度設計を図った。当該条例は、移動制約者に係る生活交通の維持・確保に特化した全国初の条例である。

　条例制定過程と意義に関する考察は、すでに多くの研究成果[2]があるため最小限にとどめるが、商業者、交通事業者等に加え、多くの市民・利用者が参加する「福岡の都市づくりと交通を考える会」の果たした役割は高く評価される。

　乗合バスの不採算路線廃止・縮小が相次ぐ中、条例は主に「公共交通空白地等及び移動制約者に係る生活交通の確保」(前文、第1条)を重点課題に据え、地域公共交通の衰退とともに地域社会の疲弊が懸念される状況に鑑み、公共交通に関する実効性のある政策推進を優先する議員提案条例として成立した。議員提案とした理由は「公共交通の空白地を解消するには、複数の関係部局にまたがり、その調整にもかなりの日数を要するので、議員が迅速に対応して、条例を制定」[3]することが望ましいとの判断があったためである。

　条例が定義する生活交通とは、「通勤、通学、通院、買物その他の日常生活に欠かすことのできない人の移動」(第2条第1項第1号)をいう。「市民団体」は、「福岡市市民公益活動推進条例」(平成17年3月31日、条例第62号)第2条第1項第2号に定める「自治組織、NPO、ボランティア団体その他の団体であって、主として市民公益活動を継続的に行う市民公益活動団体」(第2条第1項第2号)を指す。また「共働」とは、「福岡市市民公益活動推進条例」第2条第1項第6号に基づき、各種団体や行政が「相互の役割

と責任を認め合いながら、対等の立場で知恵と力を合わせてともに行動すること」（第3条第2項）とされる。

条例の特長は、①福岡市が行う「公助」に加え、市民および市民団体（以下、市民等と呼ぶ）による「共助」および「自助」ならびに公共交通事業者の一層の努力で担う相互補完性と「共働」理念の導入、②市民等、福岡市、公共交通事業者の役割（責任）を明確にし、自治体、事業者、NPO、地域住民等が参加する「福岡市地域公共交通会議」（第12条第1項）を設置し、福祉有償運送業者（第2条第1項第4号）をはじめ、利害関係の異なる関係者間の協議・調整を可能にしたこと、③対象となる公共交通空白地等の範囲（第2条第1項第6〜8号等）と「移動制約者に関する各種施策」（第8〜11条）を明示したこと、④福祉有償運送事業者に対する支援の根拠規定を定めたこと等である。

市やNPOが自家用自動車を使用して身体障害者や要介護者の移送を行う自家用有償旅客運送（道路運送法第78条第1項第2号）の一種である福祉有償運送事業者を施策対象とした条例は少ない。具体的な施策としては、福岡市福祉有償運送運営協議会の円滑な運営、運転者講習会の開催、関係団体に対する必要な相談・助言・指導の実施等が挙げられるが、福岡市は継続的に「福祉有償運送運営協議会の円滑な運営、…（中略）…その他の必要な支援に継続して取り組む」[4)]方針である。

同条例は「市民」の定義を規定しておらず、その範囲が曖昧であるため、通勤・通学ならびに観光、買い物等を目的に来訪する市外の人々の扱いが明確ではない。しかし、公共交通事業者の中にタクシー事業者（第2条第1項第3号）を包含し、他の交通事業者と同様の努力義務を課したことは評価できる。タクシーが乗合バス等の代替交通機関または移動制約者の重要な移動手段として使用される現状に鑑みれば適正な措置といえよう。

## 第2節　公共交通空白地等の定義・分類と当該地域住民に対する施策および問題点

一般に公共交通空白地等のうち「公共交通空白地」と「公共交通不便地」

の定義と範囲は、バス停等からの距離基準（第2条第1項第6号、第7号）により、原則として機械的に定められる。したがって、移動制約者の置かれた実情に合致しない事例の発生も危惧されるが、福岡市の条例に規定する公共交通空白地等の設定はかなり詳細な上、運用面において一層緻密に決められる。同条例による「公共交通空白地」は、「バス停留所または鉄道駅から概ね1キロメートル以上離れた地域」（第2条第1項第6号）であり、「公共交通不便地」は、「バス停留所から概ね500メートル以上離れた地域（鉄道駅までの距離が概ね1キロメートル未満の地域及び公共交通空白地を除く）」（第2条第1項第7号）とされる。加えて条例は「公共交通不便地に準じると市長が認める地域」（第2条第1項第8号ウ）と、「公共交通空白地や公共交通不便地若しくは公共交通不便地に準ずると市長が認める地域となるおそれのある地域」（第2条第1項第8号エ）も公共交通空白地等に包含する。

「公共交通不便地に準じると市長が認める地域」の指定要件は条例に規定されていないが、「福岡市地域主体の生活交通確保支援補助金交付要綱」（平成24年10月1日施行、最終改正：平成27年4月1日施行）において、「バス停又は鉄道駅のうち最も近いものとの標高差が概ね40メートル以上となっている地域（公共交通空白地及び公共交通不便地を除く。）」（第3条第1項第1号）あるいは「バス停又は鉄道駅のうち最も近いものへの経路について、迂回を要する又は前号に定める地域に準ずる勾配がある等、公共交通が不便と考えられる地域であって、地域住民が生活交通の必要性を認識し、協議会を組織している地域（公共交通空白地、公共交通不便地及び前号に定める地域を除く。）」（第3条第1項第2号）とされる。第3条第1項第2号の要件は東区美和台地区、西区橋本地区、早良区賀茂地区等、住民が交通に不便さを感じ、地域が主体となった熱心な取り組みが行われている地域が、第3条第1項第1号の支援要件に該当しなかったことから、2015年4月1日付けで補助金交付要綱を改正し、新たに追加されたものである。乗合バスまたは鉄道に係る路線の廃止等に伴い、公共交通空白地等となる「おそれのある地域」を補助対象地域に包含したのもこのときであった。

また、市長は公共交通空白地等のうち、取り組み状況をふまえ、生活交通の確保のための支援が必要と認められる地域を「生活交通特別対策区域」に

指定（条例第 9 条第 1 項）できる。「福岡市生活交通確保バス運行補助金交付要綱」（平成 26 年 4 月 1 日施行）によれば、同区域は「当該地域における人口の分布や高齢化の進行、丘陵地等の地形条件、地域住民から生活交通の確保に関する要請等、総合的に地域の実情を踏まえて」指定（第 4 条第 2 項）される。その際、路線の廃止等に伴う生活交通の確保のために地域住民が積極的に関与すること、地域および公共交通事業者、行政等で構成する協議の場が設けられていること、もしくは地域主体による生活交通確保に関する住民協議会等が設置されていること、同協議会等において、生活交通の確保に係る公共交通の利用促進の取り組みが検討・実施されていること、またはこれに準ずる事項の把握（同要綱第 4 条第 1 項）が要件となる。

　公共交通空白地等の範囲決定方法には 2011 年度、（社）日本バス協会が実施した「バスネットワークの実態分析調査」に基づく手法がある。それによれば「公共交通空白地」の抽出は国勢調査地域メッシュ（500 メートル）のうち、人口が 1 人以上の居住地メッシュを対象に、その中心が鉄道駅やバス停からの一定距離圏に含まれず、かつ、区域運行エリアに包含されない場合、当該メッシュが「公共交通空白地」として抽出される。バスおよび鉄道の背後圏人口の算出時に多く用いられる土木学会の「90％の人が抵抗なく歩くことができる距離 300 メートル」ならびに「天候良好時、自家用車利用者の 50％以上が不満を感じる距離が郡部で 488 メートル」[5]とする道路経済研究センターの定義を参考に「公共交通不便地」や「公共交通準不便地」の範囲を決定する方法もある。

　けれども、多くの都市は「地域公共交通活性化・再生法」施行後に策定された「地域公共交通確保維持改善事業費補助金交付要綱」（平成 23 年 3 月 30 日、国総計第 97 号、国鉄財第 368 号、国鉄業第 102 号、国自旅第 240 号、国海内第 149 号、国空環第 103 号）における「地域内フィーダー系統確保維持費補助に係る対象事業基準の例示」（第 16 条第 1 項関連および別表 7）を参考に公共交通空白地等を定義づけたようである。同要綱別表 7 には「半径 1 キロメートル以内にバスの停留所、鉄軌道駅、海港及び空港が存しない集落、市街地その他の交通不便地域として地方運輸局長等が指定する地域の住民等の移動確保のための地域間交通ネットワークのフィーダー系統」とある。国土交通

省作成のガイダンス[6]中、「指標の計測方法の詳細（参考資料中指標17）」には「補助金交付要綱で、交通不便地域として半径1 km以内にバスの停留所、鉄軌道駅、海港及び空港が存しない集落が例示されており、その定義を用いている地域が多い」[7]と記されている。なお、全国各都市における代表的な公共交通空白地等の定義と、それに対する国土交通省の「懸念」は表2の下部に示すとおりである。

　福岡市の条例は2010年3月に制定されており、11年3月に作成された国の補助金交付要綱にある例示に依存することはできず、独自の調査を重視して公共交通空白地等の指定要件を設定[8]した。市当局が市議会で行った報告[9]によると、全市域にわたってバス停留所および鉄道駅からの距離について地域要件に係る調査を行い、同心円に含まれる地域や人口等を総合的に勘案した結果、「バス停留所又は鉄道駅から概ね1キロメートル以上離れた地域」を「公共交通空白地」と定義した。これは上述の「地域公共交通確保維持改善事業費補助金交付要綱」に掲げられた例示と類似している。「公共交通不便地」の設定に関しては、市街化面積や人口を概ねカバーできているかを中心に、「第3回北部九州圏パーソントリップ調査」における各調査地域内の「バス停留所までの平均徒歩時間」（約8分）等との比較・検討を通して決められた。111の調査地域中、103地域は平均徒歩時間の限度に近い結果が得られ、各種条件を総合的に勘案して「バス停留所から概ね500メートル以上離れた地域」等としたのである。

　「公共交通空白地等及び移動制約者に係る生活交通の確保に関する条例」を含め、公共交通空白地等の範囲は直線距離で測られる。表2に示した国土交通省の「地域公共交通の確保・維持・改善に向けた取組みマニュアル」（2012年3月策定）には、一般に「鉄道駅やバス停から半径何百メートル以上というように、範囲を指定している場合が多いですが、道幅や坂道の勾配など、交通機関の使いやすさを決める要因は多々あるため、地域の実情に合わせた定義が必要です」と記されており、公共交通空白地等の機械的・定量的な範囲設定手法に疑問を呈している。

　しかし、福岡市の場合は緻密な調査を実施し、諸条件を加味して公共交通空白地等を様々に細分化する等、他にない優れた方式を採っており、新たな

表2 公共交通空白地域・不便地域の定義について

| 市町村等 | 公共事業空白地域 | 不便地域 | 根拠 |
|---|---|---|---|
| 福岡県<br>福岡市 | 道路運送法による一般乗合旅客自動車運送事業（以下「路線バス」という。）における停留所（以下「バス停」という。）から概ね1キロメートル以上離れ、かつ、鉄道事業法による鉄道事業（以下「鉄道」という。）における駅（以下「鉄道駅」という。）から概ね1キロメートル以上離れた地域 | バス停から概ね500メートル以上離れた地域（鉄道駅までの距離が概ね1キロメートル未満の地域及び公共交通空白地を除く。） | 公共交通空白地等及び移動制約者に係る生活交通の確保に関する条例（平成22年3月福岡市条例第25号、平成22年12月28日施行） |
| 北海道<br>北広島市 | 駅の勢力圏を1km、バス停留所の勢力圏を500mと設定し、その勢力圏から外れる地域 | | 地域公共交通総合連携計画（2011年3月策定） |
| 福島県<br>伊達市 | 鉄道駅から600m、バス停から300m圏外で、公共交通が利用しにくく、かつ人口密度が100人/km²以上の地区を「公共交通空白・不便地域」と定義 | | 地域公共交通総合連携計画（2008年3月策定） |
| 滋賀県<br>草津市 | バス停または鉄道駅から半径300mの範囲より外側の場所 | 【不便地1】<br>バス停または鉄道駅から径300mの範囲内であるが、駅方向運行便数が1日当り10本未満の場所<br>【不便地2】<br>バス停または鉄道駅から径300mの範囲内であるが、駅方向運行便数が1日当り10本以上〜20本未満の場所 | 地域公共交通総合連携計画（2010年2月策定） |
| 大阪府<br>河内長野市 | 本市では、公共交通利用可能エリアは、駅から1km、バス停から500m以内で、かつ、平日に8便以上の公共交通の運行本数があるエリアを設定しており、これら以外の住宅地域は公共交通空白地域としています。 | 公共交通不便地域は、公共交通利用可能エリアですが、駅・バス停の両方から500m以上離れている住宅地域としており、駅から比較的近いものの、地形や道路条件などからバス路線が無く高齢者の方などの移動が不便な地域です。 | 地域公共交通総合連携計画（2009年11月策定） |
| 佐賀県<br>鹿島市 | 高齢者が歩行により無理なく移動できる距離を300mと仮定として、バス停から半径300m以上離れた地域 | | 地域公共交通総合連携計画（2010年3月策定） |
| 国土交通省 | 交通不便地域・空白地域については明確な定義は定められておらず、各地域各地域がそれぞれの地域の実情に合わせて定義しているものです。定量的に判断するために、例えば鉄道駅やバス停から半径何百メートル以上というように、範囲を指定している例が多いですが、道幅や坂道の勾配など、交通機関の使いやすさを決める要因は多々あるため、地域の実情に合わせた定義が必要です。 | | 地域公共交通の確保・維持・改善に向けた取組みマニュアル（2012年3月策定） |

出所：鳥取市生活交通会議「交通空白地域の定義関係資料」、2013年2月

対応が求められる地域が出現したときは、補助金交付要綱等において追加措置を講じている。ともあれ当該条例は、熊本市の「熊本市公共交通基本条例」等、その後の公共交通空白地等に係る定義づけや範囲設定に大きな影響

を及ぼすことになった。

　ところで条例は、移動制約者を「高齢者、障がい者等のうち移動に関し制約を受ける者」(第2条第1項第5号)と定義するが、公共交通空白地等の範囲が機械的に定められるため、バス停等まで歩行困難な独居高齢者をはじめ、地域内に居住する障害者や高齢者にとって公共交通機関の利用が制限されかねない。2011年11月開会の市議会における「駅やバス停の距離だけでなく、更に坂道等の高低差についても考慮すべきと考えますが、福岡市の所見をお伺いします」との質問に対し、住宅都市局長は「坂道など交通対象とする事については公共交通空白地等及び移動制約者に係る生活交通の確保に関する条例の施行をうけ、施行対象について検討を進めているところです。バス停や駅などの距離に加え高低差についても考慮し、支援の対象地域を検討していきたいと考えております」[10]と答弁している。同局長の発言は「公共交通不便地に準じる地域」等の新しい指定要件について、前向きの方向性を示したものと思われる。

　答弁内容は、移動制約者に対する対応としては問題ない。公共交通空白地等には既述したとおり「公共交通不便地に準ずると市長が認める地域」や、乗合バスまたは鉄道に係る路線の廃止等に伴い、「公共交通空白地や公共交通不便地若しくは公共交通不便地に準ずると市長が認める地域となるおそれのある地域」も含まれる。これらの地域設定は極めて重要であり、機械的な定義づけから生ずる住民の不利益を一定程度防止できる可能性を有する。けれども、移動制約者全員の居住地が当該地域に指定されるはずもなく、適切な措置の実施には一層の工夫が必要である。さらに条例は、福祉有償運送事業者に対する施策として市は「運営等に関する相談、助言、指導その他の必要な支援」(第11条第1項)を行い、福祉有償運送事業者は助言、指導等に対し、「最大限の配慮を払うよう努めなければならない」(第11条第2項)と規定するが、移動制約者に関わる条項には交通施設等の改善が包含されていない。

## 第3節　福岡市の補助制度と持続可能な交通政策

　条例には、公共交通空白地等において公共交通事業者は「その社会的な役割を自覚し、市が推進する生活交通施策を尊重し、公共交通空白地等及び移動制約者に係る生活交通を確保するため、最大限の配慮を払うよう努めなければなら」（第5条第1項）ず、市は「生活交通を確保するため、市民等及び公共交通事業者と相互に連携協力し、必要な支援を行うよう努める」（第8条）とある。既述したとおり、生活交通の確保のための支援が必要と認められる地域を市長が「生活交通特別対策区域」に指定できる等、居住環境に配慮した条文が盛り込まれた。当該特別対策区域において、市民等および公共交通事業者は「市の生活交通の確保に関する施策を共働して推進し、かつ、最大限の協力をするよう努め」（第10条第3項）なければならない。また市は「予算の範囲内で、生活交通の確保のために必要な支援を行うもの」（第10条第1項）とされる。

　地方自治体の補助制度は「普通地方公共団体は、その公益上必要がある場合においては、寄附又は補助をすることができる」と定めた「地方自治法」（昭和22年4月17日、法律第67号）第232条の2に基づく規則等で決められる。公共交通空白地等における生活交通の確保に向けた取り組みに対する補助金は、法令に特別の定めのあるものを除き、補助金に係る予算の執行に関する基本的事項を規定した「福岡市補助金交付規則」（昭和44年4月1日、規則第35号）を根拠とし、具体的には「福岡市地域主体の生活交通確保支援補助金交付要綱」および「福岡市生活交通確保バス運行補助金交付要綱」に定められている。

　「福岡市地域主体の生活交通確保支援補助金交付要綱」に規定する補助対象事業は、公共交通空白地等における「生活交通の確保に向けた調査、検討その他市長が特に必要と認める活動」（第4条第1項第1号）と、それに基づいて実施する「試行運転」（第4条第1項第2号）であり、予算の範囲内で補助金が交付される。補助対象事業者は前者の場合「公募による協議会」、後者については「公共交通事業者」（第6条）となる。ただし、前者による事業実施にあたっては、主な事業地域内の「全ての自治会又は町内会の同意」

（第5条第1項）が得られなければならない。後者の事業実施にあたっては「運行路線の沿線地域内にあるすべての自治会又は町内会の同意」が得られ、かつ、補助事業としての実施に関し、「福岡市地域公共交通会議」において協議を整える必要があり、「道路運送法」第4条に基づく許可を受けた乗合バス事業者が実施するものとされる。加えて原則的に既存のバス路線と重複するものでなく、商業施設や病院等の立地や公共交通機関の状況をふまえた必要最小限の地域において実施するものとされ、事業完了後も「一般旅客自動車運送事業の実施が見込まれるもの」（第5条第2～4項）との諸要件を満たさなければならない。なお、「公募による協議会」は当初、「公募による市民団体」であったが、2015年4月1日の補助金交付要綱改定に際し変更された。

　「生活交通の確保に向けた調査・検討その他市長が特に必要と認める活動」に対する補助金額は、単年度につき補助対象経費の額とし、50万円を限度とする。補助対象事業期間の限度は3年、ただし、とくに必要な場合は2年を上限に事業期間の延長が可能で、1年度で認められる補助事業の件数は2件（第7条関連別表）である。

　試行運転に対する補助金額は、その実施に必要と認める経費と試行運行の実施により得られた収入の差とされ、差額経費の2分の1か300万円のうちいずれか少ない額を限度とし、期間は6月、とくに必要な場合は6月を上限に事業期間の延長が可能で、1年度あたりの補助事業件数は2件（同条関連別表）となっている。補助対象事業期間は、2015年4月の補助金交付要綱改定に伴い見直しが加えられたものである。「その他市長が特に必要と認める活動」の場合も当初は2年度とされていたが、事業が順調に進んだ場合でも2年程度の期間を要しており、より困難性の高い地域では検討期間が不足するおそれがあることから3年に変更し、とくに必要なときは2年の延長が認められた。試行運転についても、通学者が多く見込まれる地域等、利用者の季節変動が大きい地域においては、6月の運行では十分に地域特性が把握できないおそれがあるため、とくに必要なときは6月の延長を是認[11]したのである。試行運転に対する補助金限度額も当初は試行運行の実施に必要と認める経費に2分の1を乗じて得た額と300万円のうちいずれか少ない額であ

った。

　補助金の交付を受けた生活交通確保関連事業は一定の成果を挙げている。公共交通の利便性が悪い西南部地域において、地域の発意により公共交通ネットワーク整備の機運が高まり、平成外環通りを活用したバス路線の検討が行われた。福岡市は補助金交付要綱に基づいて、調査・検討経費に係る補助金を支出し、地域住民、交通事業者と一体になって社会実験・施行運転期間内に利用促進の取り組みを続けた結果、利用者数が増加し、2012年10月から本格運転が開始された。また、南区の長丘・大池・多賀地区は丘陵地で坂道や狭隘な道路が多く、乗合バスが運行していなかったが、自治協議会と交通事業者が検討を進め、12年5月にマイクロバスを使用した施行運転が始まり、路線の見直しを加えて運行を継続し、14年6月から本格運行へ移行するに至った。

　最寄りのバス停留所から約600メートル離れた丘陵地に位置し、「公共交通不便地」に該当する福岡市南区柏原三丁目地区では、2012年に地域住民の間で生活交通確保に向けた検討の機運が高まり、柏原校区自治協議会が主体となって協議組織が設立された。福岡市は地域や交通事業者と協力して生活交通確保に向けた取り組みを行ってきたが、14年4月1日から乗合バスの試行運行が実施され、積極的な利用促進に取り組んだ結果、15年4月1日以降、期限つきながら運行延長となっている[12]。

　「福岡市生活交通確保バス運行補助金交付要綱」は、条例第10条第1項に定める「生活交通特別対策区域」における生活交通確保のための必要な支援の定義について、乗合バスの運行に係る収支差額分に対し、「予算の範囲内で補助金の交付を行うことをいう」(第5条第1項)とする。補助対象事業者は乗合バス事業者(第11条)であり、補助対象となる運行内容は、1運行系統あたり1日15往復以内もしくは1運行系統1車体制による運行のいずれか(第6条)で、協議会において決められる。補助金額は、補助対象経費から運賃外収入を除いた額(国庫補助金およびその他の補助金等を除く)が限度(第10条)である。

　要綱によれば、乗合バス事業者に対する補助金交付に際し、市は「生活交通特別対策区域」における生活交通の質の向上に関する通勤、通学、通院、

買い物等の生活交通利用者の実態に即した運行計画を作成し、運行内容を検討するため、「公共交通事業者との連携に努め」（第5条第2項）なければならない。さらに、条例第10条第3項に定める市民等および公共交通事業者が「生活交通特別対策区域」における生活交通の確保に関する施策を共働して推進するため、地域での自主的な利用促進策の取り組みや運賃外収入の確保等、「可能な限りの協力を図るもの」（第5条第3項）とされる。個別に定める必要がある事項については、具体的事案を規定した「福岡市生活交通確保バス運行補助金交付実施要領」に依拠することになる。補助金の交付は2013年度から開始されたが、同要綱は17年3月31日をもって廃止の予定である。しかし、事業の必要性や公益性に係る検証の結果、事業の継続が必要と認められる場合は延長も可能である。

　福岡市はバス路線の休廃止に伴い、新たに公共交通が空白となる地域の代替交通確保について、条例施行前から一定の財政支援を行ってきたが、「生活交通特別対策区域」に指定された地域または新たに公共交通が空白となるおそれのある地域を中心に、継続して代替交通の運行に対する支援策[13]を講じている。とはいえ、財政上の理由により諸施策の実施には限界がある。「公共交通空白地等及び移動制約者に係る生活交通の確保に関する条例」は、「市は国及び他の地方公共団体と協力して生活交通施策の推進に努めるものとする」（第4条第3項）と規定しているが、市の財政事情もあり、各種施策の実施を保障する財源が示されていない。

　持続可能な都市づくりは、自動車社会を前提とした都市構造からのパラダイム転換を促す持続可能な交通政策の策定に向けた取り組みが不可欠で、公共交通を「社会的共通資本」として明確に位置づける必要がある。当該資本整備に要する重要な税源について、「交通権」の保障や環境保全の観点から、公共交通を公的負担で支える考え方が定着しているフランスでは交通税が導入された。都市圏交通局の「財源全体の44.2％が交通税で構成され、80％以上が公的負担という状況」[14]である。わが国では交通税の徴収が中小・零細企業の経営に悪影響を及ぼすとの懸念が強く、同税の導入は簡単ではないが、「税の応分負担原則」ならびに「原因者負担の原則」に従って、大手運送業界や貨物輸送量の多い大企業からの徴収を検討してもよいと考える。加えて

国からの税源移譲を進めるとともに「地方税法」（最終改正：平成26年5月21日、法律第40号）が定める地方税源とは別の、独自財源として徴収する「法定外目的税」（第731条第1項）の対象拡大が求められる。

## 第4節　「共働」の理念と「福岡市地域公共交通会議」の役割

　条例に盛り込まれた生活交通の確保に対する市、公共交通事業者および市民等による「共働」推進規定は重要である。市民等が「居住し、又は活動する地域に係る生活交通の確保に向けた取組に参画する権利」（第3条第1項）を有し、市が実施する「公共交通空白地等及び移動制約者に係る生活交通を確保するために必要な施策」を「共働して推進するよう努めなければならない」（第3条第2項）との規定は、市に対して「生活交通に関する施策を提案することができる」（第7条第1項）条文と併せ、市民等の権利・義務を明記しており先進的といえる。また福岡市は市民等が保有する権利に伴い、「市民等が提案する施策等について、共働して推進するよう努めるもの」（第7条第2項）とされる。市と市民等および公共交通事業者は、生活交通施策の推進にあたり「乗合バス、鉄道等の基幹的な交通手段とのネットワークの維持及びその拡大を図り、人の移動の連続性を確保」（第6条第1項）するとともに「相互に情報交換を行い、かつ、協力関係を構築するよう努め」（第6条第2項）なければならない。生活交通の確保に向けた市民等を含む「共働」の取り組みは、積極的な各種施策への参加意識を醸成するだけでなく、市政全般を通した直接民主主義的な自治行政の発展につながる可能性をもつと思われる。

　ただし、公共交通空白地等における対策は福岡市住宅都市局が、NPOやボランティア、市民等との「共働」による福祉有償運送に関しては保健福祉部局が担当しており、市役所内縦割りの弊害も懸念される。市民等に対し、第3条第1項に掲げる「生活交通の確保に向けた取組に参画する権利」を付与した理由のひとつには、そのような弊害を少しでも除去したいとのねらいがあったかもしれない。縦割りの弊害除去は、生活交通の在り方に関する事項を協議する「福岡市地域公共交通会議」が、利害関係者の異なる意見をま

とめられるかといった調整能力に係る問題と相まって今後の課題となろう。

「福岡市地域公共交通会議」は2007年8月、九州運輸局、福岡県バス協会、バス事業者、福岡市タクシー協会、タクシー事業者、バス労働組合、自治協議会の代表等で組織され、地域の需要に即した乗合運送サービスの運行形態等に関する協議を行ってきた。「福岡市地域公共交通会議設置要綱」によれば、主な所掌事務は地域の実情に応じた適切な乗合旅客運送の態様および運賃・料金等に関する事項、市運営有償運送の必要性および旅客から収受する対価に関する事項、生活交通の在り方一般に関する事項、その他市長が必要と認める事項に関する協議・調整（第2条）とされる。その後、「公共交通空白地等及び移動制約者に係る生活交通の確保に関する条例」施行に伴い、新たに「生活交通特別対策区域」の指定・変更・解除等に係る市長への意見答申（条例第9条第2項）と、同区域に関する調査、協議および関係者の意見調整事務（第12条第2項）等が加えられた。

「福岡市地域公共交通会議」の性格は「道路運送法施行規則」（最終改正：平成27年3月31日、国土交通省令第21号）第9条の2に規定する「地域公共交通会議」も兼務するもので、条例は「道路運送法に基づく地域公共交通会議を兼ねるものとし、前項の事務［筆者注：条例に定める事務］のほか、同法に定められた協議を行う」（第12条第3項）と規定している。「地域公共交通会議」は、地域の需要に即した乗合運送サービスの提供を図り、地域住民の交通利便の確保・向上に寄与する目的で設置され、地域の実情に応じた適切な乗合旅客運送の態様および運賃・料金等に関する事項、市町村運営有償運送の必要性および旅客から収受する対価に関する事項、その他必要となる事項を協議する組織である。「地域公共交通活性化・再生法」に基づく法定協議会との相違については第9章第2節で扱う。

同会議の組織および運営に関する必要事項は「福岡市地域公共交通会議規則」（平成22年12月27日、規則第135号。改正：平成24年8月16日、規則第112号）に定められている。同規則によれば、委員は「道路運送法施行規則」第9条の3に基づき「市長が任命」（第4条第1項）するが、住宅都市局都市計画部長が会長（第3条第1項）を務め、19人以内の委員の任期は3年（第2条、第4条第2項）である。なお、会議の運営に関する詳細な事項は

「福岡市地域公共交通会議運営要綱」に記されている。同会議には、とりわけ「生活交通特別対策区域」における住民の移動手段の維持・確保に係る責務遂行が求められよう。

とはいえ「福岡市地域公共交通会議」は「地域公共交通活性化・再生法」第6条に定める法定協議会としての「地域公共交通活性化・再生協議会」ではないことから、別の協議体との責任重複や事務的煩雑が危惧される。福岡市は、公共交通を主軸とした多様な交通手段が相互に連携した総合交通体系の構築を目的とする「福岡市都市交通基本計画」(2014年5月策定) に記す「基本理念及び目標像」を実現するため、同計画に示された「施策の基本的な方針」に基づく施策を体系的に整理した、九州では国土交通省審査案件第1号となる「地域公共交通網形成計画」としての「福岡市総合交通戦略(福岡市地域公共交通網形成計画)」(2015年3月) を策定している。目標年次は基本計画と同じ2022年度である。けれども、同計画をまとめた「福岡市総合交通戦略協議会」(法定協議会) と「福岡市地域公共交通会議」は直接的な関連がなく、実施段階において公共交通空白地等への対応や補助金申請に係る事務手続きに齟齬が生じる可能性を否定できない。法定協議会と「地域公共交通会議」は一体化するか、合同会議の形態を採る協議体への移行が望ましい。

## 第5節　移動権（＝交通権）の取り扱い

最大の問題は「移動権」(＝交通権) 是認の有無である。「公共交通空白地等及び移動制約者に係る生活交通の確保に関する条例」の制定に携わった担当職員は、条例は「移動権（交通権）の保障を明確に示した」[15]と記述している。大阪大学大学院法学研究科特任研究員の南聡一郎氏は、同条例が「交通権を明文化した最初の条例となった」と記しており、後述する奈良県の条例についても「交通権を尊重した条例」であり、熊本市の条例の場合は「権利という言葉を用いて交通権に言及しているのが特徴」[16]との見解を示す。けれども、こうした捉え方には賛成できない。

これに対し、住宅都市局都市計画部交通計画課長（当時）は「福岡市はバ

ス路線廃止対策として完全にバス停がなくなる地域（公共交通空白地）においては、市と地元が一緒に話し合い検討した上で、廃止後の代替交通の確保に向けて必要な支援をしていくことを方針としています」[17]と述べるにとどめた。

　条例は「すべての市民に健康で文化的な最低限度の生活を営むために必要な移動を保障する」（前文、第1条）と定めてはいるが、「権利」としては規定していない。その理由は民主党（現：民進党）を中心とする連立政権が国会に上程し、廃案になった「交通基本法」案に規定された「移動を保障される権利」（第2条）をめぐる反対意見への配慮と、法案取り扱いの不透明性を懸念した結果であったと推測できる。反対意見は第2章第2節で述べた、①法制論上「移動権」の具体的な内容が定義できるだけの国民的コンセンサスがない、②行政論上、財源的な裏打ち等が整わない現状では権利を保障できず、不作為を問われたり、都市・地域づくりに障害が生じるおそれがある、③社会実態論上、移動権の規定をもって課題が解決する事柄ではなく、当事者間の協働にあたり対立意識を生じさせるおそれがある[18]等に代表される。

　公共交通の維持・確保に関する条例を検討するため、福岡市を訪れた奈良県議会地域交通対策等特別委員会の「公共交通空白地等及び移動制約者に係る生活交通の確保に関する条例報告」によれば、「移動権の保障に関し、何か特別な意義があったのか」との質問に対し、福岡市側は「法律［筆者注：2011年の第177回国会に上程され、第181回国会開会中の12年11月に行われた衆議院解散に伴い、廃案となった交通基本法案］では不透明な状況の中で、福岡市だけ直接的に保障すると、新たな権利の創出は難しいということで、かなり協議を行った結果、法的義務の係らない前文や目的に保障をするという形で盛り込み、趣旨を書き込んだ」[19]と説明している。

　周知のとおり、憲法は「地方公共団体は、…（中略）…法律の範囲内で条例を制定することができる」（第94条）と定めて法律の優越性を担保しており、法律に規定のない場合に限り、一定の条件下において、独自の判断に基づき条例を制定できるとの解釈が通説である。けれども「移動権」は、廃案となった2011年の「交通基本法」案や「交通政策基本法」案の作成段階から盛り込まれておらず、法律の執行を妨げる可能性のある条例は認められな

い。したがって、福岡市の条例が「権利」として規定せず、法的義務や裁判規範性をもたない「必要な移動を保障する」という表現に抑制したことは、やむをえない措置であったと思われる。ただし、「交通政策基本法」案をめぐる国会審議において、政府側から同法案には「移動権」の精神が盛り込まれた趣旨の答弁がなされている。同法の評価に関わる重要な事項であるとともに、各地方自治体の生活交通確保策策定・推進に際し参考になると思われ、長文をおそれず紹介しておきたい。

　2013年11月12日の衆議院国土交通委員会において、佐藤秀道委員と西脇隆俊国土交通省総合政策局長との間で質疑応答が行われた。佐藤委員は「交通政策基本法案並びに交通基本法案［筆者注：衆議院付託2013年8月2日、野党としての民主党が提出した法案］の二案の件でありますけれども、この交通のあり方に関する基本法については、最初に、平成二十三年三月八日に政府が交通基本法を提出されたのを皮切りに、本日に至るまで、二年八カ月の歳月を要しているわけであります。…（中略）…この交通政策基本法案、前身の交通基本法案の作成段階で、国土交通省は多くの識者の方々から交通権もしくは移動権を保障すべきと伺っているようであります。しかし、今回提出の両法案では交通権そのものの定義付けや交通権の保障について明文化はしていないわけでありますが、アクセシビリティーの保障について、…（中略）…憲法でうたわれている移動の自由、これを保障するために、私は、この交通政策基本法案並びに交通基本法案には、移動の自由をいかに実現していくかという精神が既にしっかりと盛り込まれているのではないかと思っております。そして同時に、今後の交通権に対する社会的コンセンサスの形成に向けての取り組みこそ加速をしなければならないと考えます。国交省としては今後どのように取り組んでいかれるのか、決意とあわせて、具体的に予定している取り組みがあれば、お答えをいただければと思います」との質疑を行った。

　これに対し、西脇国土交通省総合政策局長は「平成二十二年に交通政策審議会及び社会資本整備審議会に設置されて合同で開催されました交通基本法案検討小委員会においてさまざまな議論が重ねられまして、当時、交通権を規定することにつきましては時期尚早であるとの報告がなされて、それを受

けた形でございます。この移動権ということを検討する必要性なり、その検討する背景で起こっております問題は、…（中略）…例えば、離島や山間部等の地方での公共交通の維持が非常に困難になっておるということで、例えばマイカーなくしては住民が移動できなくなっているとか、公共交通事業者を取り巻く環境というのが非常に厳しいというような…（中略）…そうしたものはきちっと解決しなきゃいけないということで、第二条におきまして、国民その他の者の交通に対する基本的な需要の充足が必要だということと、まさに施策のところでは、十六条で、日常生活等に必要不可欠な交通手段の確保、それから十七条で、高齢者、障害者、妊産婦等の円滑な移動というような規定を設けまして、法案の中にはそういう精神を盛り込んだつもりでございます。今後は、これらを具体化していきます計画、それからその計画を実現する具体的な施策というものに積極的に取り組んでまいりたいというふうに考えております」[20]と応答している。

　もとより「移動権」の保障は単なる「精神」ではなく、法律に明記されなければ限界がある。「交通政策基本法」の基本理念に関わる事柄であるため、条例で是認することは困難であろう。国の責任と今後の努力が問われる事例といえる。


注
1) 民主党および社民党は、2002年6月と06年12月の2度にわたって「移動権」の保障、交通体系の総合的整備等を主な柱とする「交通基本法」案を共同提案した。その後、09年の衆議院総選挙の際に、民主党は「政策集INDEX2009」において「『交通基本法』を制定し、国民の『移動の権利』を保障し、新時代にふさわしい総合交通体系を確立します」とする公約を掲げた。社民党も「少子高齢社会や環境問題に対応する交通システムが求められています。『クルマ社会』の行き過ぎを転換し、公共交通を基盤に置いた人と地球にやさしい総合交通体系の確立をめざします。『誰もが、いつでも、どこからでも、どこへでも』安心・安全・快適に移動できる権利を保障するため、『交通基本法』を制定します」と訴える等、「交通基本法」案の成立に熱心であった。
2) 寺島浩幸・栃木義博・大井尚司他「座談会 交通基本法制定への示唆―『福岡市公共交通空白地等及び移動制約者に係る生活交通の確保に関する条例』のケースから」『運輸と経済』運輸調査局、2010年8月号／寺島浩幸「福岡市の生活交通政策と生活交通条例」『住民と自治』自治体問題研究所、2010年11月号／『交通権（移動権）の保障制度―交通基本法を先駆けた福岡市生活交通条例』地域科学研究会、2010年10

月号／可児紀夫『交通は文化を育む・地域交通政策の提言―交通基本法と交通基本条例』自治体研究社、2011 年／土居靖範「自治体による生活交通再生の評価と課題（Ⅳ・完）」『立命館経営学』第 51 巻第 1 号、2012 年 5 月／福留久大・栃木義博・寺島浩幸・鈴木文彦・緑川冨美雄『交通権（移動権）の保障制度』地域科学研究会、2010 年、その他。

3) 奈良県議会地域交通対策等特別委員会の報告『平成 24 年 2 月 15 日地域交通対策等特別委員会県外調査（福岡県）』中「1. 福岡市議会事務局調査法制課及び福岡市住宅都市局都市計画部交通計画課」2012 年 2 月 15 日。

4) 平成 25 年 12 月議会第 4 委員会報告資料「公共交通空白地等及び移動制約者に係る生活交通確保に関する条例（生活交通条例）に基づく支援施策について」住宅都市局、2013 年 12 月 18 日。

5) 『高齢者等の交通手段の確保対策に関する実態調査結果報告書』総務省。http://www.soumu.go.jp/main_content/000308123.pdf（2015 年 10 月 13 日アクセス）。

6) 『事業評価を通じた地域公共交通確保維持改善事業の効果的実施に向けて』国土交通省総合政策局、2013 年 11 月。

7) 同上。表 32 交通空白（不便）地域の定義例を参照のこと。

8) 2010 年当時の「地域公共交通活性化・再生総合事業費補助金交付要綱」（平成 20 年 2 月 29 日、国総計第 100 号）には、対象事業基準の例示が記されていない。

9) 福岡市住宅都市局都市計画部公共交通推進課ヒアリング、2015 年 7 月 14 日。

10) 大森一馬議員の一般質問『福岡市議会本会議議事録』福岡市議会事務局、2011 年 11 月 28 日。

11) 「平成 27 年度第 2 回福岡市地域公共交通会議　報告資料 2」2015 年 9 月 29 日。

12) 福岡市のホームページ　http://www.city.fukuoka.lg.jp/jutaku-toshi/kotsukeikaku/machi/fubenchi.html（2016 年 11 月アクセス）

13) 「公共交通空白地等における生活交通の確保について」福岡市住宅都市局、2010 年 10 月 13 日。

14) 『持続可能な都市交通の財政システムと経営規律～フランスを事例に～』都市公共ワークショップⅡ 議事録、2014 年 12 月 13 日。

15) 福岡市博多区保護第二課第三係長・寺島浩幸「交通基本法制定への示唆－福岡市公共交通空白等及び移動制約者に係る生活交通の確保に関する条例のケースから－」、『運輸と経済第 70 巻第 8 号』運輸調査局、2010 年 8 月、8 頁。

16) 南聡一郎「条文比較分析からみる公共交通条例の含意」、『交通科学』Vol.45 No.2、一般社団法人交通科学研究会、2015 年 3 月 31 日、8 頁、10 頁。

17) 「リレー座談会 地域公共交通を考える（4）」における三角正文・福岡県福岡市住宅都市局都市計画部交通計画課長の発言。運輸政策研究機構、2010 年 11 月 25 日。http://www.ipt.jterc.or.jp/chousa/archives_event/101125zadankai/pdf/zadankai_vol04pdf（2016 年 11 月 29 日アクセス）

18) 交通政策審議会・社会資本整備審議会交通基本法案検討小委員会「交通基本法案の立案における基本的な論点について（案）」2010 年 12 月。

19) 『平成 24 年 2 月 15 日地域交通対策等特別委員会県外調査（福岡県）』中「1. 福岡市

議会事務局調査法制課及び福岡市住宅都市局都市計画部交通計画課」http://www.pref.nara.jp/secure/83452/240215koutuu.pdf（2015 年 10 月 14 日アクセス）
20)「第 185 回国会衆議院国土交通委員会議録」5 号 25 頁、2013 年 11 月 12 日。

# [第9章]
# 加賀市地域交通基本条例

## 第1節 　加賀市の概観と公共交通の実情

　加賀市は、2005年10月1日、旧加賀市と山中町が合併して誕生した人口約6.7万人（2016年6月1日現在の推計人口）の小規模都市で、石川県の南西に位置し、隣県の福井県と接している。大日山を源とする大聖寺川・動橋川流域の豊かな自然の中に多様な歴史・文化が育まれ、九谷焼や山中漆器をはじめとする伝統工芸や機械工業が発達した地域であり、山中、山代、片山津の3温泉を有する温泉観光都市でもある。

　加賀市の中央部にはJR西日本・北陸本線が横断しており、並行して北陸新幹線の整備が進められてきた。ただし、自家用自動車保有台数の増加に伴い、北陸本線の乗車人員は減少している。鉄道と同様、市内乗合バスも乗客数の減少に起因して2008年5月に大半の路線（11路線中8路線）が廃止された。そのため、バス交通の代替方法として乗合タクシーや周遊観光バスの一般利用が進んでいる。タクシーと乗合バスに係る需給調整規制を廃止し、競争を促進する「道路運送法及びタクシー業務適正化臨時措置法の一部を改正する法律」（平成12年5月26日、法律第86号）が施行された02年以降、バス路線の廃止は全国で急速に進行したが、加賀市も当然例外ではなかったのである。

2015 年春に北陸新幹線金沢駅が開業したが、加賀市は首都圏からの来訪者が増加する好機と捉えている。新幹線開業効果の最大化を目指し、石川県の「新幹線開業 PR 戦略実行委員会」は 5 年間の観光戦略「新幹線開業 PR 戦略実行プラン」（計画期間：2013 〜 17 年度、2013 年 3 月）を策定した。「観光動態調査」[1]によれば、加賀市は来訪目的の主柱である温泉宿泊の魅力を一層高め、首都圏での認知度を上げる等、誘客活動の強化に加え、地域公共交通の重要性を確認している。

## 第 2 節　「加賀市地域交通基本条例」の目的および関係者の責務・財源

「加賀市地域交通基本条例」（平成 23 年 3 月 17 日、条例第 3 号）は、「市民の安全で安心な生活の確保及び活力ある地域社会の形成」（第 1 条）への寄与を目的とし、地域交通の確保に関する基本方針を定め、市、交通事業者および市民の責務等を明らかにして関連施策の推進を図り、主体的な取り組みを促進するため制定された。

同条例は、地域交通の役割を「市民の日常生活若しくは社会生活における移動又は市外からの来訪者の移動のための交通手段となるサービス」（第 1 条第 1 項）と捉え、交通事業者を「地域交通の提供を業として行う者」（第 1 条第 2 項）と定義する。「市民」の定義は規定されていないが、地域交通の役割に「市外からの来訪者の移動」を包含しており、市外からの買い物客や観光客も施策の対象に加えたところに特長が見出せる。2015 年における首都圏からの観光入り込み客数を 500 万人と設定した同市の目標に鑑みれば当然の措置であろう。条例制定直前に策定された「加賀市地域公共交通総合連携計画」（2008 年 3 月策定）にも、地域公共交通を「市内に住む者や本市を訪れる者の市内間における移動及び本市を訪れようとする者の近接する空港や鉄道駅から本市の区域への移動のための、一定の仕組みを備えた公共的な交通手段」と位置づけられている。

公共交通の最も重要な責務は、安全性の確保と快適性の提供にある。条例は地域交通の在り方に関し、「十分に安全が確保され、円滑に利用できるようにする」とともに「快適性の確保」に留意し、「利用する者の立場に立っ

て行われる」（第3条）ものとする。その上で当該交通は「市、地域交通事業者及び市民の地域交通の確保に関する共通した理解と方向性のもと、協働」（第4条）して確保されると規定する。これらの文言は金沢市や熊本市の条例にも記されており、特段目新しい事項ではないが、「協働」の理念は重視されなければならない。地域交通の整備は「地域の特性、需要の動向、費用効果の分析その他、地域交通に関する社会的及び経済的条件を考慮」し、地域交通の「種類による特性に応じて適切な役割を分担」しながら「効率的に連携することを旨として、総合的に行われる」（第5条第1項）のである。

　しかし、費用縮減を重視するあまり、地域交通の「提供に要する費用と当該地域交通の提供による収入の均衡に留意して行われる」（第5条第2項）との条文をあえて盛り込むのは問題と思われる。需要予測の結果が芳しくなく、費用に見合う効果が望めなければ必要な公共交通であっても維持されない可能性をはらんでおり、施策の幅を狭めるおそれがあるからである。財政難の中、費用対効果を基準とする施策の分別は地方自治体にとって悩ましい課題に違いない。けれども公共交通は、経済的価値としての測定は難しいものの、地域振興に欠かせない「社会的価値」を有しており、当該交通に係る優先順位は、長期的かつ市政の全般的見地に基づく判断によって決定すべき事柄であることを忘れてはならない。

　ともあれ、市の責務は地域交通の提供と確保および整備に関する「基本方針」に則り、各種交通施策を「その他の施策との整合を図りつつ実施する」（第6条第1項）ことにある。「その他の施策」とは、都市計画や社会福祉をはじめ市政全般にわたる各種施策を指すが、公共交通を「都市の装置」としての役割を果たす手段と位置づける限り、整合性を要するのは当然であろう。施策の実施に際しては「国及び石川県並びに地域交通事業者と連携」するとともに、市民に対して「地域交通施策の実施への参加」を求め、「市と連携」（第6条第2項）して行うとされる。また条例は、市が地域交通事業者および市民に対して「交通に関する情報の積極的な提供」をなし、「これらの者が地域交通に関して意見を交換する機会を設ける」（第6条第3項）必要性を定めている。これらの規定は市民を含む「協働」に基づく施策策定・実施方法の採用を意味する。市民は、基本方針をふまえて「地域交通の確保に関

する意識」を高め、「主体的な取組」（第8条第1項）を進め、「市及び地域交通事業者と連携して、地域交通施策の実施に協力し、基本方針の実現に寄与するように努め」（第8条第2項）なければならない。なお、市民参加に関する検討は第3節で行う。

　一方、地域交通事業者の主な責務は、基本方針に基づき「自らが提供する地域交通の安全性、円滑性及び快適性の向上並びに持続性の保持」（第7条第1項）を図り、市および市民と連携して「地域交通施策の実施に協力し、基本方針の実現に寄与するよう努める」（第7条第2項）ことにある。

　加賀市には、基本方針に合致した地域交通施策の実施に「必要な財源の確保に努める」（第9条）努力義務が課せられる。しかし、同市のような小規模自治体による財源確保は困難で、国の補助が不可欠となる。国土交通省は「交通基本法」案もしくは「交通政策基本法」案成立の見通しと、助成範囲および補助率を高める「地域公共交通活性化・再生法」改正の必要性を見据え、人口減や自動車の普及で存続が困難な地域鉄道の維持に係る補助率のかさ上げを行った。2013年度以降、地方自治体と双方で補助を行う場合、財政力の低い地方自治体に限り、補助率を事業費総額の3分の1から2分の1に引き上げたのである。13年1月29日、総務省も地域活性化には地域鉄道の維持が不可欠と判断し、新制度の創設を決定した。老朽化した車両やトンネル等の施設更新費用の一部を鉄道会社に補助する地方自治体に対し、13年度から地方交付税措置を講ずる制度である。地方自治体単独もしくは国土交通省との共同による補助を問わず、当該地方自治体の負担額の30％を補填する仕組み[2]で、具体的な支援先は地方交付税の配分額を計算する中で決められる。これらの措置は小規模自治体に対する補助枠拡大の契機となり、13年12月の「交通政策基本法」成立に伴って14年には「地域公共交通活性化・再生法」が改正され、財政支援等の拡大につながる施策が実施された。同市も「地域公共交通確保維持改善事業」を通して国の補助を受ける等、財源の確保に努めている。

　加賀市では2008年に行われた大半の乗合バス廃止以降、「加賀市地域公共交通会議・地域公共交通活性化・再生協議会」において「持続可能な公共交通」を目指し、住民との協働で乗合タクシーによる地域公共交通体系の構築

を図っている。当該協議会は「道路運送法施行規則」第9条の2による「加賀市地域公共交通会議」と、「地域公共交通活性化・再生法」第6条に基づく「加賀市地域公共交通活性化・再生協議会」（法定協議会）の合同会議であり、両者はともに石川県・加賀市の担当部課、交通事業者、国（北陸信越運輸石川運輸支局）およびその他必要と認める者で構成される。

　国土交通省自動車局長の通達「地域公共交通会議の設置及び運営に関するガイドライン」（国自旅第161号、平成18年9月15日）によれば、「地域公共交通会議」は地域の実情に応じた適切な乗合旅客運送の態様および運賃・料金等に関する事項等を協議する目的を有し、市町村が主体となって設置される。相次ぐ公共交通事業者の不採算路線からの撤退に伴い、公共交通空白地域等が拡大したため、高齢者・障害者や通学者等、自家用自動車による移動が困難な住民や来訪者の移動手段の確保が重要となった。それらの移動手段を確保するため様々な取り組みが行われる中で、2006年に「道路運送法」が改正され、コミュニティバス・乗合タクシー等の普及促進、市町村バスやNPOによるボランティア有償運送の制度化とともに同会議の設置が図られた[3]のである。

　これに対し「地域公共交通活性化・再生法」に基づく法定協議会は、市町村が主宰する地域公共交通の在り方に関する総合的な検討、合意形成の場であり、バス・タクシーに限定せず、多様な輸送形態を対象とした論議が法的に保障されている。また、地域の課題を解決すべく公共交通の在り方をまとめた「地域公共交通総合連携計画」を策定し、実施事業の主体となる組織である。会議の構成は住民、利用者、交通事業者、都道府県、国（地方運輸局）等であるが、「地域公共交通会議」と異なり、道路管理者等を含む関係団体に参加応諾の義務が課せられる。法定協議会においては協議結果の尊重義務、交通事業者や住民による「地域公共交通総合連携計画」の作成提案制度ならびにパブリックコメントの実施等が求められ、多様な関係者の合意形成や取組みの効率的な実施が可能となる。さらに、同計画に盛り込まれた事業のうち、国土交通省の認定を受けた事業については、国の財政的支援と計画実施への許認可手続き簡略化等の特例措置を受けることができる。

　ところで、乗合バス廃止後の代替バスに対する加賀市の補助金は「加賀市

補助金交付規則」（平成17年10月1日、規則第50号）のほか、主に「加賀市廃止路線代替バス運行維持事業補助金交付要綱」（平成17年10月1日、告示第81号）に基づき交付される。要綱は「地域住民の利便性を確保するため必要」（第1条）な「廃止路線代替バス運行維持事業」について、「市の依頼を受けた貸切バス事業者が、補助対象路線において廃止された路線バスの代替バスを運行する事業」（第3条）と定義する。補助対象路線は「石川県生活バス路線維持対策費補助金交付要綱（平成14年6月24日制定）第34条第1号に規定するバス路線」（第2条第3項）で、石川県の生活バス路線維持対策費補助に係る路線である。代替バス運行維持事業の基準としては、①輸送経路が当該廃止された路線の運行系統の輸送目的と同じであること、②路線が廃止されて1年以内に運行が開始されること、③廃止された路線の運行系統に競合して他の路線バス事業者の運行系統または鉄道がないこと（第4条）の3要件が挙げられ、補助金額は市内の代替バス運行に係る運送費用から運送収入を差し引いた額の「1/2以内」（第6条）となっている。

　2015年の推計高齢化率が33.8％に上る加賀市は、代替バスより乗合タクシーの普及を重視しているようである。相次ぐバス路線の廃止に際し、市は市内全地区に取り組みを提案したが、08年4月末にバス路線が廃止された高齢化率の高い勅使地区と東谷口地区（2010年1月時点の世帯数955、住民2,753人、65歳以上の高齢化率28％）が応じ、08年3月から市の補助を受けた「勅使・東谷口乗合タクシー・のりあい号」の試験運行を開始、6月以降、週3回の本格運行に移行した。予約制で料金は1人500円に設定、最寄りの停留地点から乗車して市内各町の公民館や総合病院等の目的地までをつなぐ生活交通であり、主にタクシー事業者が所有するセダン型（4人乗り1両）とワンボックス型（9人乗り1両）車両を使用する。利用状況は08年度1,268人（利用率84.6％）、09年度2,104人（同81.8％）と推移し、利用収入の数倍の補助金支出を余儀なくされる多くの地方自治体と比べ健闘している。

　乗合タクシーの運行主体は、2008年7月に地域住民で組織する「乗合タクシー運行協議会」であり、タクシー事業者と契約を締結し、住民への積極的な周知や利便性の向上に努めている。これに対し、市は運行協議会の赤字軽減のため「加賀市地域交通基本条例」に定める「地域交通施策を…（中

略）…実施する」（第6条第1項）規定に則り、11年に策定された「加賀市地域公共交通育成等協働事業補助金交付要綱」に基づき、赤字額4分の3の補助に加え、収支率1％につき1万円を「育成補助金」として交付する「加賀市地域公共交通育成等協働事業補助金」を単年度ごとに支出してきた。また、黒字分はすべて運行協議会の収入とし、ダイヤの充実等、利便性の向上や広報に要する経費に充てられる。その結果、14年度の収支率は49.0％、13年7月までの延べ利用者数は乗合バス廃止前の5～7倍に相当する1万人に達し、高齢者の移動手段が概ね確保できたのである。勅使・東谷口両地区の試みは他地区にも広がり、橋立地区でも乗合タクシーの運行が行われている。

　加賀市は2015年10月1日以降、「加賀市地域公共交通会議」や「加賀市地域公共交通活性化・再生協議会」およびそれらの合同会議である「加賀市地域公共交通会議・地域公共交通活性化・再生協議会」における議論を通して、市内全域で1回の乗車につき500円の単一運賃を設定し、市が主体となる市内全域での乗合タクシーの運行を開始した。市域を3エリアに区分し、16年4月開業の市医療センターがあるJR加賀温泉駅と各エリアを結ぶ4路線で、路線によっては1日計6～9便運行する。観光客を含む利用者はワゴン型（9人乗り4両）車両に相乗りで移動し、「あらゆる店舗や施設」までアクセス可能とされるが、これに伴い、「勅使・東谷口乗合タクシー・のりあい号」の運行は16年3月末で終了した。

　地域公共交通に対する国の姿勢は、基本的に規制緩和政策の維持を原則とするため、依然として加賀市独自の財源と市民および交通事業者の負担に依存せざるをえない状況にある。同市の乗合タクシー事業に対する国の助成は「地域公共交通確保維持改善事業」を除き、2015年度限りの「地方創生交付金」1,369.6万円が大半で、16年度の交付金は望めなかった。小規模自治体が十分な財源を確保するには、自動車利用者への「原因者負担の原則」導入とともに、ドイツの「地域における交通事情改善のための連邦による助成に関する法律」（Gesetz über Finanzhilfen des Bundes zur Verbesserung der Verkehrsverhältnisse der Gemeiden; GVFG）に基づく関連施設整備に対する連邦財源拠出[4]のような「公共負担の原則」に転換する必要があろう。

## 第 3 節 　地域交通基本計画の策定と市民参加方式

　「加賀市地域交通基本条例」の中核は、地域交通に関する基本計画の策定にある。加賀市は、基本方針の実現および地域交通施策の総合的かつ計画的な推進を図るため、「国及び石川県が定める地域交通に関する計画との調和」(第 10 条第 3 項) に努めながら、市全域を計画区域とする「加賀市地域公共交通基本計画」(同条第 1 項) を策定した。各種交通施策の推進にあたっては同計画との「整合に配慮」(同条第 2 項) することが求められるが、同時に「まちづくり」全般に関わる上位計画との密接な連関も不可欠である。

　2015 年 1 月、市の最上位計画として総合的かつ計画的な行政運営を図る「第一次加賀市総合計画」(計画期間：2007 ～ 16 年度) の具体的後期計画「加賀市地域共創プラン」(計画期間：2014 ～ 16 年度) が作成された。「まちづくり」に関する基本理念を規定した「加賀市市民主役条例」(平成 24 年 3 月 26 日、条例第 16 号)[5] に定める「市は、この条例の目的に沿って、総合計画を策定しなければならない」(第 20 条第 1 項) との規定ならびに「加賀市総合計画策定条例」(平成 27 年 3 月 23 日、条例第 2 号) に定める「市長は、主役条例の目的に沿って、総合計画を策定するものとする」(第 4 条第 1 項) との規定に基づく計画[6]である。

　2016 年度は「第一次加賀市総合計画」と、実施計画としての「加賀市地域共創プラン」の最終計画年度にあたるが、「加賀市地域公共交通基本計画」は同プランに基づいて実施する地域公共交通施策の基本方針に位置づけられる。加賀市は人口減少対策につながる施策を抽出し、新たに取りまとめた 15 年 10 月策定の「加賀市まち・ひと・しごと総合戦略」(計画期間：2015 ～ 19 年度) もふまえ、17 年度以降の「第二次加賀市総合計画」(計画期間：2017 ～ 26 年度) と、その実施計画の策定に着手した。なお、16 年度当初予算の重点事業には「地域交通対策事業」が挙げられている。事業の中核は乗合タクシー等による地域公共交通の利便性向上ならびに通院や買い物に不可欠な移動手段の構築である。

　「加賀市地域公共交通基本計画」の上位に位置づけられる総合計画の理念を定めた「加賀市市民主役条例」は「市民が主役の市政の実現及び市民等に

よる自治活動の推進」(第1条第1項)を目的とし、「市政の主役として、また地域社会の一員として尊重され、その個性や能力を発揮できるよう保障」(第2条第1項)するとともに、「市民相互に及び市と協働して市政を推進する」(第2条第2項)市民参加型の自治基本条例である。条例に従えば、市民は「市政に自由かつ平等に参加する権利」(第6条第1項)を付与され、「市内に通勤、通学等をする個人並びに市内において活動を行う法人その他の団体」(第4条第1項第2号)を加えた「市民等」も「自治活動に参加する権利」(第6条第2項)を有する。同時に「市政に関心をもち、積極的に市政に参加するよう努め」(第7条第1項)る責務もある。これらの規定に基づき、市民は市政に関する「計画及び政策の立案段階から参加する権利」を行使し、「意見の陳述」(第13条第2項)をなすのである。

　これらの諸権利を備えた制度はかなり民主的にみえる。しかし、具体的な参加手段は委員応募、パブリックコメント、アンケート調査および聞き取り調査等が主であり、第16条に定める市民投票も法的効力を有するものではない。二元代表制ならびに議会と首長の決定権を保護するためであろうが、直接民主制を可能な範囲に限定し、あくまでも間接民主制を基本とした条例という限界がある。とはいえ、市民の計画および政策立案段階からの積極的な関与を容認し、市政参加を「権利」として明文化したことは評価に値する。

　加賀市は「加賀市市民主役条例」の目的に沿った「総合計画の策定」(第20条第1項)義務規定に従い、上述の「加賀市地域共創プラン」を策定した。その基本計画となる「第一次加賀市総合計画」には、従来の乗合バスや鉄道に加え「多様な形態による手段が利用できるようになり、市内間移動の利便性が向上している」との自己評価をふまえ、今後とも生活に密着した公共交通での移動を可能とする各種施策が記されている。主たる内容は「多様な公共交通サービスの確保に努め、公共交通基本計画の策定と推進を図り、新たな形態の公共交通サービスの実現と鉄道や乗合バスの利用促進を進め、駐車場等の適正管理及び歩行者ネットワークの整備、歩道のバリアフリー化、自転車促進協議会の発足、幹線道路の歩道整備並びに交通安全施設の適正管理等を促進する」[7]等である。一定の市民参加を経て策定される「第二次加賀

市総合計画」は「加賀市地域交通基本条例」に基づく「地域交通基本計画」の評価を見据え、調和と整合性のとれた総合的な「まちづくり」に資するものでなければならない。

**注**
1)「観光動態調査レポート」加賀市、2013 年 7 月。
2) 各都道府県財政担当課・各都道府県市町村担当課・各都道府県議会事務局・各指定都市財政担当課・各指定都市議会事務局宛事務連絡「平成 25 年度の地方財政の見通し・予算編成上の留意事項」総務省自治財政局財政課、2013 年 3 月 4 日。
3)「道路運送法」に基づく「地域協議会」は、地域住民の生活交通の確保方策に関する協議を目的として都道府県が設置し、市町村、バス事業者等で構成する会議である。相次ぐ乗合バスの廃止・縮小対策として、広域幹線を対象とした生活交通確保のための「生活路線維持確保計画」作成を前提に、国・都道府県の協調による地方バス路線維持費補助金の交付が可能となる。また、バス路線を休廃止する際、その後の対応を協議する場としても位置づけられる。ただし、乗合バス路線運行維持のための手続きが目的化し、生活交通の在り方に関する具体的な検討が進まない状況も見受けられるため、近年では、複数の市町村に係る広域の生活交通を担うものとして同協議会の在り方に関する議論の展開が求められている。
4) 連邦と州が共同で市町村を支援する制度を見直し、州の権限を強化するため 2007 年に廃止されたが、代替措置は 20 年まで継続する。
5) 加賀市地域公共交通基本計画策定時の「加賀市まちづくり基本条例」(平成 18 年 3 月 23 日、条例第 3 号) は、「加賀市市民主役条例」の制定に伴い 2012 年 3 月 23 日に廃止された。
6)「加賀市地域共創プラン」の策定は 2015 年 1 月であり、正確にいえば「加賀市総合計画策定条例」に基づく計画ではない。
7)『第一次加賀市総合計画』加賀市企画課、2007 年。

[第10章]
# 新潟市公共交通及び自転車で移動しやすく快適に歩けるまちづくり条例

## 第1節　新潟市における交通の実情と条例の特長

　新潟市は日本海側の開港都市として発展してきた。首都圏と直結するゲートウェイ機能をもつ拠点都市であり、豊かな田園と水辺を基礎とする「食文化創造都市」を目指す人口約80.8万人（2016年6月1日現在の推計人口）の政令指定都市である。同市は高齢化が進展する中で健康づくり、環境問題、まちなかの活性化等、様々な社会環境の変化と課題に対応すべく「公共交通や自転車で移動しやすく快適に歩けるまちづくり」構想を掲げ、2012年7月、「新潟市公共交通及び自転車で移動しやすく快適に歩けるまちづくり条例」（平成24年7月2日、条例第51号）を制定した。

　条例は基本となる理念、市、市民、交通事業者等の責務を明記するとともに、交通施策の基本となる取り組みを定めている。特長は、①公共交通の利用促進だけでなく、歩行と自転車の積極的使用を重視したこと、②公共交通に係る環境整備の有機的な組み合わせを図り「まちづくり」との一体性をもたせたこと、③2011年3月に閣議決定となった「交通基本法」案（廃案）に記す「日常生活及び経済活動にとって不可欠な基盤である交通」に関する諸施策を、総合的かつ計画的に推進する必要性を認めたことである。

　新潟市における2011年の手段別移動分担率は鉄道が2.6％（2002年のパー

ソントリップ調査では 2.8％)、乗合バス 2.8％（同 2.6％)、二輪車 9.8％（同 9.3％)、徒歩 15.4％（同 15.7％）に対し、自家用自動車は 69.3％（同 69.6％）[1] を占めており、他の地方自治体と同じく過度な自家用自動車依存の状態にある。同市の乗合バス事業者は新潟交通グループのみで、利用者数は 1988 年の 6,900 万人から 10 年には 2,400 万人・34.8％にまで激減した。歩行や自転車を活用した持続性のある公共交通の利用を重要な政策課題に位置づけたことは適切であったといえよう。

　条例制定前の 2010 年における新潟市の高齢化率は 23.1％であるが、20 年には 30.1％に達すると予測され、自動車排ガスの抑制、地域経済衰退対策等と併せ大きな問題と見なされた。超高齢社会や 1 日平均歩行量が全国平均の 91.6％程度にとどまる状況をふまえ、市民の健康増進と環境問題の解決ならびに地域の「にぎわいと活性化」が求められ、社会環境の変化に対応した交通機能の確保・向上に関する条例制定と、施策の重点化が喫緊の課題になったのである。同市は「健康づくり」と「まちづくり」を一体的に進める「スマートウエルネスシティ」(Smart Wellness City; SWC) の推進を掲げ、同年 12 月には新潟市を含む 7 市と筑波大学で「健康長寿社会の創造」に向けた「地域活性化総合特別区域」の指定を受け、研究と実践に努めている。

　「新潟市公共交通及び自転車で移動しやすく快適に歩けるまちづくり条例」は、市と市民・事業者および公共交通事業者の責務を明確にし、協働によって「総合的、計画的かつ効果的に推進し、もって自動車の過度な利用からの転換を図り、市民が健康で暮らしやすい社会の実現に寄与すること」（第 1 条）を目的に掲げる。また、基本理念として「移動しやすく快適に歩けるまちづくり」（以下、「移動しやすいまちづくり」と呼ぶ）を「歩行、自転車及び公共交通が日常生活及び社会生活に密接に関わるもの」と捉え、「超高齢社会への対応、健康の増進、環境への負荷の低減、市内外の交流の拡大及び地域の活性化に資することを考慮し、交通環境の整備並びに市民の歩行並びに自転車及び公共交通の自発的な選択及び利用の推進が一体となって行われなければならない」（第 3 条）と定めている。公共交通と歩行あるいは自転車を重視し、様々な生活環境を整えて快適な都市を目指す発想は、民主党・社民党が 2006 年 9 月 26 日召集の第 165 回臨時国会および 09 年 1 月 5

日招集の第 171 回通常国会に共同提出、廃案になった「交通基本法」案とも類似しており評価に値しよう。

## 第 2 節　関係者の責務とその在り方

　条例は公共交通を「市民の日常生活又は社会生活における移動のための交通手段として利用される公共交通機関」（第 2 条第 1 項第 1 号）と定義する。「公共交通機関」とは、公共交通事業者を「一般乗合自動車運送事業者、一般乗用旅客自動車運送事業者、鉄道事業者及びフェリー等の旅客船舶運航事業者」（第 2 条第 1 項第 4 号）と規定していることから、市民が日常的に利用するすべての公共交通機関を指すと解釈できる。「市民」の範囲は「市内に住所を有する者及び市内で働き、又は学ぶ者」（第 2 条第 1 項第 2 号）とあり、市外からの通勤・通学者も含まれるが条文上、市外の買い物客や観光客は除かれる。また、事業者については「市内で事業活動を行う法人その他の団体及び個人」（第 2 条第 1 項第 3 号）とされ、公共交通事業者も「事業者」（第 2 条第 1 項第 4 号）の一部である。

　新潟市は公共交通の利用促進等に資する「施策を策定し、及び実施する責務」（第 4 条第 1 項）を有する。条例はさらに「市民及び事業者の意見を反映させるよう努める」とともに「市民及び事業者の理解及び協力を得るために必要な措置を講じなければならない」（第 4 条第 2 項）と定めている。ただし、「意見を反映させる」とする対象には「公共交通事業者」が含まれておらず、後述する熊本市や高松市および長岡京市の条例とは異なる。筆者の質問に対し、新潟市は「公共交通事業者にも『事業者』としての意見は求めるが、公共交通事業者の立場に特化した意見等については、利害関係の観点から聴取するべきではない。現時点での条例改定は考えていない」[2]と回答した。乗合バス事業が新潟交通グループの「独占状態」にある現状を考慮した結果であろう。同市は「他都市のように複数の乗合バス事業者が存在するのであれば、条文の記載も違ったものになったかも知れない」[3]とも答えている。しかし、公共交通の運営には同種間交通事業者だけでなく、異種間交通事業者にも多様な意見と対立が存在し、円滑な行政施策の妨げになる場合が多々あ

るため、一定の配慮が必要と思われる。

　一方、市民の責務は「移動しやすいまちづくりについての理解と関心を深め」、「施策に協力」（第5条第1項）するとともに「交通法規を理解し、及び遵守しなければならない」（第5条第2項）とされる。前者は努力義務、後者は法的義務の確認であるが、「交通法規の理解と遵守」は自家用自動車のみならず、自転車利用を念頭に置いた条項と推察できる。

　事業者は施策に対する理解と関心を深め、施策に協力するだけでなく「事業活動及び従業員等の通勤における歩行並びに自転車及び公共交通の利用を推進する」（第6条）責務を課せられる。公共交通事業者は公共交通の利便性向上及び利用推進や施策への協力以外に、運営する公共交通に関する情報を利用者に提供し、「利用者から意見を聴取して、これをその運営に反映させるよう」（第7条第2項）努める必要がある。新潟市は公共交通事業者を「役務提供者」と位置づけており、交通事業者が有する一定の「権利」より、市民サービスの提供義務を優先しているように思える。当該対応は後述する「移動しやすいまちづくり基本計画」の策定にも現れている。

## 第3節　「移動しやすいまちづくり」と公共交通の在り方

　公共交通には「移動しやすいまちづくり」の実現に資する「都市の装置」としての役割が求められる。そのため条例は交通政策に係る施策推進に際し、都市政策や福祉政策と関連づけ、相互整合性の確保を重視した施策の展開を促している。すなわち新潟市は、市民・事業者その他関係機関との協働による土地利用と交通政策の連携、交通手段の特性をふまえた役割分担、公共交通の需要および地域の実情に応じた自動車通行の部分的抑制、交通安全の確保、バリアフリー、ユニバーサルデザインならびに天候その他の自然的条件等の事項に十分配慮しながら、公共交通の利便性向上や利用推進に係る施策を推進（第8条第1項各号）する必要がある。「道路交通法」や関係条例のみに委ねず、配慮事項に「交通安全の確保」を加えた理由は、自転車利用者を考慮した結果と思われるが、自転車利用の規制を強化した2013年12月施行の「道路交通法の一部を改正する法律」（平成25年6月14日、法律第43号）

に鑑みれば、社会的要請に即した措置であったといえよう。

　第8条第1項第4号の「自動車通行の部分的な抑制」も重要で、全国的に普及が遅滞している自転車専用レーンの設置やトランジットモール（Transit Mall）あるいは歩行者天国の実施につながる可能性がある。市長は地域の実情に応じ、「公共交通の駅及び停留所並びに駐輪場と歩行空間との連続性並びに歩行空間相互の連続性の確保」（第10条第1項）を図り、「歩行者及び自転車の通行を優先することが望ましい道路について、地域住民等との合意の下、自動車の通行及び速度を抑制するため必要な措置を講ずる」（第10条第2項）権限を有する。「連続性の確保」の重点は各種交通関連施設と歩行空間相互のネットワーク化に置かれるが、自動車交通の抑制が実現すれば歩行空間の拡大が容易になり、自転車利用や公共交通の優先走行も可能になる。一定の時間帯に限定した歩行者天国はもちろん、一定範囲の道路から一般車両の通行を禁止し、公共交通機関と自転車、歩行者通行のみに制限できれば「買い回り公園」と組み合わせた市街地内でのトランジットモール化も実現性を帯びるのである。

　さらに新潟市は、拠点駅や高速バスの停留所へのアクセス改善ならびに通院・買い物等に資する生活交通の確保策としてフィーダーバス、区バス、住民バスや新交通システムとしてのBRT、小型モノレール等の導入に関わる概算事業費、維持管理費、事業収支、導入空間調査ならびに導入効果等の比較[4]を行う等、「移動しやすいまちづくり」の実現に向けた新たな公共交通手段の運行を検討あるいは実施中である。なお、BRT導入に関する問題ついては第5節で扱う。

　市長は「移動しやすいまちづくり」に関する基本的な方針と目標、施策の具体的事項、その他必要な事項を盛り込んだ「移動しやすいまちづくり基本計画」（第9条第1項）を策定する。その際、「市民、事業者その他関係機関の意見」（第9条第3項）聴取が必要となる[5]。しかし、公共交通事業者は一介の「事業者」として意見を陳述できるに過ぎず、軽視すれば施策の実施過程において十分な協力が得られない場合もありうる。市民サービスの提供義務を過度に強調することなく、交通事業者の「権利」も適正に評価し、条例第1条に定める「市、市民、事業者及び公共交通事業者の協働」に基づいた

「移動しやすいまちづくり」を推進しなければならない。

## 第4節　「まち歩き」の取り組みと歩行、自転車利用等に関する施策

　「新潟市公共交通及び自転車で移動しやすく快適に歩けるまちづくり条例」は歩行環境の整備を主要な施策に据えており、「まち歩き」という特有の取り組みを定めている。市長は、一定の区域内における「健康の増進及び地域の活性化に寄与する歩行について、当該区域内の住民及び団体と協働し、まち歩きを推進するための計画…（中略）…を策定し、まち歩き計画に基づいたまち歩きの推進及び歩行環境の改善」（第11条第1項）に努めるとともに「区域内の住民及び団体と協定を締結し、必要な支援」（第11条第2項）を行うとされる。「まち歩き」の目的は徒歩、自転車、公共交通の環境整備や施策の推進を通した「健康で暮らしやすい社会」の実現にある。その際、市は徒歩、自転車、公共交通を重視し、過度な自動車依存からの転換を目指すとの認識のもと、施策の実施に際しては、①高齢社会への対応、②外出しやすい環境整備や健康増進、③環境負荷の低減、④地域間のつながりやまちの賑わい創出、⑤交流人口の拡大に留意しなければならない。「まち歩き」推進と歩行環境の改善によって自動車利用の抑制を図る試みは、金沢市の施策と類似しており、成果が大きければ各地に波及する可能性がある[6]。

　「まち歩き」の推進を図る「まち歩き団体」（第12条第1項）は、当該団体および地域住民が実施しようとする「まち歩き計画」案を市長に提案し、「まち歩き」推進に資すると認められた場合は、市長が策定する計画に反映（第12条第3項）される。計画立案段階からの参画は「まちづくり」と公共交通の在り方に対する市民意識を高める効果が期待できる。具体的な施策としては、交通警察や道路管理者と連携した生活道路での自動車の通行幅を狭める狭さく設置や、道路の一部かさ上げ等により自動車の走行速度を規制して歩行者の通行を優先するハンプの設置等が挙げられる。

　自転車利用に関する環境整備手法も金沢市と類似している。条例によれば、市長は「自転車で移動しやすい道路の整備」（第13条第1項）に努め、事業者と協力して「駐輪場の整備」（第13条第2項）を推進するとともに、市街

地での自転車利用を進めるため「レンタサイクル…（中略）…の拡充」（第13条第3項）に努めなければならない。さらに条例は「自転車の走行に関する交通法規について、関係機関と連携して指導及び啓発を行う」（第13条第4項）と規定し、学校や事業所、交通警察等との有機的な連携を重視する。

　一方、自転車の利用推進を図る「自転車利用推進団体」は、当該団体および地域住民が実施しようとする「自転車利用推進計画」を市長に提案し、市が自転車利用の推進に資すると認める場合は同団体との間で実施に関する協定を締結し、「必要な支援」（第14条第2項）が行われる。2015年4月、新潟市はNPO法人アライアンス2002と株式会社アルビレックス新潟との三者で「自転車利用推進計画の実施に関する協定書」を締結した。目的はアルビレックス新潟のホームゲーム時における歩行者および自転車利用者の交通安全と、デンカビッグスワンスタジアム付近での車道の逆走自転車対策であり、中核は啓発活動に置かれる。これらの措置は、自転車関係業者やNPO・地域住民等の積極的な参加を促す可能性を高める。なお、具体的な支援としてはレンタサイクルの運営、企業・事業所等に対する連携・協力要請、駐輪場の整備、自転車走行レーンの整備等がある。

　第11章で扱う熊本市は自転車利用が多いにもかかわらず、駐輪場が十分に整備されていないため買い物等での利便性が悪く、むしろ「放置自転車対策」の名目で自転車利用を抑制しているようにさえ思える。観光客用の有料レンタサイクルも運用上の問題を解決できず、社会実験は2016年3月末で終了した。新潟市の取り組みは熊本市のみならず、同様の課題を抱える地方自治体の模範となろう。

## 第5節　公共交通利用への環境整備

　公共交通の利用促進について条例は、①地域の日常生活および社会生活を支えること、②都心と都心以外の地域拠点との結びつきを高めること、③都心および都心周辺部の交通環境に配慮しながら「環境整備及び連携」（第15条第1項各号）を図る必要があると規定している。住民が各々の目的に沿って各方面へ移動するには上述の3要件は不可欠であるが、財政事情を理由に

採算性と効率性を過度に重視すれば十分な環境整備は達成できない。全国的にも最低限度の公共交通の提供に収斂する事例が多い。

　この問題に対処するため、新潟市は公共交通利用に係る環境整備方策を一定程度地域住民の自律と創意に委ね、必要な「権限」を付与している。地域の自主的な運営により、当該地域における交通手段の確保を図る「地域交通団体」（第16条）に対し、交通手段ならびに運行経路、経費その他運行に関する事項を定めた「地域交通計画」（第16条第1項第1号）の策定を認め、市長に提案する制度である。「地域交通団体」は「公共交通不便地域」や「公共交通空白地域」に居住する住民等で構成する場合も想定できるが、市は同計画が地域内公共交通の利便性向上に資すると認めるときは「当該地域交通計画の実施に関する協定を当該地域交通団体と締結し、必要な支援」（第16条第2項）を行うことになる。財政難のため、すべての地域で十分な公共交通が確保されるとは考えられないし、「協定」の内容にも限界があろう。ただし、財政上の措置を定めた第22条は「予算の範囲内」との文言を使用せず、努力義務ではあっても「必要な財政上の措置を講ずるよう努める」との表現を用いており、多くの地方自治体と比べ若干前向きな姿勢がうかがえる。

　自家用自動車から公共交通機関への乗り換え誘導にも新潟市の積極性が見受けられる。市長は事業者、その他関係機関と協力して「パーク・アンド・ライドの利便性向上」（第17条第1項）を図る必要がある。重要と認めるときは「実施に関する協定を事業者その他関係機関と締結し、必要な支援」（第17条第2項）が行われる。主な支援としては駐車場・駐輪場の整備、民間駐車場の活用促進、駐車場利用に係る広報活動等が挙げられる。2016年8月時点でパーク・アンド・ライドが可能な駐車場は高速道路バス停近くに8か所、信越本線の駅舎付近に3か所、民間駐車場2か所（駐車台数計1,133）あり、越後赤塚駅脇駐車場において新たな社会実験（実験期間：2016年7月1日〜17年2月28日）が行われた。

　また市長は「市民の歩行並びに自転車及び公共交通の利用の推進に関する意識の啓発」とともに、それらの「自発的な選択及び利用の推進に関する活動の推進」（第18条）を図るとされ、市民意識の向上に努めなければならな

い。条例は市長による啓発とは別に事業者の役割も重視する。企業や事業所が環境問題等を考慮して公共交通を除く自動車利用を抑制し、歩行や自転車または公共交通を利用して通勤する「エコ通勤」を推進するための計画を策定した場合、市は「エコ通勤の推進に資するものと認められるときは、当該計画の実施を支援するための協定を当該事業者と締結し、必要な支援を行うことができる」（第19条）と定めている。同計画にはエコ通勤の推進に関する基本方針と目標および施策推進に係る実施計画等ならびにその他必要な事項を盛り込む必要があるが、市の支援として自転車駐輪場の整備および自転車の貸与等に対する補助等が行われる。行政が指針を示して市民や事業者の自発的提案や計画策定を促し、実行を委ねる姿勢は、他の地方自治体の参考になると考える。

　自家用自動車の利用を抑制し、公共交通への乗り換えを促すという行政課題は全国の地方都市に共通する困難な事業である。パーク・アンド・ライドの社会実験に参加した自家用自動車利用者を対象にアンケートをとれば通常「趣旨には大賛成であるが自身は利用しない」との回答が多数を占める。パーク・アンド・ライドが成功すれば道路渋滞が緩和され、自家用自動車が利用しやすくなるとの心理が働くからである。新潟市のように市民や事業者に自家用自動車の利用抑制計画を委ね、実施にあたっては財政補助を含む必要な支援を行うといった方策は、関係者の当事者意識と責任感を強める可能性をもつ。当事者「委託」型の政策推進は、公共交通への乗り換えを図る上で実効性を高める「政策誘導」の要素を具備する。各種施策についても「市民の意見の聴取」（第20条）に努め、公共交通に対する市民意識を広く把握し、「必要があると認める場合は、市民及び事業者に助言又は要請を行う」（第22条第2項）との前提で実施される。新潟市は意見聴取に際し、市民・事業者が自由に意見を述べ、提案しやすい「場」を設ける等の方法を採っており、単なる交通モニター制度では難しい有益な情報収集の手段になるかもしれない。とはいえ施策に反映させなければ、第20条は市・市長の失策または都合の良い政策立案の「アリバイ」づくりの規定となり、様々な弊害を助長するおそれも否定できない。

　2014年4月、新潟市は新潟交通グループとの間で15年9月5日から運行

を開始したBRTと、バス路線の再編に関する事項ならびに運行本数を5年間はほぼ維持する内容の「新バスシステム事業運行協定」を締結した。BRTの導入は「誰もが気軽で快適に移動できる交通環境の実現に向けてまちなかにふさわしい質の高いサービスの提供」[7]を目的とし、新潟市が車両購入や施設設備を負担し、新潟交通が運行と維持管理を行う「公設民営」方式を採用している。BRT以外の路線のうち、郊外まで運行する長大路線については、BRTを軸に短距離路線と組み合わせるネットワーク方式に再編[8]された。市は「新バスシステム評価委員会」を設置し、事業の達成度を評価する仕組みを検討した結果、BRT専用レーンは当面設置せず、現行の道路空間で実施し、「一定の成果があれば本格的に整備したい」[9]としている。

　BRTは2015年9月の運行開始当初から遅延、運賃徴収不具合や事故が続発し、市民の間で便数の減少、乗り換えや待ち時間が増えた等の不満が高まった。一部市民は事業の必要性をめぐる議論を活発化させ、15年12月から事業実施の賛否を問う住民投票条例制定の直接請求署名運動が行われた。署名数は直接請求に必要な有権者の50分の1に当たる1万3,249人を凌駕する5万9,790人分に達し、16年3月3日、市民団体による本請求に至る。住民投票条例案は定例市議会において否決されたが、BRT計画は二期計画（計画期間：2022年度を目途）終了までに2両連結の連節バス8台を購入、ターミナル、専用レーン整備等に要する費用を含め約70億円に上る大事業であり、14年11月の市長選では計画に反対する2候補の得票率が64％を占めている。新潟市とりわけ市長は「新潟市公共交通及び自転車で移動しやすく快適に歩けるまちづくり条例」第20条に基づき、BRT計画に対する市民の意見聴取に努め、その意思を十分尊重しなければならない。

　連節バスの購入やICカードシステムの整備は、国の認定する「地域公共交通確保維持改善事業」として補助率2分の1の支援を受ける。けれども、BRT計画のような大事業の場合は地方自治体の大幅な財政負担が回避できない。したがって県、とりわけ国による財政支援の増額が求められる。市長は「国、県、警察その他関係機関に必要な協力の要請又は提案」（第22条）を行う必要がある。とはいえBRT計画を除き、同市が実施する各種施策の一定程度は市民参加型のソフトな性格のものであり、関係機関の同意と協力

があれば費用負担は多少軽減できるかもしれない。

　国の財源確保と補助制度については、既述した「原因者負担の原則」と「公共負担の原則」に依拠することが望ましい。「道路及び都市鉄道等、交通施設の拡充に必要とされる財源を確保する」（第1条）目的で制定された韓国の「交通税法」（1998年9月16日改正、法律第5554号）も同原則を基本にしている。わが国も真剣に検討すべきである。

注
1）『新潟市公共交通及び自転車で移動しやすく快適に歩けるまちづくり条例関係資料』新潟市、2012年。『新潟都市圏の都市交通のすがた　第3回パーソントリップ調査より』新潟都市圏総合都市交通計画協議会、2005年3月。
2）新潟市都市政策部・都市交通政策課ヒアリング、2015年7月3日。
3）同上。
4）『新たな交通システム導入検討調査』新潟市、2009年。
5）「移動しやすいまちづくり基本計画（案)」に対する意見募集は2015年3月に終了、5月1日に結果が公表された。
6）ガイド、コース、マップを利用した観光「まち歩き」を実施中の地方自治体は、全国的にかなりの数に上る。
7）「新潟市BRT第一期導入計画—持続可能な"新バスシステム"を目指して」新潟市、2013年2月。
8）新潟交通株式会社・新潟市「新バスシステム事業にかかる運行事業協定書」2014年4月15日。
9）『産経新聞』2014年4月6日付。

[第11章]
# 熊本市公共交通基本条例

## 第1節 熊本市における交通の概観と「熊本市公共交通グランドデザイン」

　人口約74.1万人（2016年6月1日現在の推計人口）の熊本市は九州の中央部、熊本県の西北部に位置する政令指定都市で、金峰山を主峰とする複式火山帯と立田山等の台地に位置し、東部は阿蘇外輪火山群によってできた丘陵地帯、西部は白川の三角州で形成する低平野からなっている。2011年3月12日には九州新幹線・鹿児島ルートが全線開業となり、2時間12分を要した博多〜鹿児島中央間が最速1時間19分、博多〜熊本間は最速33分に短縮された。
　「熊本市観光統計」[1]によれば、2014年の観光客入込数は556.6万人（2013年比2.30％増）、うち宿泊客数が247.9万人（同比2.03％増）、観光消費額は673億円（同比6.66％増）となっている。外国人観光入込客数も39.1万人（同比29.14％増）、宿泊客数7.8万人（同比18.94％増）と増加傾向にあり、国内外観光客とも熊本城（163.2万人）や水前寺成趣園（35.9万人）等を好んで訪れる。観光客の増加理由としては国内客の場合、九州圏内や名古屋以西の新幹線沿線都市からの伸びが堅調なこと、外国人観光客では観光ビザ発給要件の緩和や入国管理手続きの改善等、受け入れ体制の整備および円安の影響もあるが、九州の中心に位置し、中国、台湾、韓国等、アジア圏に近いという利

点が挙げられる。16年4月発生の「熊本大地震」は観光客の動向に一定の悪影響を及ぼすものの、中長期的にみれば増加傾向に変化はないと思われる。

全国の地方都市と同様、熊本市でも商業・集客施設の郊外化が進み、自家用自動車依存度の一層の高まりと人口減少社会の到来により、公共交通の利用者は年々減少傾向にある。その結果、公共交通事業者の経営悪化を招き、路線の廃止や減便といったサービスの縮小が進み、自家用自動車の増加と公共交通利用者の減少が一層進行するという悪循環に陥る状況である。しかし、移動手段をもたない高齢者の増加や障害者等の社会参加および環境負荷の低減に向けた意識の高揚に伴い、公共交通の重要性が高まっている。

熊本市は2012年3月、政令指定都市移行後の「まちづくり」と公共交通体系の在り方について、市民の参画と協働による公共交通を基軸とした「コンパクトシティ」の構築を目指し、公共交通の将来構想「熊本市公共交通グランドデザイン」(計画期間：2012年～概ね22年) を策定した。主な施策は鉄軌道を中心とする基幹公共交通軸の機能強化と、利便性の高いバス路線網の再編および「公共交通空白地域」や「公共交通不便地域」の解消等である。これらの施策を促進するため、同市は公共交通に対する「全市的な意識の共有化を図り、市・交通事業者・市民等が参画と協働の下で、公共交通の維持・充実に取り込む必要がある」[2)]との認識のもと、施策の基本的方針を定めた「熊本市公共交通基本条例」(平成25年3月27日、条例第20号) を13年4月に施行したのである。条例の目的は「市、市民、事業者及び公共交通事業者の責務、公共交通の維持及び充実に関する施策の基本となる事項その他の事項を定めることにより…(中略)…施策を総合的かつ計画的に推進し、もって公共交通により円滑に移動することが可能な地域社会の実現に寄与すること」(第1条) に置かれる。

将来目指す都市の姿として「熊本市公共交通グランドデザイン」が描く「コンパクトシティ」のありようは、買い物や通院等、日常生活に必要な機能を有する市内15の地域拠点を形成し、商業・業務等の都市機能が集積する中心市街地との間を鉄軌道等、利便性の高い公共交通で結び、地域拠点への居住誘導を進める「多核連携型コンパクトシティ」の実現である。さらに市西南部の農村地域等、公共交通の利便性が悪い地域では今後、一層の人口

減少や高齢化が進むと予想し、「これらの地域を中心に日常生活に最低限必要な移動を公共交通で確保」[3]する環境整備に取り組むとしている。

けれども、市内中心部（主に市街化調整区域）においてもバス路線や系統が休廃止されている実情に鑑みれば「公共交通空白地域」7か所に居住する6,000人以上の高齢者等が中心市街地へ自由に移動できない状況が解消される保障はない。「多核連携型コンパクトシティ」に関する各種施策は、低人口地域や過疎地域または公共交通空白地域等がなぜ出現したのかといった政策的検証のないまま、当該地域を孤立させる危険性をはらんでいる[4]。

2015年8月、「国土形成計画法」第6条に基づき、「国土形成計画（全国計画）」の変更（平成27年8月14日、閣議決定）が行われた。同計画は14年7月策定の「国土のグランドデザイン2050」[5]をふまえ、急激な人口減少や巨大災害の切迫等、国土に係る状況変化に対応するため、15年から概ね10年間の国土づくりの方向性を定めたものである。計画には国土の基本構想として「豊かで活力ある国土を実現するための地域構造について、対流促進型国土の形成に向けた、対流を促進するための施策及びコンパクト＋ネットワークの構築」[6]を図るとある。14年8月には医療施設、社会福祉施設、教育文化施設等、都市の中核となる公共施設や住民サービスの「集約地域」への移転ならびに移転跡地の都市的土地利用からの転換を促進する改正「都市再生特別措置法」が施行されている。こうした国の政策は「集約地域」から除外された地方都市周辺地域の人口減少や、地域経済の疲弊を促進させる可能性が高く、交通ネットワークの構築も困難にする危険がある。なお「コンパクトシティ」に関しては、第13章第1節においても取り扱いたい。

「熊本市公共交通グランドデザイン」は「人口減少に対し、効率的な社会システムを再構築する」と記しており、新たな市町村合併のみならず、道州制導入の先導を意図しているようにもみえる。「地方創生」というなら国は、住民生活に密着した地域活性化に取り組む地方自治体を積極的に支援し、税・財源移譲を通して自治の拡充を図るべきである。「連携中枢都市圏」や「地方中枢拠点都市」および地方都市を中心に自家用自動車を含む基幹交通のみが残り、周辺市町村が一層衰退するおそれのある政策は見直す必要があろう。

## 第2節　「移動をする権利」の取り扱い

　熊本市におけるバス路線・系統の休廃止は、市内を運行するすべての乗合バス事業者の業績赤字に起因する。「熊本市公共交通グランドデザイン」には、①基幹公共交通を補うバス路線網を再編し、効率的な運行体制を確立する、②中心市街地と15の地域拠点を結ぶ8軸を「基幹公共交通網」と位置づけ、輸送力、速達性、定時性の強化を図る、③公共交通が利用しにくい地域では、地域と協働でデマンドタクシー等のコミュニティ交通導入を進め、「公共交通空白地域」の解消を目指すとある。しかし、乗合バス事業者に対する熊本市の補助金額は縮小を続けている。住民の居住地と区役所を結ぶコミュニティバスも廃止され、1路線を残すのみという実情に鑑みれば説得力に乏しく、実施地域と施策の範囲は限定されると思われる。なお、コミュニティバスの廃止問題については第6節で扱う。

　「熊本市公共交通基本条例」は、「市民は日常生活及び社会生活を営むために必要な移動をする権利を有するとの理念を尊重」(前文)と規定しており、「移動をする権利」という文言を挿入した全国初の事例となる。ただし、「理念を尊重」の意味が不明な上、「日常生活及び社会生活」に包含される範囲も曖昧なため、実際は「移動権」を是認するものではなく、単なる「飾り言葉」に過ぎない。「移動をする権利」の記載は、衆議院解散で廃案となった「交通基本法」案(2009年1月5日、衆議院国土交通委員会付託、審議未了・廃案)に盛り込まれた「移動権」に触発された結果である。

　「移動権」に対する反対論の根拠は第8章第5節で述べたが、その後、国会に上程された新たな「交通基本法」案は「移動権」を削除し、同権利の是認は絶望的になった。けれども熊本市と「熊本市公共交通協議会・公共交通基本条例部会」(「熊本市附属機関設置条例」、条例第2号、平成19年3月13日、第2条／「熊本市公共交通協議会運営要綱」平成24年3月29日市長決裁、第8条／「熊本市公共交通協議会専門部会設置要領」平成24年5月21日市長決裁、第3条)は福岡市と同様、その概念を曖昧にしながら財源問題を回避し、裁判規範性をもたない文言上の工夫を施した条例案を作成したのである。

　ちなみに「市民及び事業者の参画と協同の下、公共交通の維持及び充実の

ための施策を総合的かつ計画的に推進する」(前文)とあるが、「参画と協同」は福岡市における条例の理念である「相互補完性と共働」を意識したものにほかならない。

「熊本市公共交通基本条例」の基本的性格についていえば、廃案となった2009年「交通基本法」案の影響を受け、主に福岡市の条例を参考に策定されたものであり、各条項ならびに構成も類似している。

## 第3節　熊本市における公共交通の捉え方と条例上の諸問題

国、県、熊本市、学識験者等で構成する「熊本都市圏総合都市交通計画協議会」が行った「熊本都市圏総合都市交通体系調査」[7]によれば、2012年における熊本都市圏(熊本都市圏とは熊本市、宇土市、合志市、大津町、菊陽町、西原村、御船町、嘉島町、益城町、甲佐町、宇城市、菊池市の5市6町1村をいう。人口規模は約104万人)居住者による約275.3万トリップ／日(1997年は227.4万トリップ)[8]のうち、圏域内からの熊本市関連トリップは全体の約14.5％(1997年は12.6％)に上る。代表交通手段別構成は鉄道1.3％(同1.2％)、バス・市電0.7％(同0.7％)、自動車64.3％(同59.3％)、自転車10.0％(同12.4％)、バイク3.7％(同4.7％)、徒歩16.2％(同17.6％)である。目的構成別にみれば通勤14.9％(同14.4％)、通学6.1％(同8.0％)、帰宅38.0％(同39.7％)、業務12.8％(同17.0％)、私用28.2％(同20.8％)となっており、多くの道路が自動車による慢性的な渋滞状況[9]にある。「熊本市公共交通基本条例」には渋滞対策に関する直接的な規定はないが、公共交通の維持および充実のため、市は「周辺市町村、公共交通事業者が組織する団体その他の関係機関…(中略)…の理解を深め、かつ、その協力を得るよう努めなければならない」(第3条第2項)と定めている。

条例は公共交通を「市民の日常生活及び社会生活における移動手段として利用される公共交通機関(各公共交通機関相互の関係を含む)」(第2条第1項第1号)と定義する。公共交通事業者は乗合バス、タクシー、鉄軌道の各事業者(第2条第1項第4号)となる。「市民」の定義については「本市の区域内に住所を有する者及び本市の区域内に通勤し、又は通学する者」(第2条

第1項第2号）と定められ、条文解釈上、観光客や市外からの買い物客等を含んでいない。条例の目的が「熊本市民」を中心とする公共交通の維持と充実にあるためと思われるが、「本市の区域内に通勤し、又は通学する者」は「市民」に包含しており、整合性に疑義がある。観光客や市外買い物客等を除外した理由に対し、熊本市は「条例制定にあたっては、2012年度に市の条例案をベースに、熊本市公共交通協議会の公共交通基本条例部会で議論を行ったが、過去の議事録等を見直しても議論になっておらず、現在の定義になった」[10]と説明する。また、「本市の区域内に通勤し、又は通学する者」を包含したのは「市民を中心として公共交通ネットワークが都市圏に及ぶことから、市内の企業・事業所や学校等に通勤・通学している方も対象とした方がよいとの理由からで、他都市の先進条例事例も参考に作成した結果である」[11]と回答している。

　一方、「地域公共交通活性化・再生法」（最終改正：平成27年5月27日、法律第28号）は、地域公共交通を「地域住民の日常生活若しくは社会生活における移動又は観光旅客その他の当該地域を来訪する者の移動のための交通手段として利用される公共交通機関をいう」（第2条第1項第1号）と定義づけ、観光客や市外からの買い物客の移動手段確保を促している。同規定は一定の地域内（例えば1つの市内間）における移動のための交通手段のみならず、当該地域を越えた移動（例えば市外への移動）手段も「地域公共交通」に含まれると捉えるのである。市は筆者の質問に対し、「現在に至るまでも議論となったことはなく、直ちに条文改正を行うことは困難だと考える」[12]と応じた。条例案の作成にあたった担当課の立場は理解できるし、現時点まで問題がなかったため、特段の改正理由が見当たらないのも当然かもしれない。しかし、熊本市を訪れる観光客等は今後一層増大すると思われ、地域公共交通全体を通した交通体系の整備・改善や、各種サービスの改善は欠かせない。観光客の誘致を図る上でも「市民等」と改め、施策の対象範囲を広げる条文改正が適当と考える。ちなみに、福岡市の条例と異なるところは、乗合バスや鉄軌道の「停留所・停留場・駅等」（第2条第1項第5号）の施設を走行環境や利用環境に関する整備対象に加えたことに見出せる。

　ところで条例は当初、公共交通事業者の中に「道路運送法第8条第4項に

規定する一般乗用旅客自動車運送事業者」（条例旧第2条第1項第4号イ）を包含していた。同条項は輸送力が著しく過剰な場合は国土交通大臣が特定の地域を、期間を定めて緊急調整地域として指定し、「一般旅客自動車運送事業の許可」（道路運送法第4条第1項）および「事業計画の変更」（道路運送法第15条）を認めない「緊急調整措置」（道路運送法旧第8条）の実施を容易にするもので、熊本市のタクシー供給力が過剰な状況を改めうる規定である。けれども、「道路運送法」第8条はすでに削除済みで「緊急調整地域」の指定もなくなり、条例も「道路運送法第8条第4項に規定する一般乗用旅客自動車運送事業者」から、「道路運送法第9条の3第1項に規定する一般乗用旅客自動車運送事業者」に修正（平成26年3月25日、条例第34号）された[13]。

「道路運送法」第9条の3第1項は同条第2項第3号に連動する。第2項第3号は事業者との間に不当な競争を引き起こすおそれのある不当な運賃・料金の設定に関する規制であり、国土交通大臣による「期限を定めてその運賃等又は運賃若しくは料金を変更」（第9条第6項）が準用（第9条の3第4項）される。それでも業者間の過当競争と供給過剰問題の解決は相当な困難を要する。タクシーの営業区域を表す「熊本交通圏」（熊本市、合志市、菊陽町、益城町、嘉島町）には62のタクシー事業者が存在し、保有車両数1,941台（2015年4月30日現在）は適正台数1,740～1,643台[14]を200台以上超過しているが、増車志向の強い事業者間の調整はそれほどはかどっていない。

タクシーの供給過剰問題を解決するには、議員立法として成立した「特定地域及び準特定地域における一般乗用旅客自動車運送事業の適正化及び活性化に関する特別措置法」（最終改正：平成25年11月27日、法律第83号。以下、適宜、改正タクシー特措法と呼ぶ）に基づき、供給輸送力の削減に強制力をもつ「特定地域」（第3条）か、少なくとも供給過剰となるおそれがあると認める場合の「準特定地域」（第3条の2）を指定し、減車等を実施することが望ましい[15]。「特定地域」に指定されれば、タクシー事業者と地方自治体等で構成する協議会（第8条）において、供給輸送力の削減および活性化措置の実施に関する「特定地域計画」（第8条の2）を策定し、従わない事業者には国が命令権（第8条の9、第8条の11）を行使、もしくは新規参入や減車、運賃の範囲が制限（第14条の3、第16条第2項）される。これら、国の規制

権限は「準特定地域」にも及ぶ。しかし、2002年2月施行の「道路運送法及びタクシー業務適正化臨時措置法の一部を改正する法律」では、需給調整規制の廃止を前提とした新規参入や増車ならびに運賃設定に関する要件が緩和されており、「特例措置」とはいえ両法の間に矛盾が生じ、行政の裁量権が争われる事態を招いたのである。

2014年6月、政府の規制改革会議は「特定地域」の指定基準に関し、「評価方法が極めて恣意的かつ不明確」で「裁量権の逸脱は明らか」との意見書[16]を提出し、地域指定を大幅に遅滞させたが、国土交通省は同年12月26日、ようやく人口30万人以上の都市を含む営業区域であって、車両の稼働率が低下傾向にあること等を要件とする特定地域の指定基準案[17]を公表するに至った。

当該基準を適用すれば、全国638営業区域のうち札幌交通圏や福岡交通圏等を含む30か所程度が候補となる。2015年4月30日、国土交通省は仙台市、秋田交通圏、新潟交通圏および熊本交通圏を「特定地域」（指定期間：2015年6月1日〜18年5月31日）に指定（「準特定地域」は153）する改正タクシー特措法施行以来初の施策を運輸審議会に諮問、同審議会は即日公示[18]した。審議会は5月21日の第4回審議において、新潟交通圏を除く3営業区域の「特定地域」指定を適当と判断するに至り、熊本交通圏は15年6月1日から指定対象区域[19]となったのである。

減車等に対する一部タクシー事業者の拒否感は強いものの、調整が多少進捗していた熊本交通圏等が指定され、同じく供給過剰にある札幌交通圏、福岡交通圏、北九州交通圏等が指定外とされた理由は不明である。しかし、それらの圏域や京都市域交通圏、大阪市域交通圏等では減車や運賃規制に対する業者の抵抗が相当強力であるため、第1次指定では一部事業者の抵抗が予想される営業区域を避け、一定の効果が見込まれる区域に絞ったとも考えられる。改正タクシー特措法に基づき、国土交通省が初乗り運賃を引き上げた措置をめぐり、大阪市の格安タクシー会社「ワンコインドーム」が営業の自由を侵害したとして国を訴えた行政訴訟の判決が2015年11月20日、大阪地裁で出された。同地裁は「一律の運賃幅設定にあたり、格安業者の個々の事情を考慮しなかったのは裁量権の逸脱・乱用」と判断し、運賃変更命令や

事業許可取り消しの執行を差し止めたのである。同様の訴訟は京都市の「エムケイ」グループ4社と東大阪市の「壽タクシー」の同業5社が大阪地裁に提訴した事案、福岡地裁の「福岡エムケイ」および「BLUE ZOO」の事案、青森地裁における「幸福輸送」事案と続くが、15年12月16日に大阪地裁、16年2月26日には福岡地裁において、運賃変更命令の差し止めを命ずる判決が下されている。

　ともあれ、「熊本市公共交通基本条例」には改正タクシー特措法の意義に鑑みた条項整備に努め、国による減車の実施を後押しする役割を果たすことが求められる。しかし、熊本市は「熊本交通圏の特定地域指定を特段意識していない。タクシー事業者の構成協議会や熊本市公共交通協議会の委員として参画している市タクシー協会からも意見はなく、現時点では条例改正も考えていない」[20]との意向である。

　一方、熊本市は自転車について、都市交通手段のひとつでもあり、「公共交通への利用転換や環境負荷への配慮等を踏まえ、その利用を進める目的」[21]で「第2次熊本市自転車利用環境整備基本計画」（計画期間：2010～20年度）[22]を策定しており、走行空間の整備、駐輪場対策、安全マナーの推進、レンタサイクルを4つの柱とし、それぞれの施策を実施中である。ところが「熊本市公共交通基本条例」は自転車利用について定めておらず、利用実態が十分に考慮されない可能性がある。熊本市は同計画に基づき、公共駐輪場の整備を行っているが、施策の中心は公共の場における自転車の放置防止等に置かれており、駐輪場の設置数が少ないため満杯の場合が多く利便性も欠けている。公共交通に関する条例とはいえ、取り締まりに重点を置く「熊本市自転車の安全利用及び駐車対策等に関する条例」（昭和60年12月21日、条例第31号）等に委ねるだけでは不十分と思われる。

　「熊本市公共交通基本条例」の前文に掲げられた「移動をする権利を有するとの理念を尊重」する文言を空文とせず、関係施策に反映させるのであれば「新潟市公共交通及び自転車で移動しやすく快適に歩けるまちづくり条例」のように、公共交通の利用と絡めた自転車の有効利用を条文化するか、少なくとも「熊本市自転車の安全利用及び駐車対策等に関する条例」との間に何らかの関連性をもたせる必要があろう。

さらに観光客にはレンタサイクルの大幅整備が求められるが、施策が中途半端で目立った効果が得られていない。熊本市は中心市街地における市民および来訪者の回遊性の向上と自転車利用の促進を担い、中心市街地における渋滞解消や自動車交通からの転換による「環境にやさしい社会の実現」への寄与を目的とする「熊本市有料レンタサイクル社会実験管理運営業務委託」事業を2012年7月から開始し、15年度で社会実験4年目を迎えた。「第2次熊本市自転車利用環境整備実施計画」（計画期間：2012～20年度）に基づく施策のひとつで、国の交付金を活用して電動アシスト付き自転車50台を480万円で購入、観光施設やホテル、民間駐車場に委託し、返却場所を設置して1日500円で貸し出す仕組みである。

しかし、当初から利用者数や収支動向、利用料の適正化に関する見通しが立たず、継続的な運営方法の検証が必要視された。稼働率は初年度（9か月間）8.5％、2013年度15.2％、14年度17.8％と低迷を続け、事業費に占める利用料収入も最高26.8％（2014年度）にとどまる。利用可能な時間が朝から夕方までに限られ、貸し出しと返却場所が10か所と少ないことが不振の原因と思われる。その結果、社会実験は16年3月末で終了している。同市は新潟市の取り組みを参考に有効な施策を早急に行うべきである。また、レンタサイクルに関しても「熊本市公共交通基本条例」には特段の規定が存在しない。熊本市は「サイクル＆ライドといった公共交通機関への利用促進策に付随する場合を除き、今後も基本条例に追加する考えはない」[23]と回答した。同市は16年度中に340万円の費用をかけて実施計画の中間見直しを行ったが、自転車利用に係る姿勢には問題があるといわざるをえない。自転車に関しては、第13章で取り上げる高松市のように「基軸」としての公共交通機関を「補完」し、「支えるもの」との位置づけが肝要である。

## 第4節　バス路線再編・市電延伸問題と熊本市の姿勢

「熊本市公共交通基本条例」によれば、熊本市は「公共交通の維持及び充実のため、市民及び事業者並びに公共交通事業者の参画と協働の下、総合的な施策を立案し、実施する責務」（第3条第1項）を負う。その際、「当該施

策に関する市民、事業者、公共交通事業者及び周辺市町村、公共交通事業者が組織する団体その他の関係機関…（中略）…の理解を深め、かつ、その協力を得るよう努める」（第3条第2項）とある。公共交通ネットワークの強化に関しては、公共交通事業者と協働で「公共交通を基軸とした多核連携のまちづくりの実現」に向け、国、県および関係機関と協力しつつ、①基幹となる公共交通の輸送力の増強、速達性の向上および定時性の確保、②わかりやすく効率的なバス路線網の構築、③公共交通機関相互の有機的かつ効率的な連携（第7条第1項各号）を目指すとされる。

　2004年6月〜08年8月にかけて、熊本市の北側に位置する合志町から熊本市の上熊本・藤崎宮前〜御代志間を連絡する熊本電鉄が、利用者の利便性向上等のため軌道を延伸して市電への乗り入れを行い、熊本駅までの直通運転とLRT化を中心とする鉄道活性化計画を提案した際、総事業費100億円以上と見込まれる費用負担を拒否する熊本県、熊本市、合志市の抵抗で実現しなかった。この事例からも市と公共交通事業者によるネットワーク強化の実現には疑問がある。16年1月、「熊本都市圏総合都市交通計画協議会」は「都市計画法」（最終改正：平成26年11月19日、法律第109号）第18条の2に基づき、今後20年間にわたる熊本都市圏での公共交通の在り方と政策の方向性を示す「熊本都市圏都市交通マスタープラン（素案）」をまとめた。素案中「将来交通計画」には熊本電鉄と市電との結節[24]が盛り込まれたものの、財源問題は未解決のままである。公共交通が有する「社会的価値」より費用軽減を重視する市の姿勢に起因するが、脆弱な財政力に鑑みれば、全国の地方自治体が共有する国の支援強化や税・財源移譲を伴う地方分権の推進が求められる。

　「熊本市公共交通基本条例」のねらいのひとつは、経営難にある交通事業者を救済するため、熊本都市圏における本格的なバス路線再編・合理化を円滑に行うことにある。同都市圏を運行する乗合バス4社のうち、九州産交、熊本バス、熊本電鉄バスの3社が「効率的な運行体制」の構築や路線網再編・合理化を進めており、2015年1月、九州産交バスは再編計画の概要を発表した[25]。「公共交通を基軸とした多核連携のまちづくり」を進めるためと説明するが、本質は同社の経営改善に資する路線の短縮や便数の大幅削減

にある。九州産交バスの 14 年度（2013 年 10 月～14 年 9 月）乗合バス乗客数は 1,144 万人で、ピーク時の 1968 年度の約 6 分の 1 に減少、14 年度決算は国、県、地方自治体からの補助金約 2 億 3,600 万円を含めても約 2 億 7,800 万円の経常赤字という状況である。「再編計画の概要」[26]によれば、同社は関係自治体との協議や住民の要請をふまえて具体策をまとめ、「熊本市公共交通基本条例」に基づく「熊本市公共交通協議会」での協議を経て 18 年秋までに再編を終了する。熊本市の交通センターと郊外を連絡する路線を東部・南部・北部・中心部に分け、一部区間の運行について、東部においては朝夕の数便を除き廃止し、コミュニティバス等の代替交通に転換する予定である。南部では 1 日 50 往復の運行回数を半減させ、北部は近郊での乗り換え拠点を開設して便数の集約を図るとともに、中心部は長距離便を短距離に分割するという内容になっている。

　一方、主に県央の路線を運行する熊本バスは 2015 年 2 月、「株式会社地域経済活性化支援機構法」（平成 21 年 6 月 26 日、法律第 63 号）に基づき設立された政府系官民ファンド「株式会社地域経済活性化支援機構」（第 6 条）による再生支援決定（第 25 条）を受け、公的支援のもと、金融機関等からの借入金 8 億 8,000 万円のうち 5 億円程度の債権放棄を要請し、財務体質を改善して経営再建を目指すことになった。同社も利用客の減少等で経営が悪化、00 年 3 月期以降は債務超過状態が続き、15 年 3 月期決算では純損失が 900 万円（14 年 3 月期決算の純損失：2,900 万円）、債務超過額は 1 億 5,100 万円に達する。同年 5 月、金融機関が 3 億 7,900 万円の債権放棄に応じ、約 1,000 万円の返済分と併せ、借入金残高は 4 億 9,000 万円に減少し、債務超過も 10 年ぶりに解消された。しかし、14 年度末時点で 5 億 3,400 万円の累積赤字が残っている。同社は数年以内の累積赤字解消を目指すとともに「支援決定に伴い、路線の縮小や減便は考えていない」[27]と説明するが、14 年 4 月の運賃値上げで乗客数が 4.3％低下しており、将来的な便数削減が懸念される。

　熊本電鉄の場合は 2008 年、当時の「産業活力再生特別措置法」に基づく「中小企業再生支援協議会」（第 29 条の 3）の支援により、金融機関の債務免除を受けた経緯がある。九州産交バスも 03 年に「株式会社産業再生機構法」（平成 15 年 4 月 9 日、法律第 27 号）の規定に基づき設立された「産業再

生機構」(第3条)[28]の支援を受け、旅行大手 HIS の傘下に入った。国と地方自治体からの補助金では経営が成り立たず、支援拡大と金融機関の債務放棄が不可欠と判断したためである。なお、16年度における熊本市の乗合バス事業者に対する「乗合バス等運行経費等助成」額は5億3,000万円、熊本電気鉄道の鉄道維持経費に対する国、県、合志市との補助額のうち、同市の「鉄道維持費助成」額は905.2万円となっている。

　熊本県内では2008年頃からバス会社による運行体制の検討が行われ、路線の移譲や共同ダイヤの設定等が進められた。今後は熊本市が仲介役を務める路線の再編・合理化が課題になろう。同市は改正「地域公共交通活性化・再生法」に係る国の見解に基づき、「市が具体的な再編案(運行計画案)を各社と個別に調整し、民間バス事業者の同意を得た上で進めていきたい」[29]との考えである。

　熊本市は乗合バス路線網再編の前提として、熊本都市圏を運行する4社の合併については想定していない。しかし、将来的には1県に民間4社というバス会社の抜本的再編が俎上する可能性を否定できない。2016年2月、九州産交バスの森敬輔社長(県バス協会会長)は「将来的には、熊本都市圏の乗合バスは1社に纏まらなければ、存続できないのではないか」[30]との認識を示した。ただし、合併の方式を採るなら「私的独占の禁止及び公正取引の確保に関する法律」(最終改正:平成26年6月13日、法律第69号)に定める「当該合併によって一定の取引分野における競争を実質的に制限することとなる場合」(第15条第1項第1号)に該当する可能性がある。これに対し、市は「仮に将来、乗合バス事業における合併方式を民間バス事業者が採るとすれば、独禁法に抵触しない方法による一定の関与もあり得るが、基本的には民間バス事業者主体で進められる問題だと認識している」[31]とし、行政の関与を否定していない。

　今後の路線再編・合理化やバス会社の抜本的再編等の処理過程において、「熊本市公共交通基本条例」第3条第2項に定める「関係機関」、とくに当事者である各バス会社の理解と協力が得られるか、公共交通に関する諸課題や施策を協議する「熊本市公共交通協議会」(第13条第1項)が十分な役割を果たせるかが問題になろう。そのときはバス会社の経営改善を優先する可能

性が高いと思われ、協議会の調整力が試される。

　ところで、「熊本都市圏総合交通計画協議会」が「熊本都市圏都市交通マスタープラン（素案）」を策定中の 2015 年初頭、市電延伸に関わる一定の方向性を加えた経緯がある。その際、市が同年度当初予算に「可能性調査」に要する経費を計上したことは評価できる。調査区間は既存 2 系統のうち A 系統（健軍町～田崎橋間）[32] 田崎橋から西回りバイパス交差点付近までと、南部方面の熊本港付近まで、および健軍町から東部方面の熊本空港付近までであった。06 年 1 月に発表された同「プラン（素案）」の中にも市電の軌道を「辛島町から南熊本方面、田崎橋から田崎市場・西区役所方面及び健軍町から沼山津・益城・空港方面の 3 方面に延伸する」[33] とある。

　市電延伸に関する検討は以前から再三提起され、2003 年度に熊本県や熊本市が策定した「熊本都市圏都市交通アクションプログラム」（計画期間：2003 ～ 12 年）に検討課題[34] として盛り込まれ関心が高まった。ところが、熊本県と熊本市が 03 ～ 05 年にかけて調査・検討した結果、巨額の費用と交通渋滞の懸念があるとの理由で断念している。市は「地方公共団体の財政の健全化に関する法律」（平成 19 年 6 月 22 日、法律第 94 号）第 23 条に基づいて 09 年、「交通事業経営健全化計画」（計画期間：2009 ～ 15 年度）を策定し、一般会計からの 20 億円繰り入れで赤字分を補填しながら経営健全化を図った結果、11 年度における市電の利用者数は 9 年ぶりに 1,000 万人まで回復、13 年度は過去 30 年間で最多となる 1,089.9 万人に上り、4 年連続で増加した。熊本市交通局の累積赤字は 08 年度で 51 億円を超過しており、熊本市営バスの路線は 14 年度末で完全廃止（熊本都市バス株式会社に移譲）されたものの、13 年度における市電の運賃収入は前年度比 5.5％増の 12 億 7,800 万円まで改善している。16 年度以降は繰入金が見込めないため、16 年 2 月 1 日から均一運賃 150 円を 170 円に値上げした。市交通局の試算では年間約 1 億 7,000 万円の赤字が約 4,000 万円に圧縮可能で市電延伸の条件は整いつつある。熊本電鉄・藤崎宮駅まで延伸して相互乗り入れを実現することが最も望ましいが、田崎方面は九州新幹線・鹿児島ルート全線開業の影響による人口集積が著しく、調査区間の一部でも実現すれば利便性が向上し、道路渋滞の緩和にも資すると思われる。

市電利用者の増加要因は、市内中心部を運行する走行環境の良さと比較的安価な運賃設定に加え、高齢化で自動車を運転しない、またはできない人々の広がりにある。熊本市における 2025 年の 65 歳以上人口は 10 年比約 5 万人増の約 21 万 1,800 人（全人口の約 30.2％）、うち 75 歳以上の後期高齢者は 12 万 7,400 人（同約 18.2％）[35]と予測される。地球温暖化の中で公共交通に対する市民意識も変化傾向にあり、クリーンな交通機関として鉄軌道の再評価も高まっている。熊本市は公共交通の将来について「コンパクトシティの在り方との一体的な検討を進める」[36]姿勢を表明し、「熊本市公共交通グランドデザイン」の推進と相まって市電の役割を重視する。同市は 16 年度予算において 15 年度と同額の市電路線延伸検討調査費 1,300 万円を計上した。候補路線 3 方面 5 ルートの概略事業費や事業効果の試算結果等をふまえ、検討対象となる数ルートを絞り込むための費用である。延伸が決定されれば画期的であり、路面電車が走る全国各地の都市に影響を及ぼす可能性が大きい。

## 第 5 節　公共交通空白地域等への対応と課題

「熊本市公共交通基本条例」は、市が「自家用車から公共交通への移動手段の転換」（第 8 条第 1 項）を促進するため、国、県、公共交通事業者および関係機関と協力して「公共交通相互の乗継ぎ及び公共交通と自家用車、自転車等との乗継ぎの利便性の向上など、必要な施策」（第 8 条第 2 項）を講ずると規定する。その際、「事業者及び公共交通事業者が行う公共交通の利用の促進に向けた取組に対し、積極的に協力」（第 8 条第 3 項）しなければならない。これに対し、公共交通事業者は社会的な役割を自覚し、「市が実施する施策に協力」（第 4 条第 1 項第 1 号）するとともに「公共交通の利便性向上に関する情報を、市民及び事業者に対して積極的に提供すること」（第 4 条第 1 項第 2 号）を求められる。

公共交通ネットワークの強化と公共交通の利用促進には市民等の協力が不可欠である。同条例は「市民の責務」として「公共交通に対する理解と関心を深め、公共交通の担い手のひとりであることを自覚し、市が実施する施策に協力すること」（第 6 条第 1 項第 1 号）および「日常生活において、過度に

自家用自動車…（中略）…に依存せず、公共交通を積極的に利用すること」（第6条第1項第2号）を規定している。「本市の区域内で事業を営み、又は活動する個人及び法人その他の団体」（第2条第1項第3号）に対しても「公共交通に対する理解と関心を深め、市が実施する施策に協力」（第5条第1項第1号）することならびに「事業活動を行うに当たり、できる限り公共交通を利用すること」（第5条第1項第2号）を要請する。また市は「公共交通の維持及び充実に関する市民意識の啓発」（第3条第3項）に努めなければならない。市民の協力には「市民からの提案」が含まれるが、市長は「市民からの公共交通の維持及び充実に関する提案について総合的に検討し、これを適切に市の施策に反映させるために必要な措置を講ずるものとする」（第10条）と定められている。ただし、過去の実例から、一定の費用を要する提案の採否は未知である。なお、2016年度予算における熊本市のバス乗換拠点および基幹公共交通軸強化策等の調査検討のための「バス乗換拠点改善調査」経費は要求額1,200万円に対し540万円、「公共交通利用促進啓発」経費は45万円に過ぎない。

　条例の重要な目的は公共交通空白地域等への対応である。当該地域は、停留所等からの距離が1,000メートル以上離れた「公共交通空白地域」（第2条第1項第6号）と、停留所等からの距離が500メートル以上離れた「公共交通不便地域」（第2条第1項第7号）ならびにそれら以外の地域であって地形、地域の特性、公共交通の運行状況その他、特別の事情により公共交通不便地域と同様の状況にあると市長が認める「公共交通準不便地域」（第2条第1項第8号）に分類され、最低限の公共交通確保に必要な施策が講じられる。公共交通空白地域等に関する分類は福岡市の条例に倣ったものであり、「公共交通準不便地域」を除けば停留場等からの距離基準で機械的に指定されるため、当然ながら移動制約者のニーズに合致しない場合も想定できる。

　多くの地方都市では鉄軌道がそれほど発達していないため、公共交通ネットワークは乗合バスを中心に形成されており、熊本市においてもバス停から300メートル以内の圏域で全人の80％をカバーする等、路線網は一定程度確保できている。しかし、とくに高齢者等の移動が問題になろう。市は市議会における「熊本市公共交通基本条例」案審議の前に「公共交通利用者アンケ

ート」（調査期間：2012 年 3 月 6 日～6 月 1 日）を実施し、70 歳以上の利用者 905 人から回答を得た。「公共交通不便地域」に該当する自宅から最寄りのバス停までの距離が 500 メートルを超える利用者は 160 人である。さらに「バス停等へ行く場合、どれくらいまでなら歩けますか」との質問に対する回答は平均 841 メートルまでで、1,000 メートル以上離れた「公共交通空白地域」に居住する高齢者も相当数に上るとの調査結果[37]が得られた。アンケートは市中心部のバス・ターミナル「熊本交通センター」で行われたため、周辺地域を回遊できる比較的元気な高齢者が主な対象となった可能性が高く、単独行動に制約がある心身障害者、独居老人等、利便性の高い公共交通を最も必要とする移動制約者の多くは含まれてない。

　条例によれば、市は「公共交通空白地域」に居住する「住民が組織する団体及び公共交通事業者と協働して、公共交通による移動手段の確保のために必要な施策を講ずる」（第 9 条第 1 項）とされ、「公共交通不便地域」および「公共交通準不便地域」の場合は、「住民が組織する団体が行う公共交通による移動手段の確保に向けた取組を促進するために必要な施策を講ずる」（第 9 条第 2 項）と定めている。すなわち、公共交通空白地域等において公共交通を維持・確保するには「住民が組織する団体」の存在が必要となる。けれども、新たに団体を立ち上げる必要があるとすれば、若者が少ない地域に居住する高齢者をはじめ、移動制約者には決して簡単な事柄ではない。

　熊本市は公共交通空白地域等における対策として、コミュニティ交通を中心とする新たな公共交通の導入を図り、最寄りのバス停留所・鉄軌道駅に接続する路線設定を前提に支援する制度を設けた。「公共交通空白地域」においては行政主導で検討し、運行経費と料金不足分が運行事業者に支払われる。「公共交通不便地域」の場合は地域主導となり、運行経費の 70％程度を上限とする欠損補助金が地域に対して支出される。しかし、後者については運行経費の 30％以上を地域の拠出金や協賛金を含む利用料金等で捻出するという目標値があり、運行 1 年目 10％以上、2 年目 20％以上、3 年目以降 30％以上を確保できなかった場合は運行見直しを行い、それでも目標値を下回れば翌々年の補助は終了とする条件が付いている。

　2010 年 2 月、福岡県須恵町は福祉バスを買い物や通院および町内外の誰

でも利用可能なコミュニティバスに転換した。乳幼児・小学生、65歳以上で健康福祉課交付の介護保険被保険者証保持者ならびに同乗する介護者1人まで、または身体障害者手帳、療育手帳や精神障害者保健福祉手帳交付者および同乗する介護者1人までは無料、中学生以上〜65歳未満は1人1乗車100円（「須恵町コミュニティバス条例」第5条別表）である。長崎県島原市は「高齢者福祉交通機関利用助成事業」として、75歳以上の運転不能な所得税非課税者を対象に1回につき5枚まで使用できるバス、タクシー券を年間100枚（1万円分）交付し、小規模な需要に対する交通サービスを実施（「島原市高齢者福祉交通機関利用助成事業実施要綱」平成20年6月30日告示第109号、最終改正：平成27年4月13日告示第56号　第3条、第4条）している。採算性が見込めない地域にコミュニティバスや乗合タクシーを配車する事業者も少なく、市の充実した住民支援や安定的な財政的補助が必須となろう。

## 第6節　公共交通に対する熊本市の姿勢と利害関係者間の調整

　公共交通空白地域等にとどまらず、各種施策の実施には財政的負担が生じる。「熊本市公共交通基本条例」は、熊本市が「公共交通の維持及び充実のため…（中略）…総合的な施策を立案し、実施する責務」（第3条第1項）をもつとし、「必要があると認めるときは、公共交通事業者、公共交通事業者が組織する団体等に対し、技術的及び財政的支援に努めるものとする」（第12条）と定め、財政的支援の必要性を規定した。地方自治体による財政的支援は当然であるし、「日常生活において、過度に自家用乗用車…（中略）…に依存せず、公共交通を積極的に利用すること」（第6条第1項第2号）を市民の責務と捉え、公共交通事業者の義務に「公共交通の利便性を向上させるとともに、市が実施する施策に協力すること」（第4条第1項第1号）を加えたことも特別ではない。財政支援や市民の「協力」も「努力義務」にとどまる。とはいえ熊本市の予算は決して十分とはいえない。コミュニティ路線の運行経費助成等に要する2016年度「地域生活交通確保（コミュニティ路線）事業」予算額は、当該事業を「重点的取り組み」と位置づけながらも要求額2,240万円が1,940万円に減額されている。

地方自治体の財政難は、公共交通の維持・確保に関する条例が存在しても当該交通の存続を困難に貶める大きな要因となるが、熊本市の場合も例外ではない。2010年4月、同市は「地方自治法第二百五十二条の十九第一項の指定都市の指定に関する政令」（最終改正：平成23年10月21日、政令第323号）に基づく政令市の指定・公布により、全国で20番目、九州で3番目の政令指定都市に昇格した。これに伴い新設された区役所へのアクセス確保と「公共交通不便地域」対策を主な目的として、同市が赤字補填する方式を採用し、6路線9系統でコミュニティバス「ゆうゆうバス」の運行を開始した。しかし、当初から収支率が2年目に10％、3年目に20％まで達しなければ廃止を検討するとの条件[38]を付し、段階的に路線・便数を縮小している。近年では14年12月、同年4～10月期における4路線5系統の平均収支率が7.98％にとどまったため「熊本市公共交通協議会」での協議を通し、事実上の廃止が決定された。熊本市は代替案として既存バス路線の延伸や増便を挙げ、「公共交通空白地域」には乗合タクシーを導入するという措置を提示したが15年2月、3路線の廃止が同協議会で正式決定となり、第2節で触れたとおりコミュニティバスの運行は10月時点で1路線を残すのみとなった。

　一定の住民居住地と区役所間を運行するコミュニティバスが赤字になることは当初から予想されていた。にもかかわらず運行を決めた理由は、新設された区役所までのアクセスが不便という市民の不満と、旧合併町との協約を「当面の間」遵守する必要があったためである。いわば廃止を前提とした政治的施策である。一般市民がほとんど参加しない「地域公共交通協議会」等の審議機関は長年にわたり、政策形成の正当性と公平性を装う「審議会政治」の役割を果たすことが多く、財源確保とともに根本的な改革が求められる。

　いかなる施策の実施においても利害関係者の調整は不可欠であるが、困難な問題でもある。「福岡市地域公共交通会議」と同様、熊本市の条例においても「利便性の高い公共交通を実現するための諸課題及び施策について協議するため、市長の附属機関として、熊本市公共交通協議会…（中略）…を設置する」（第13条第1項）とある。協議事項は「熊本市公共交通協議会規則」

（平成25年3月29日、規則第37号）に規定する①公共交通ネットワークの強化に関すること、②公共交通の利用促進に関すること、③公共交通空白地域等への対応に関すること、④「地域公共交通活性化・再生法」第5条第1項に定める「地域公共交通網形成計画」の作成および実施に関すること、⑤その他、利便性の高い公共交通を実現するために必要な事項に関すること（第2条）とされる。

　「熊本市公共交通協議会」の前身は、バス輸送の望ましいサービス水準と運行体制等の在り方を検討するため、2008年5月に設置された「熊本市におけるバス交通のあり方検討協議会」である。協議会は「地域公共交通活性化・再生法」に基づく法定協議会にも位置づけられた。その後、バス路線網の再編計画のみならず、事業自体の再編・運営にも行政が責任を果たす必要性に鑑み12年5月、現行協議会に継承されたのである。しかし、同協議会がどれほどの調整力を保持しているかは、15～16年にかけて順次導入した「全国相互利用型」ICカードと「地域限定型」ICカードの採用をめぐり、市交通局と民間バス4社間の調整が難航した際、十分な機能を果たせなかった経緯からもうかがえる。

　「熊本市公共交通基本条例」は、市長が「公共交通の維持及び充実に関する施策を実施する上で必要があると認めるときは、周辺市町村と連携を図るとともに、国、県及び公共交通事業者が組織する団体に対し、必要な措置を講ずるよう要請するものとする」（第12条）と規定している。鉄軌道や乗合バスの維持・充実は補助金交付を中心とする周辺市町村との連携が必須条件であり、バス路線の調整や交通結節点における乗り継ぎの利便性向上等を図るには公共交通事業者間の調整が欠かせない。そのため、条例が定義する「公共交通」に「各公共交通機関相互の関係」（第2条第1項第1号）が包含されたと思われる。けれども事業者間の利害調整は困難が伴うため、各種権限にとどまらず、統治機構の上部に位置し、大きな調整力をもつ国と県、とくに国（地方運輸局）の役割が重要になろう。第12条に国、県への要請を盛り込んだ理由は、財政支援だけでなく調整による支援が含まれる。その意味からも国の地方支分部局を大規模広域自治体に移管する道州制構想は見直す必要がある。

今後における熊本市の主な施策としては、バス路線再編と交通結節点の改善および 2020 〜 21 年度完成予定の熊本駅周辺地域再開発に伴う道路整備ならびに新バス・ターミナルの建設等[39]が挙げられる。いずれも市民生活に直結する重要課題であるが、「熊本市公共交通協議会規則」によれば、構成員は「学識経験を有する者、市議会議員、公共交通事業者、関係行政機関の職員及びその他、市長が適当と認める者」（第 3 条第 2 項）に限定される。一般市民を除外しており、構成員間の利害調整と併せ、市民の要望がどこまで受け入れられるか疑問をもたざるをえない。運用上「その他、市長が適当と認める者」の中に NPO 法人の代表も含まれるものの、市政に批判的な市民等が選ばれる可能性が低いからである。

## 注

1) 『平成 26 年　熊本市観光統計』熊本市観光文化交流局観光振興課、2015 年 9 月。
2) 熊本市都市建設局交通政策総室「みんなで支える公共交通」同局、2013 年 9 月、1 頁。
3) 同上。
4) 政府は『まち・ひと・しごと創生総合戦略について』（2014 年 12 月 27 日、閣議決定）を策定したが、同決定に示された「連携中枢都市圏」構想も同様である。同構想は「大都市圏への人口流出のダム機能を発揮する」として都市部周辺の市町村にある文化施設や図書館、福祉施設等の公共施設や住民サービスの拠点を都市部に集約し、市町村を「集約とネットワーク」で再編する方針を掲げている。
5) 国土交通省『国土のグランドデザイン 2050 ―対流促進型国土の形成』同省、2014 年 7 月。
6) 国土交通省『国土形成計画（全国計画）』2015 年 8 月、57 頁。
7) 『平成 24 年度熊本都市圏総合都市交通体系調査』熊本都市圏総合都市交通計画協議会、2014 年。
8) 熊本都市圏総合都市交通計画協議会『パーソントリップ調査結果から熊本都市圏の人の動き』同協議会、1997 年。
9) 『第 1 回公共交通基本条例部会　資料』熊本市都市建設局交通政策総室、2012 年 6 月 25 日。同資料によれば、2010 年における熊本市内の公共交通利用者数は鉄軌道 2,118.9 万人、バス 3,198.1 万人、公共交通機関利用者総計 5,317.0 万人である。
10) 熊本市都市建設局交通政策総室ヒアリング、2015 年 11 月 2 日。
11) 同上。
12) 同上。
13) 熊本市によれば「特段に改正前の『道路運送法』上の『緊急調整地域』を意識したものではなく、単にタクシー事業者の文言が最初に出てくるため、当初は削除された第 8 条第 4 項から引用しただけである。「道路運送法」の改正に伴い、引用条項が削

除となることから、単に引用条項を第 9 条の 3 第 1 項に変更した改正であった」とのことである。前掲の熊本市交通政策総室ヒアリング（注 10）による。しかし、改正前の条例には「緊急地要請措置」に関する諸規定が存在する。
14) 国土交通省九州運輸局熊本運輸支局の試算、2015 年 4 月。
15) 改正タクシー特措法成立の背景と概要および意義に関しては、瓦林康人・国土交通省大臣官房参事官稿「議員立法で成立した改正タクシー特措法等の概要について」／運輸政策研究所『運輸政策研究』一般財団法人 運輸政策研究機構、第 17 巻第 2 号、2014 年を参照されたい。
16) 規制改革会議『規制改革に関する第 2 次答申』中「改正タクシー特措法の特定地域に係る指定基準に関する意見」2014 年 6 月 13 日。
17) 「特定地域の指定基準案について」国土交通省自動車局旅客課、2014 年 12 月。
18) 「一般乗用旅客自動車運送事業（タクシー）に係る特定地域の指定（仙台市、秋田交通圏、新潟交通圏及び熊本交通圏）事案に関する公示について」運輸審議会審理室、2015 年 4 月 30 日。
19) 新潟交通圏に関しては「審議継続」扱いとなったが、札幌交通圏、福岡交通圏、北九州交通圏、神戸市域交通圏等と共に 2015 年 11 月までに特定地域に指定された。同時点における特定地域は 19 であるが、その後も指定が続き、運輸審議会は 16 年 6 月、東京の南多摩交通圏の指定を「適当」と判断している。
20) 前掲（注 10）ヒアリング。
21) 同上。
22) 『第 2 次熊本市自転車利用環境整備基本計画』熊本市、2011 年 6 月。
23) 前掲（注 10）ヒアリング。
24) 『熊本都市圏都市交通マスタープラン（素案）』熊本都市圏総合都市交通計画協議会、2016 年 1 月、50 頁。
25) 『熊本日日新聞』2015 年 1 月 23 日付。
26) 「再編計画の概要」九州産交バス株式会社、2015 年 1 月。
27) 『熊本日日新聞』2015 年 2 月 14 日付。
28) 産業再生機構は 2003 年 4 月 16 日に設立され、2007 年 6 月 5 日に清算・消滅した。
29) 熊本市都市建設局交通政策総室ヒアリング、2016 年 1 月 6 日。
30) 『熊本日日新聞』2016 年 2 月 27 日付。
31) 前掲ヒアリング、2016 年 1 月 6 日。
32) 熊本市電は 2 系統、総延長 12 キロからなる。B 系統は中央区辛島町で分岐する健軍町～上熊本間。
33) 前掲（注 24）『熊本都市圏都市交通マスタープラン（素案）』50 頁。
34) 『熊本都市圏都市交通アクションプログラム』熊本都市圏交通円滑化総合対策部会、2003 年。
35) 『日本の地域別将来推計人口（平成 25（2013）年 3 月推計）―平成 22（2010）～52（2040）年』国立社会保障・人口問題研究所、2013 年。結果表 2・結果表 3。
36) 『熊本都市圏都市交通アクションプログラム（改訂版）』熊本都市圏交通円滑化総合対策部会、2013 年。

37)『公共交通利用者アンケート調査結果』熊本市都市建設局交通政策総室、2012 年 12 月。
38) 熊本市交通政策総室資料。『平成 25 年度第 1 回熊本市公共交通協議会議事録』熊本市交通政策総室、2013 年 5 月 7 日。
39)『熊本駅周辺地域整備基本計画の概要』熊本県・熊本市、2012 年 3 月。

[第 12 章]
# 奈良県公共交通条例

## 第 1 節 　 奈良県の概観と公共交通の実情

　奈良県は本州中西部の紀伊半島内陸部・近畿地方の中南部に位置し、北西部の盆地部を除き、険しい山々が連なる都道府県面積では全国 8 番目に狭隘な県であり、約 135.9 万人（2016 年 6 月 1 日現在の推計人口）の人口を有する。同県は人口減少や地球温暖化に対し、「科学技術の急速な進歩」の到来を見据え、主導的に取り組む事業をまとめた「やまと 21 世紀ビジョン」（目標年時：2035 年）[1] を作成し、「世界に光る奈良県づくり」と観光を中心とする「関西のオアシス」を目指す諸政策を展開してきた。2010 年、奈良県は「平城遷都 1300 年記念事業」を県内全域で開催したが、54 か国の特命全権大使や 13 か国の在関西総領事をはじめ、国内外から約 1,700 人の賓客と約 1,740 万人の来訪者を迎え、967 億円の経済効果を得ている。また、14 年の観光入込客数は 2,093.6 万人（前年比 5.5％ 増）、観光消費額推計は 1,252.32 億円[2] であった。
　奈良県民の交通手段分担率を「第 5 回近畿圏パーソントリップ調査」（2010 年 10 月～11 月）[3] にみると、自動車が 47.3％（2000 年は 43.9％）を占め、近畿 6 府県（近畿 6 府県とは大阪府、京都府、兵庫県、奈良県、和歌山県、滋賀県を指すが、同調査は神戸市、堺市、京都市、大阪市も対象に含む）のうち、他 5

府県の平均約 36.0％と比較して高い利用率になっている。二輪車は 14.5％（同 15.7％）、徒歩は 19.7％（同 22.3％）である。鉄道とバスの利用率はそれぞれ 15.9％（同 15.5％）と 2.0％（同 2.4％）に過ぎず、増加傾向にある大阪市や京都市とは異なり、和歌山県とともに減少傾向をたどっている。奈良県内の乗合バスは赤字が拡大し、県および市町村、国土交通省近畿運輸局、交通事業者等で構成する 2014 年 9 月開催の「奈良県地域交通改善協議会」において 25 路線 45 系統の取り扱いが協議され、同年 10 月から 7 路線 9 系統の廃止と 18 系統での減便ならびに運行時間帯の変更が決定した。その後もとくに南和地域のバス路線維持が困難になりつつあり、全路線のほとんどが県・関係市町村の支援がなければ存続困難な状況にある。

　対応策については奈良県、関係市町村と奈良交通が協議を続けているが、少子高齢化が加速する中で移動環境の整備を重要な社会インフラと位置づけ、公共交通をいかに維持するかが大きな課題と捉えている。買い物、通院、観光といった移動ニーズを踏まえた交通サービスの維持および過疎化に伴う多様な交通ニーズに配慮した利便性の向上である。県は市町村が運営するコミュニティバス等への財政支援と、地域の実情に応じた生活交通の確保に向け、市町村が主体となった地域公共交通の維持に関する取り組みもしくは過疎地域でのコミュニティバスの本格的運行に対する支援を行っている。

## 第 2 節　奈良県公共交通条例の性格と特徴

　「奈良県公共交通条例」（平成 25 年 7 月 17 日、条例第 12 号）は、2013 年 6 月議会において議員提案され、原案可決を得て即日公布となった。同条例は、公共交通が行政や交通事業者の努力だけでは維持できない状況にあることから、「県民の自立した日常生活及び社会生活を確保すること並びに来訪者に便宜を提供することの重要性」に鑑み、公共交通の「あり方についての基本理念」（第 1 条）を定め、県の責務、市町村との連携および公共交通事業者等および県民の役割を明文化している。「公共交通に関する施策を総合的かつ計画的に推進し、もって公共交通により円滑な移動を享受できる持続可能な地域社会の実現に寄与すること」（第 1 条）を目的とし、各種施策の基本

方針を定めた「プログラム条例」である。したがって大半の条文は概括的であるが、広域自治体の条例という性格を考慮した結果と考えられる。また、地方自治法の趣旨に鑑み、県下の各自治体に当該条例の適用を求めてはいない。

条例の基本理念は「公共交通による生活交通を享受できる移動環境の確保」（第2条第1項）に置かれ、具体的な施策は「県、市町村、公共交通事業者等、県民が連携し、及び協働」（第2条第2項）して行うとされる。「奈良県公共交通条例」について、奈良県出身の大西孝典元衆議院議員は「奈良県は民主党［筆者注：現在の民進党］奈良県連等からの要請を受けて、全国に先駆けて移動の権利を確保する、交通基本条例を制定しました」[4]と記している。条例そのものに対する「自己評価」であろうが、核心部分は第2条第1項に規定する「移動環境の確保」にあると思われる。

「移動環境」とは人々が移動するにあたり、出発地から目的地までを通し、直接的・間接的に影響を及ぼす全事象、いい換えれば「移動過程に係るすべての状態」をいい、道路整備を含む移動手段の整備、運行情報の提供、交通結節点での乗り換えや駅舎・停留場の設置状況等、ハード・ソフト両面の利便性と快適性の度合いで計測される。また、移動環境の確保には「まちづくり」と併せた施策が求められる。公共交通による「移動環境の確保」と「誰もが自由に移動できる権利」を意味する「移動の権利」は異質のものであり、同条例は「権利」を保障する条文を備えていない。

奈良県は「公共交通に関する施策を総合的かつ計画的に策定し、及び実施」（第3条第1項）するとともに「広域的なネットワークを確保」（第3条第2項）する責務がある。基礎自治体としての市町村は財政ならびに行政区域に係る制約を有するため、県でなければ困難な広域的施策の実施が中心になろう。また、技術的には可能であっても、法解釈や運用面で難しい市町村の事務もしくは複雑な利害関係を調整する必要がある。そのため、市町村の各種施策や公共交通事業者の事業に対する「必要な助言その他の支援」（第3条第2項）が求められる。「市町村、公共交通事業者等及び県民と相互に連携し、協力を得るよう」（第3条第3項）努め、各市町村が「区域の自然的経済的社会的諸条件に応じた施策を策定し、及び実施していることに鑑み、市

町村との連携」（第4条）を強めることも重要な業務となる。

　一方、公共交通事業者等は「その業務を適切に行うよう務めるとともに、県又は市町村が実施する公共交通に関する施策に協力するよう努める」（第5条）責任があり、県民は「県又は市町村が実施する公共交通に関する施策に協力するよう努める」（第6条第1項）ものとされる。これらは一般的な規定であり、とくに目新しいものではない。しかし、公共交通に関する施策を総合的かつ計画的に推進するため県は、「県民及び来訪者と情報を共有し、広く知識と意見を求める」（第6条第2項）必要がある。単なる来訪者への「情報提供」であれば、多くの観光地を抱える奈良県の事情を考えると当然と思えるが、「情報を共有し、広く知識と意見を求める」ことまで記すのは珍しい事例といえよう。

　奈良県知事は2013年、地域バス交通への公的支援に関する「私論」[5]を発表した。①公的助成により維持すべき路線は、客観的輸送需要と行政負担の程度に鑑み、公的助成を行う地方公共団体が判断する。その際、公共交通のB/C（費用対効果）基準を確立する、②公的助成を導入しても路線を維持すべきかどうかは地域（県、または市町村）の判断とし、路線廃止の許可は地域の責任で行うこととする、③国の助成方針に従い、路線維持から地域交通維持へ制度を組み替える、④地方交付税による助成の考え方については「地域バス輸送維持計画」の策定を条件に、助成の財源を特別交付税から普通交付税へ移行する、⑤過疎地域のバス輸送に対する過疎債の利用を促進する等である。

　「私論」は基礎自治体の自主的判断を尊重する一方、財政事情を優先した効率性の観点から公的助成の縮小を包含しており、住民の自由な移動手段の確保に反するおそれがある。「奈良県公共交通条例」は知事に対し、「まちづくり」や福祉・教育といった関連分野と連携した「公共交通基本計画」（第7条第1項）の策定を求める。公共交通の存在意義に鑑みれば妥当であるが、施策間連携が不十分になれば生活交通の維持に要する「財源の普通交付税移行」に伴い、他分野への財源移転要求等、県庁内部局間セクショナリズムが生じかねない。さらに「費用対効果基準の確立」は、安易なバス路線廃止または基礎自治体への責任転嫁を進め、住民特に通院者や高齢者等の移動

を制約する危険につながる。「公共交通基本計画」には「公共交通に関する施策についての基本的な方針」のほかに「公共交通に関し、県が総合的かつ計画的に講ずべき施策」（第7条第2項）が盛り込まれるものの、関連分野を所掌する部局間調整が円滑でなければ整合性をもちえないのである。関係部局と知事は、各種施策の一体性確保と部局間協力の重要性を十分認識しなければならない。

　条例によれば、知事は「施策の実施状況及び事業効果の評価を踏まえ、必要に応じ、公共交通基本計画の見直しを行うものとする」（第7条第3項）と定めている。評価制度の導入は重要である。評価を通して基本計画の適正化を図れば、より良い成果が得られるからである。また条例は、知事が「毎年度、公共交通基本計画に基づく施策の実施状況を議会に報告する」（第7条第4項）と規定し、県議会の関与を是認している。「報告」であっても一定の議論はなされるため、批判をふまえた計画見直しも考えられる。事前評価、再評価、事後評価および議会による「承認」条項を追加すれば一層良好な結果が見込まれるものの、条例に基づく施策の実施は行政の責任領域であり、現規定でも一定の成果は期待できよう。

## 第3節　移動制約者等に関する基本的問題および他施策との整合性

　「奈良県公共交通条例」の基本的な問題は、過疎地域に居住する住民の移動に関する基本方針および関連条項の欠如である。過去の経緯があるものの、福祉関連施策等に委ねたり、住民やNPO等の努力に依存する傾向が見受けられ、計画・政策間の整合性と調整を早急に図る必要がある。

　奈良県は「奈良県道路の整備に関する条例」（平成25年3月27日、奈良県条例第70号）に規定する「道路が自動車、自転車、徒歩その他の多様な手段及び高齢者、障害者等を含む県民、観光客その他の多様な主体による交通の用に供する施設であることに鑑み、全ての者にとって利用しやすいものとなること」（第3条第1項第2号）等に基づいて「奈良県道路整備基本計画」（2014年7月）を策定し、自家用乗用車の増加につながりかねない道路整備を実施している。また、「奈良県南部振興計画」（2011年3月）によれば、過

疎化と高齢化が著しい小規模集落に居住する高齢者等の生活支援策として「買い物の利便性向上のための仕組み、担い手となる組織づくりについて、市町村とともに検討」を行うとある。「過疎地域自立促進特別措置法」(最終改正：平成26年3月31日、法律第8号)第2条第2項に該当する過疎地域として公示された五條市では、2013年度から買い物代行や宅配による高齢者等の生活支援サービスを導入し、県の「ふるさと復興協力隊員」(生活支援3名)を配置したり、地元NPOが担当区域を分けて支援活動を行っている。14年度からは下北山村において「サポートきなり」と呼ばれる下北山村生活支援隊の過疎地有償運送による買い物支援、通院サービスや高齢者住宅の清掃・片付け等、諸々の生活支援がなされている。

けれども、これらの取り組みは道路整備事業や福祉ならびに過疎対策の範囲内での生活支援であり、公共交通と密接に連携する「公共交通基本計画」とは本来的に異質の施策である。したがって、公共交通の利用促進と道路整備事業等がどのような一体性をもつのか、いかに両者の整合性を図るのか、必ずしも明確ではない。

2014年4月、奈良県は「道路整備基本計画」と「公共交通基本計画」の関連について、公共交通と道路整備の在り方を一体的に検討[6]すると発表した。また、県は高齢者の生活を支える地域づくり推進のため、「高齢者の居住の安定確保に関する法律」(平成13年4月6日、法律第26号)を根拠に「奈良県高齢者居住安定確保計画」(2014年9月)を策定したが、「安心して暮らせるモビリティ(移動の利便性等)の確保」を盛り込み、公共交通との連携を重視する姿勢を明らかにしている。各事業分野と公共交通は一体的な整合性を備えなければならず、同県の対応修正は適切と思われる。

移動制約者への対応は喫緊の重要課題である。近畿運輸局、市町村、交通事業関係協会および交通事業者、奈良県等で構成する「奈良県地域交通改善協議会」は、「生活交通の存続が危機に瀕している地域等における、地域交通による移動手段の確保・維持・改善」(「奈良県地域交通改善協議会設置要綱」、平成23年5月30日施行。平成25年2月20日改正施行、第1条)を図る目的で、減便や車両の大小・運行時間の是正を含むバス路線の廃止・縮小ならびに経営主体の見直しに係る検討基準を設けた。1便あたり利用者数3人、平均乗

車密度2人、最大乗車人員10人以下の「バスとしてのニーズが存在しない」路線と、収支率40％以下の「行政負担が多く非効率」と見なされる路線に分類される。協議会は基準に基づき、路線ごとに「バスカルテ」を作成し、関係市町村および交通事業者等との協議を経て「移動ニーズに応じた交通サービス」を提供する態勢づくりに携わることになる。しかし、このような基準では高齢化や人口減少の拡大に伴い、路線・系統の廃止が一層増加する可能性がある。

　「奈良県地域交通改善協議会」の成り立ちは次のとおりである。2012年10月、交通事業者から県の中南和地域において、利用者が少なく乗合バスの運行が困難な25路線・45系統の廃止・縮小等に関する協議開催の申入れがあり、これを受けて13年2月、知事や県内市町村長、交通事業者の代表からなる「奈良県地域交通改善協議会」が設置された。協議会は県内4地域（北西部・中部・東部・南部）に対応した地域別部会を設置して検討を行い、計60回以上に及ぶ協議を経て14年9月、路線・系統の在り方をまとめている。4地域では鉄道網が十分発達しておらず、乗合バスが主要な公共交通であったため、路線・系統の廃止・縮小が及ぼす多大な悪影響が懸念されたのである。なお、「奈良県公共交通条例」はこの間に公布となった。

　その後「まちづくり」と一体化した公共交通の在り方を検討するため、新たに奈良国道事務所長、奈良県警察本部交通部長、奈良県自治連合会長をメンバーに加え、2015年6月、「奈良県地域交通改善協議会」を「地域公共交通活性化・再生法」に基づく法定協議会として改組した[7]という経緯がある。「奈良県地域交通改善協議会設置要綱」によれば、協議事項は地域交通の①在り方、②確保・維持・改善、③公的支援、④国の「地域公共交通確保維持改善事業費補助金交付要綱」に基づく国庫補助事業（地域内フィーダー系統確保維持費国庫補助金を除く）等に関する連絡、協議、調整等（第2条）となっている。ただし、協議会の運営に関する連絡調整を行う「幹事会」は「道路運送法施行規則」第9条の2に規定する「地域公共交通協議会」と「地域公共交通確保維持改善事業費補助金交付要綱」第3条に定める協議会（「奈良県地域交通改善協議会設置要綱」第8条）の性格を有し、決議事項は「奈良県地域交通改善協議会」での連絡、協議、調整等を要しない。

ともあれ、法定協議会として改組された協議会は、それ以前に決定したバス路線の廃止・縮小ならびに経営主体の見直しに係る前述の検討基準を根本的に見直すべきである。

　2011年3月、奈良県は「奈良県交通基本戦略検討委員会」を立ち上げ、①誰もが安心して暮らせるモビリティの確保、②奈良の魅力を一層高める交通環境の充実、③持続可能な取り組み態勢の構築を3つの基本方針とする「奈良県交通基本戦略」[8]を策定した。移動環境の改善に向けた交通施策推進の指針として位置づけられる。同戦略は高齢化と相まって「自動車を自由に利用することが困難等となる県民の増加が見込まれる中で、過疎化が進み、バス路線の休廃止や減便が進む等、県内において暮らしを支える地域公共交通は危機的な状況となること」を懸念し、「フランス国内交通基本法に見られる交通に関する権利等を踏まえて、国内における法制定に向けた議論が進められている」との認識を示している。

　「交通に関する権利」とはフランスの「国内交通基本法」（Loi d'orientation des transports intérieurs 1982年12月31日、法律第82-1153号）第1条に明記された「交通権」（＝移動権）を指す。「法制定に向けた議論」とは、民主党・社民党が成立を図った「交通基本法」案に関わる議論のことである。「交通権」に対する検討委員会の評価は定かではないが、奈良県内における公共交通の衰退に鑑みれば、同権利を是認する法案の成立を期待したと考えられる。さらに戦略は「観光をはじめ、奈良を訪れた方々への『もてなし』という面から県内の移動をみると、県北部地域における観光シーズンの慢性的な渋滞等は来訪者からの評価も低く、更なる来訪者の増加を図るには、質の高い交通サービスの提供が必要」[9]と捉えている。なお、「奈良県交通基本戦略検討委員会」は「奈良県交通基本戦略」の策定を契機に「奈良県交通基本戦略推進委員会」と改称された。

　「奈良県交通基本戦略」は、移動制約者の置かれた状況を「安全で安心な歩行環境の整備や交通施設等のバリアフリー化」が進んでおらず、乗合バス等の運行が減少しており、「特に過疎地域においては、日々の生活における移動手段の確保が重要な課題となっている」と分析する。その上で、高齢者等が安心して移動できる歩行空間を確保するため、鉄道駅や公共施設、病院

等を中心とした「バリアフリー基本構想」の策定を市町村に要請するとともに、当該基本構想や「安全で安心なまちづくり計画」を策定する市町村に対し、情報提供や講習会の開催等の技術的支援を行い、国とも協力して「歩行空間のネットワーク化を図る」と記している。また、高齢者等の安心な外出を確保するため、歩行時に休憩できる施設の設置等を進め、「歩道のない通学路等においては、市町村や警察等と連携を図りながら歩行環境の点検を行い、…（中略）…速効対策」に早期に取り組み、地域の協力が得られた箇所については「公共交通の利用を高めるため、移動実態に関する調査分析」を進め、「交通事業者に対して運行サービスの向上等を要請」するとある。バリアフリー化は法律上の義務であって特別な施策ではないが、これらに要する費用は比較的少額であり、観光客誘致と併せ早急な実施が求められる。

　一方、複数の市町村をまたぐ乗合バスの広域的運行に関しては「地域における基幹的な移動を担う路線を決定し、交通事業者と運行サービス（経路、運行頻度等）の実施に関する運行契約の締結等」を行うことにより、継続的な運行を確保するとしている。過疎地域の場合は「市町村との協調により、その路線運行の確保を図る。さらに、通院時間にあわせた拠点病院への運行等、幹線的なコミュニティバスの運行に取り組む」とする。その際、行政だけでなく地元企業や地域団体等によるコミュニティバス等の運行に要する経費負担と運行への参加協力等、「地域が一体となって参画する取組に対して重点的な支援」を行い、効率的に運行するため、複数の市町村が「協議会等を設置し、共同して地域におけるコミュニティバス等の運行を行う場合には、その取組に対して支援」を行うとされる。

　ここにいう協議会は「地方公共交通活性化・再生法」第6条第1項に基づき設置された法定協議会であり、「地方自治法」（最終改正：平成26年11月27日、法律第122号）に定める「普通地方公共団体の事務の一部を共同して管理し及び執行し、若しくは普通地方公共団体の事務の管理及び執行について連絡調整を図り、又は広域にわたる総合的な計画を共同して作成する」（第252条の2の2第1項）ための協議会ではない。「地方自治法」による協議会であれば、過去幾多の事例から円滑な協議は困難である。ちなみに、市町村によっては「道路運送法施行規則」第9条の2に基づく「地域公共交通

会議」や、第51条の8に規定する「運営協議会」の要件も満たし、合同会議の形態をとる場合もある。「大和郡山市地域公共交通総合連絡協議会」は「地域公共交通会議」と法定協議会の性格（「大和郡山市地域公共交通総合連絡協議会設置要綱（案）」第1条）を併せもち、「天理市地域公共交通活性化協議会」も「地域公共交通総合連携計画」の策定だけでなく、乗合バスの運賃・料金等に関する事項を協議（「天理市地域公共交通活性化協議会規約」、最終改正：平成25年8月27日、第3条）する。

　奈良県が広域的なバス路線の維持に第一義的な責任を負うのは当然である。けれども、過疎地域にはコミュニティバス等の運行に要する経費負担や参加協力が可能な有力企業や団体は少なく、とりわけ高齢者が住民の大部分を占める地域において「地域が一体となって参画する取組に対して重点的な支援」を行うという「奈良県交通基本戦略」の姿勢は地域差別につながりかねない。さらに、複数の市町村が協議会等を設置し、コミュニティバス等の運行を「共同して行う」ためには、国の地方支分部局と比較すれば県の調整力には限度があるし、広域的・基幹的なバス路線の維持を考慮しても「地域公共交通活性化・再生法」に基づく法定協議会の設立が望ましい。法定協議会の役割は県が市町村と共同し、関係市町村の区域内について「持続可能な地域公共交通網の形成に資する地域公共交通の活性化及び再生」推進のため、「地域公共交通網形成計画」（第5条第1項）を作成することにある。その際、協議が調った事項について「協議会の構成員はその協議の結果を尊重」（第6条第5項）しなければならず、一定の強制力が生ずるからである。奈良県と関係市町村は、既述したとおり「奈良県地域公共交通改善協議会」を法定協議会に改組しており[10]、積極的な議論の展開が期待される。ただし、短距離を担うコミュニティバス等の運行は、効率性重視の複数の市町村による共同運行ではなく、住民に密着した「近接性の原理」に基づく基礎自治体ごとの単独運行が妥当であろう。

　奈良県は2014年10月から天理市を筆頭に大和郡山市、桜井市、奈良市、五條市、橿原市、大和高田市、高取町、御所市、三宅町、明日香村の各市町村と「まちづくりに関する連携協定」を締結し、公共交通との連携を視野に入れた「まちづくり」の取り組み[11]を進めている。県と基礎自治体との対

等な「包括的連携と協力」に関する協定の締結は、地域公共交通の確保と「まちづくり」に資するものと考えられる。

　さらに奈良県は「公共交通基本計画」と「地域公共交通網形成計画」の一体的な策定に着手し、2016年3月25日の県議会議決を経て、都道府県で初となる「奈良県公共交通基本計画」[12]を、2月17日の「第9回奈良県地域公共交通改善協議会」で承認を得た「奈良県地域公共交通網形成計画」[13]と併せ4月1日から施行した。「奈良県地域公共交通網形成計画」は、16年3月28日付けで国土交通大臣ならびに総務大臣宛に送付されたが、県全域を対象区域とし、県と県内市町村が共同で策定した「地域公共交通網形成計画」もまた全国初の試みである。

　「奈良県公共交通条例」に基づく同基本計画と、「地域公共交通活性化・再生法」を根拠とする「奈良県地域公共交通網形成計画」との関係は明らかである。前者は中長期的な視点から県が作成する公共交通政策の「マスタープラン」にあたる。後者は短期的な視点（5年間）から交通事業者をはじめ関係者に対し、協力と連携を求める「実施計画」に相当する。換言すれば「公共交通基本計画」は「公共交通基本戦略」やそれまでの取り組みを活かし、「地域公共交通網形成計画」等、関係する諸計画の前提となる公共交通施策の実施に係る基本的方針を定めた計画である。これに対し、「地域公共交通網形成計画」は計画区域、目標、目標達成に必要な事業、実施主体、期間ならびに達成状況の評価等、「地域公共交通活性化・再生法」に定める項目を記載している。また、「奈良県公共交通基本計画」は条例に基づいて県が策定するが、「奈良県地域公共交通網形成計画」は前述のとおり、県と県内全市町村の協働で作成される。なお「地域公共交通網形成計画」の実施計画としての「地域公共交通再編実施計画」からみれば「地域公共交通網形成計画」が「マスタープラン」に位置づけられる。ちなみに、奈良県は2016年度以降「地域公共交通再編実施計画」の策定について検討を行う予定である。

　問題は条例と「奈良県交通基本戦略」の関係である。前者の目的は「公共交通のあり方についての基本理念」推進にあり、後者の場合は「移動制約者への対応や、県への来訪者の増加に向けた移動環境の改善等」に置かれる。けれども公共交通の維持・確保および利用という観点からみれば、総じて同

じ目的を別個の手段で果たそうとしたように思える。後者が前者より早く策定されたという事情もあろうが、本来は交通基本戦略の策定義務を「基本条例」としての「奈良県公共交通条例」に組み込むか、両者の関係を明確にすべきである。県は基本戦略策定の際、「当時の移動に関する課題や社会的要請等を踏まえ、交通施策に係る指針として策定した。その後、公共交通を取り巻く環境そのものが大きく変化しており、戦略は発展的に後の計画［筆者注：奈良県公共交通基本計画等］に引き継がれている」[14]と回答している。けれども、公共交通関連施策に係る基本方針は「奈良県公共交通条例」に定める規定に則って作成するのが適当と思われる。しかも「奈良県交通基本戦略」については「奈良県地域交通改善協議会」とは別の常設機関である「奈良県交通基本戦略推進委員会」が責任を有する。

「奈良県公共交通条例」は、基礎自治体が策定する諸計画との調整・協議方法を定めていない。県は、同条例第4条に「市町村が…（中略）…施策を策定し、及び実施していることに鑑み、市町村との連携に努めるものとする」と規定しており、協議機関については「地方自治の趣旨に鑑みれば県条例を適用できない」[15]と説明する。しかし、対等の立場からの諸計画間調整と協議は不可欠で、概括的な規定であれば地方自治の趣旨に反しないと考える。以下に記すように「公共交通基本計画」案の作成は、各市町村長を除いた「公共交通基本計画策定委員会」が行った。「奈良県公共交通基本計画」と市町村の計画が有機的関連性を保持できるのか、基本計画に基づく県の施策と市町村による各種施策が整合性を有するのか、今後の課題になろう。

「奈良県公共交通基本計画」案の作成にあたり、奈良県は、本来なら知事、市町村長、公共交通事業者等で構成する「公共交通基本計画策定委員会」を設置し、「奈良県地域交通改善協議会」開催時に課題、項目、論点等について協議を行い、委員会の審議に反映させる方法を採用した。立案に際しては、地域公共交通に関する連絡、協議、調整等を行う協議会と、条例第7条に規定する「まちづくり、保健、医療、福祉、教育その他の施策との連携」に係る審議機関を区別し、後者にあたる「公共交通基本計画策定委員会」の構成員を学識経験者に限定したものの、2つの組織での議論は混乱を招くおそれを否定できない。

「公共交通基本計画策定委員会」の設置や、計画作成方法に関する条文は「奈良県公共交通条例」のどこにも存在しない。同委員会設置の根拠となる「奈良県公共交通基本計画策定委員会規則」（平成26年3月31日、奈良県規則第99号）は、「奈良県附属機関に関する条例」（昭和28年3月31日、奈良県条例第4号）第1条に基づく規則である。奈良県は「条例にも様々なケースがあり、それぞれの政策に応じた策定委員会のあり方が考えられる。…（中略）…今回の計画［筆者注：公共交通基本計画］策定にあたり、密接に関係するのが『奈良県地域交通改善協議会』における議論で、県内の地域交通による移動手段の確保・維持・改善を図ることを目的として協議及び調整を行った」[16]と回答した。しかし元来、条例に定められた計画等の策定方法は当該条例に規定されるべきであり、審議・調整機関等の整理・統合と併せ、「奈良県公共交通条例」の適正化が求められる。

　また、条例には移動制約者に関する明確な規定がない。「高齢者、障害者等の移動等の円滑化の促進に関する法律」（最終改正：平成26年6月13日、法律第69号）は、「高齢者、障害者等の自立した日常生活及び社会生活を確保することの重要性にかんがみ、…（中略）…高齢者、障害者等の移動上及び施設の利用上の利便性及び安全性の向上の促進」（第1条）を目的とする。「奈良県交通基本戦略」の基本方針にも「過度な自動車利用の抑制を図り、徒歩や自転車、公共交通といった環境負荷の低い交通体系への転換」のため「県民誰もが活き活きと暮らせるよう、安心した暮らしを支えるモビリティの確保」が明記されている。奈良県は乗合バスの代替として、コミュニティバスやデマンドタクシーの運行に係る事業計画を策定しているが、上述の個別法と同じく、高齢者等が最低限の公共交通サービスの提供を享受できる環境を整備するには移動制約者の移動保障に関する条項追加が肝要である。

## 第4節　奈良県の補助制度

　奈良県内の各市町村では、バス路線の休廃止や減便の進行に伴って公共交通空白地域等が拡大しており、地域公共交通を確保するため、デマンド型乗合タクシーや市町村が主体となったコミュニティバス等の運行が行われてい

る。2010年9月時点におけるコミュニティバスの路線数は有償運行69、無償運行が54であったが、15年3月時点では有償運行89、無償運行63である。

奈良県は「奈良県交通基本戦略」に掲げる「誰もが安心して暮らせるモビリティの確保」を目的とし、コミュニティバス等の効率的な運行計画策定に必要な調査および具現化を目指した事業実施を支援するため、国の制度に加え予算の範囲内で助成金を支出する補助制度を設けた。「奈良県補助金等交付規則」（最終改正：平成23年3月31日、奈良県規則第14号）のほか「安心して暮らせる地域公共交通確保事業補助金交付要綱」（平成23年6月10日施行）に定められた「地域公共交通確保事業補助」と、「奈良県基幹公共交通ネットワーク確保事業補助金交付要綱」に基づく「奈良県基幹公共交通ネットワーク確保事業補助」である。

「地域公共交通確保事業補助」の補助対象事業者は、市町村および地域公共交通の確保・維持ならびに改善について協議を行う、市町村が事務局となって設置する「協議会」（要綱第3条）であり、交通事業者・交通施設管理者等、奈良県、近畿運輸局、その他必要と認める者で構成される。補助対象事業としては「運行効率化調査検討事業」、「利用環境整備事業」、「地域公共交通確保のための協働連携事業」（第4条）が挙げられる。

「運行効率化調査検討事業」とは乗合バス等の運行改善や効率化事業、コミュニティバスによる乗合バスの代替事業、病院、学校、商業施設等の事業所が従業員または利用客を輸送する私設バスとの連携事業、県と市町村の「まちづくりに関する連携協定」または「奈良県地域交通改善協議会」において承認を得た「まちづくりと一体となった公共交通のあり方」に関する検討事業をいう。「利用環境整備事業」は、地域公共交通の利用環境整備のために必要となる事業である。「地域公共交通確保のための協働連携事業」は地域公共交通の確保に向けた検討を行うため、事業所や他の市町村等と連携して実施する地域交通の実証運行であって、①私設バスと連携した地域交通の実証運行（乗合バス事業または自家用有償旅客運送として運行されるもの、鉄道駅または奈良県生活交通ネットワーク計画もしくは奈良県基幹公共交通ネットワーク計画に掲げる運行系統に接続するもの、運行に要する経費を市町村、協議会または事業所等が負担するもの）、②複数の市町村または協議会の連携によ

る地域交通の実証運行（同上）、③自転車等との連携等により、観光振興に寄与する地域交通の実証運行（同上）、④「まちづくり」と一体となった地域公共交通の実現のために必要となる地域交通の実証運行（県と市町村の「まちづくりに関する連携協定」または「奈良県地域交通改善協議会」の承認を得たものであって、乗合バス事業または自家用有償旅客運送として運行されるもの、鉄道駅または奈良県生活交通ネットワーク計画もしくは奈良県基幹公共交通ネットワーク計画に掲げる運行系統に接続するもの、運行に要する経費を市町村、協議会または事業所等が負担するもの）のいずれかである。

　補助金の交付対象となる経費は「運行効率化調査検討事業」の場合、運行効率化計画等の策定または変更に係る調査検討に要する経費として、協議会開催の事務費等が上限300万円、補助期間は原則1年（まちづくりと一体となった公共交通の在り方に関する調査検討に関しては最大2年）とし、「地域公共交通確保維持改善事業費補助金交付要綱」に基づく国庫補助金その他の補助対象事業に係る補助金等、寄付金、補助対象事業として補助対象事業者が得た収入を除いた額である。「利用環境整備事業」に関しては車両購入（ノンステップバス・リフト付きバス等）に要する経費の3分の1、福祉タクシー導入に要する経費の2分の1、ICカードシステムの整備に要する経費の2分の1、バス等ロケーションシステムの整備に要する経費の2分の1、バス停上屋、ベンチ、案内標識等の整備に要する経費（交通結節点等を中心とした地域公共交通に関するまちづくり計画に基づくものに限る）の2分の1から、国庫補助金その他の補助対象事業に係る補助金等、寄付金、補助対象事業者が得た収入を除いた額とされる。「地域公共交通確保のための協働連携事業」については、実証運行に要する経費として上限400万円、補助期間は最大3年であるが、私設バスとの連携による実証運行では市町村、協議会または事業所等の負担額のいずれか少ない額が上限となり、複数市町村または協議会の連携による実証運行と、観光振興に寄与する地域交通の実証運行および「まちづくり」と連動した実証運行の場合は、市町村または協議会の負担額の合計額が上限（事業所が従業員または利用客等に対し、支給するバス利用のための費用については事業所の負担額と見なす）とされ、国庫補助金その他の補助対象事業に係る補助金等、寄付金、補助対象事業者が得た収入を除いた額

(第 5 条および別表) を補助対象経費としている。

　補助対象事業者は補助金の交付申請に際し、事業計画書等の必要書類を添えて知事に提出 (第 6 条) しなければならず、奈良県は外部の有識者および県庁関係課の職員で構成する「事業選定委員会」(「奈良県安心して暮らせる地域公共交通確保事業選定委員会規則」平成 26 年 3 月 31 日、奈良県規則第 98 号) を設置して審査を行う仕組みである。なお、2015 年度の予算額は「地域公共交通確保事業補助」3,508.2 万円のうち、「運行効率化調査検討事業補助」が 2,708.2 万円、「利用環境整備事業補助」は該当事業なし、「地域公共交通確保のための協働連携事業補助」800 万円であった。

　奈良県知事は、移動目的ごとの交通特性に応じたバス交通の確保を図り、公共交通のネットワークを確保するため「奈良県基幹公共交通ネットワーク確保事業補助金交付要綱」に基づき「奈良県基幹公共交通ネットワーク確保事業」に対し補助金を交付する。補助金は要綱に定める基準に適合する補助対象系統を運行する事業に対して交付される「基幹公共交通ネットワーク路線運行費補助」、「地域公共交通活性化・再生法」第 6 条第 1 項に規定する法定協議会か、市町村が主体となって隣接する法定協議会もしくは市町村等との連携[17]により、路線バスに代えて補助対象系統を運行する事業に対して交付される「基幹公共交通ネットワーク市町村連携地域交通確保事業補助」および補助対象系統を運行するために必要な車両であって、補助対象と認められる車両を取得する事業に対して交付される「基幹公共交通ネットワーク車両減価償却費等補助」(第 2 条) に分類できる。

　補助対象事業者は補助対象系統を運行し、または補助対象車両を取得する乗合バス事業者 (第 3 条第 1 項) であり、補助対象期間を 1 年 (第 4 条) に限定した補助金を受領する。ただし、「基幹公共交通ネットワーク市町村連携地域交通確保事業補助」について、法定協議会あるいは市町村が乗合バス事業を経営する者に運行委託する場合は、当該法定協議会または市町村も補助対象事業者 (第 3 条第 2 項) となる。

　「基幹公共交通ネットワーク路線運行費補助」と「基幹公共交通ネットワーク市町村連携地域交通確保事業補助」に係る補助対象経費の算出方法は、補助対象経費の額を補助対象経常費用の見込額とするが、補助対象期間中に

補助対象系統の合併、分割その他の再編が予定されている場合は、再編前後の運行予定日数に応じて算出した額の合計額となる。補助対象経常費用の見込額は、「実車走行キロあたり経常費用の見込額（走行キロに比例する費用）×当該補助対象系統の計画実車走行キロ＋当該補助対象事業者の地域実車走行時間あたり経常費用の見込額（走行時間に比例する費用）×当該補助対象系統の計画実車走行時間」で計算し、経常収益の見込額は、「当該補助対象系統の実車走行キロあたり経常収益の見込額×当該補助対象系統の計画実車走行キロ」で算出（要綱別表3）される。

「基幹公共交通ネットワーク車両減価償却費等補助」の補助対象経費は、補助対象購入車両減価償却費および当該車両購入に係る金融費用の合計額であって「基幹公共交通ネットワーク路線運行費補助」と同様に算出される経費となり、補助率は3分の1である。

2015年度における「奈良県基幹公共交通ネットワーク確保事業補助」は1億9,710.4万円で、内訳は「基幹公共交通ネットワーク路線運行費補助」1億7,828.3万円、「基幹公共交通ネットワーク市町村連携地域交通確保事業補助」1,192.3万円、「基幹公共交通ネットワーク車両減価償却費等補助」689.8万円となっている。基礎自治体による地域公共交通の維持・確保は国や県の補助金に依存しなければ成り立たないが、補助率・金額両方とも少額である。「田原本町地域公共交通活性化協議会」によるデマンド型乗合タクシー運行業務委託料に対する15年度予算は930万円に過ぎない。

**注**

1) 『やまと21世紀ビジョン―なら未来30年の道しるべ』奈良県、2006年。
2) 奈良県観光局観光産業課「奈良県観光客動態調査報告書（平成26年1月～12月）」、2015年、6頁。
3) 『平成22年の京阪神都市圏における人の動き―第5回近畿圏パーソントリップ調査結果から』京阪神都市圏交通計画協議会、2012年12月。
4) 大西孝典元衆議院議員のブログ。2015年5月。http://ameblo.jp/0024takanori/entry-11847605617.html（2016年7月アクセス）
5) 奈良県知事荒井正吾陳述「今後の地域バス交通を支える仕組みの構築についての考え方（私論）」交通政策審議会交通体系分科会地域公共交通部会ヒアリング資料、2013年10月28日。
6) 「『奈良県道路の整備に関する条例』について」奈良県県土マネジメント部道路建設

課、2014 年 4 月。
7）『奈良県公共交通基本計画（素案）』第 2 回奈良県公共交通基本計画策定委員会、2015 年 10 月 19 日。
8）『奈良県交通基本戦略』奈良県、2011 年 3 月。
9）同上。
10）「公共交通基本計画及び地域公共交通網形成計画の策定方針について」。http://www.pref.nara.jp/secure/141713/shiryo3-1.pdf#search（2015 年 10 月 27 日アクセス）
11）『奈良県公共交通基本計画（素案）』第 2 回奈良県公共交通基本計画策定委員会、2015 年 10 月 19 日。
12）『奈良県公共交通基本計画』奈良県、2016 年 3 月。
13）『奈良県地域公共交通再編実施計画』奈良県・奈良市・大和高田市・大和郡山市・天理市・橿原市・桜井市・五條市・御所市・生駒市・香芝市・葛城市・宇陀市・山添村・平群町・三郷町・斑鳩町・安堵町・川西町・三宅町・田原本町・曽爾村・御杖村・高取町・明日香村・上牧町・王寺町・広陵町・河合町・吉野町・大淀町・下市町・黒滝村・天川村・野迫川村・十津川村・下北山村・上北山村・川上村・東吉野村、2016 年 3 月。
14）奈良県県土マネジメント部地域交通課ヒアリング、2016 年 3 月 22 日。
15）同上。
16）同上。
17）「連携」とは沿線にあるすべての法定協議会または市町村が、路線確保の必要性について検討した上で運行計画を主体的に策定し、それぞれの役割を運行委託契約書、協定書もしくはそれに類するものに規定し、運行を図ることをいう。

[第13章]
# 高松市公共交通利用促進条例

## 第1節 高松市の概観と「多核連携型コンパクト・エコシティ」

　高松市は四国の北東部、香川県の中央に位置する人口約42.1万人（2016年6月1日現在の推計人口）の都市で、香川県の県庁所在地である。「平成の大合併」等を経て旧香川郡・木田郡・綾歌郡（1890年2月15日の市制当時の区域は旧香川郡）内の各町村が統合された四国経済の中心地であり、「地方自治法第二百五十二条の二十二第一項の中核市の指定に関する政令」（最終改正：平成27年12月2日、政令第399号）に基づく中核市に指定されている。

　高松市は、郊外型大規模小売店舗等の増加により都市機能が拡散し、自家用自動車の依存度が一層高まっており、公共交通利用者が大きく減少、公共交通を取り巻く環境は厳しさを増している。人口減少と高齢社会が進行する中で、公共交通の衰退は移動制約者の急増や中心市街地における商業機能の低下のみならず、周辺部を含む地域社会の疲弊を一層拡大させる可能性がある。このような状況下、同市は持続可能な都市構造として「多核連携型コンパクト・エコシティ」の実現を目指し、取り組みの主柱に「快適で利用しやすい公共交通体系の構築」[1]を掲げる。

　高松市が進める「多核連携型コンパクト・エコシティ」とは「都市機能の集積と市街地の拡大抑制によるコンパクトな都市構造および人と環境にやさ

しい公共交通を機軸とした環境共生都市」をいう。具体的には「17 の集約拠点が連携し、それぞれの特性を生かしながら、快適で暮らしやすいまちづくりを、また、周辺部においては、やすらぎのある田園地域にふさわしいまちづくりを目指す」と説明される。ちなみに、根拠法である改正「都市再生特別措置法」(最終改正：平成28年6月7日、法律第72号) は、「地方都市では拡散した市街地で急激な人口減少が見込まれる一方、大都市では高齢者の急増が見込まれる中で、…（中略）…住宅及び医療、福祉、商業その他の居住に関連する施設の誘導と、それと連携した公共交通に関する施策を講じることにより、市町村によるコンパクトなまちづくりを支援することが必要」[2]との趣旨で制定された。

　「コンパクトシティ」に関しては、第11章第1節において「周辺地域の人口減少や地域経済の疲弊を一層促進させる可能性が高く、交通ネットワークの構築も困難にする危険がある」と批判したが、安倍内閣は「地方創生」と称して新たな都市再開発を実施するとともに、公共サービスや施設の統廃合を行って中心部に集約する「多核連携型コンパクトシティ」を形成し、都市間を最低限の公共交通機関で結ぶ政策を進める方針である。しかし、当該施策は地域間を運行する公共交通の衰退や都市部の過密化を一層促進し、周辺地域の切り捨てにつながる危険性がある。とりわけ香川県には高松市を除き、人口20万人以上の要件を満たす「地方中枢拠点都市」移行の可能性を有する都市は存在しない。中心都市と近隣市町村が相互に役割分担と連携・協力関係を強め、圏域全体として必要な生活機能を確保する「定住自立圏構想」の取り組みも高松市、観音寺市、丸亀市の3市[3]でしか行われていない。したがって、「多核連携型コンパクト・エコシティ」を実現できたと仮定しても、広域的交通ネットワークの構築はもとより、国が目指す「地方創生」の目的を達成するのは困難と思われる。

## 第2節　県内公共交通の実情と条例制定の背景

　人口規模の小さい香川県の公共交通は極めて貧弱であり、県庁所在地である高松市でもそれほど発達していない。主に県西部で乗合バスを運行してい

た1911年創立の琴平参宮電鉄株式会社（観光バスも運行）は、乗客数の減少により1963年に鉄軌道事業を廃止したが、2009年には乗合バス事業を別会社の琴参バスに移管し解散となった。その後もJR四国の沿線部を除いて乗合バスの利便性・収益性は悪化を続け、県西部に居住する住民は市部であっても利便性に劣るコミュニティバス（1日2〜3往復程度）に依存せざるをえない場合が多く、自家用自動車が欠かせない状況にある。

琴平参宮電鉄とともに民間の公共交通を二分し、主に高松市や県東部において鉄軌道事業と乗合バス事業（観光バスも運行）等を経営していた1943年設立の高松琴平電気鉄道株式会社は、県内に3路線をもつ鉄道会社であるが1986年、乗合バス事業を子会社の高松バス（現：ことでんバス）に譲渡した。それでも同事業が維持できた理由は、比較的乗客が見込める高松市を中心に運行されたことにある。高松琴平電鉄は1970年代、鉄道3線の拠点である高松市内の瓦町駅に駅ビルを建設し、百貨店「コトデンそごう」を開業する「近代化計画」に失敗、2001年に同百貨店は「民事再生法」の適用を申請し、閉店した。高松琴平電鉄は、債務保証策の頓挫に起因して経営難に陥り2001年12月、子会社のコトデンバス（現：ことでんバス）とともに再度「民事再生法」の適用を申請、香川日産グループや地元の大手食品メーカー・加ト吉（現：テーブルマーク）等の支援を受け、2006年3月まで経営再建に取り組んだ経緯がある。その際、鉄道事業の改革をめぐる市民運動の展開は有名である。

香川県は、JR四国を含み公共交通の維持・存続が困難な広域自治体であり、高松広域都市圏に属する近隣市町を基盤に置かない限り経営改善は難しい。最大の要因は人口の偏りと過剰な道路整備にある。同県の人口約97.4万人（2016年6月1日現在の推計人口）のうち、高松市の人口は43.0％[4]までを占める。また同県は道路事情が良く、自家用自動車による県内外への移動が便利である。主要国道は4車線以上のバイパスが完備され、幹線道路としての県道や市町道もほぼ4車線以上の高規格道路で形成されており、国道・県道の道路改良率は86.8％、舗装率は99.9％（国内第1位）と整備水準が極めて高い。さらに本州四国連絡橋（児島〜坂出・鳴門〜神戸間）が岡山市や神戸市への日常的な買い物客等の大量流出を誘発するのである。道路整備は

JR 四国の沿線全域にわたり線路に並行する形で行われ、乗客の減少を加速している。このように、公共交通の疲弊要因は人口に関わる問題と併せ、都道府県の中で面積が最も小さい県にもかかわらず、自家用自動車の利用を促す縦横無尽の道路網建設にある。

　2012 年の「第 3 回高松広域都市圏パーソントリップ調査」(調査期間：2012 年 10 月～11 月。対象地域：島嶼部を除く香川県全域の 8 市 6 町＝ほぼ県全域。対象人口：約 93 万人)によれば、高松広域都市圏における移動手段は徒歩が 13.2%(1989 年は 21.6%)、二輪車 14.5%(同 26.4%)、乗合バス 1.2%(同 1.1%)、鉄道その他 3.2%(同 3.7%)に対し、自動車が 67.7%(同 46.9%)と圧倒的に多い。公共交通機関の利用率はかなり低いが、その理由は道路整備のほか、運行本数に関する不満が平均 52.5%、運行時間帯に関する不満 45.8%、運賃 42.0%、所要時間 34.1%[5]という利便性の悪さにも起因する。当然ながら、公共交通体系を将来にわたり維持するには、利便性の向上と市民の積極的な利用が不可欠であり、市・市民・事業者・公共交通事業者の協働による取り組みが求められる。そのため「高松市公共交通利用促進条例」(平成 25 年 9 月 27 日、条例第 42 号)が施行されたのである。

## 第 3 節　高松市総合都市交通計画推進協議会と市民団体の役割

　高松市は、道路整備による自家用自動車の利用を前提とした「まちづくり」を進めてきたが「高松市公共交通利用促進条例」の施行を契機に、公共交通を一層重視する方針である。同市の乗合バス網は郊外(高松広域都市圏)から市中心部への一極集中型となっている。中心部はバス路線再編と併せ、鉄道駅等の交通結節機能強化や公共交通機関が優先走行できる道路空間の改修等「公共交通を優先し、利用しやすい環境を整備」しつつ、郊外では「地域の特性に応じて基幹交通としての鉄道や幹線バスと、コミュニティバス等の支線交通が効率的に機能し合う路線網の構築」[6]を図る予定である。

　「高松市公共交通利用促進条例」は、福岡市や金沢市および新潟市等の条例を参考に策定され、2013 年 9 月 27 日に公布・施行となった。条例案は「高松市総合都市交通計画推進協議会条例」(平成 24 年 3 月 27 日、条例第 3

号）に基づく「高松市総合都市交通計画推進協議会」（第1条）において数回の審議を行い、12年6月に市民3,000人を対象とするアンケート調査を実施、5〜8月にかけて後述する「コミュニティ協議会」で意見交換会を開催し、13年1月21日の「高松市総合都市交通交通計画推進協議会」第4回会議において「条例素案提言書」[7]として取りまとめられた。条例は公共交通の利用を促進し、「安全かつ快適で人と環境にやさしい都市交通の形成及び多核連携型コンパクト・エコシティの実現」に寄与するため、公共交通の利用促進と「まちづくり計画」を融合する役割をもつ。

「高松市総合都市交通計画推進協議会条例」によれば「高松市総合都市交通計画推進協議会」は、「人と環境にやさしく快適で利用しやすい公共交通体系の構築を基本理念とする、高松市総合都市交通計画に定める施策の効果的な推進を図る」（第1条）目的で設けられ、学識経験者、交通事業者、商工・経済団体の代表者、同市の区域内にある公共的団体等の代表者、関係行政機関の職員等から「市長が委嘱する22人」（第3条）で構成される。「高松市総合都市交通計画」（短期目標年次：2015年、中長期目標年次：2028年）は「公共交通及び自転車を活用したまちづくりを総合的かつ計画的に推進するために市長が定めた計画」であって、「多核連携型コンパクト・エコシティ」の実現を展望する「第5次高松市総合計画」等を上位計画として2010年11月に策定された。「高松市公共交通利用促進条例」には「公共交通利用促進計画」（第9条第1項）を策定するまでは、総合計画の該当部分を「公共交通利用促進計画とみなす」（経過措置）と定めてある。

「高松市公共交通利用促進条例」は「公共交通利用促進計画」の策定にあたり「市長は…（中略）…高松市総合都市交通計画推進協議会の意見を聴かなければならない」（第9条第3項）と規定しており、同協議会は「公共交通利用促進計画」の策定と、地域公共交通の活性化・再生に一定の責任を有する。一方、「高松市総合都市交通計画推進協議会条例」は協議会の所掌事項として、市長の諮問に応じ、①新交通システムの導入を含めた交通体系の再構築に関すること、②公共交通機関の利用促進に関すること、③交通結節拠点における機能の拡充に関すること、④その他、協議会の目的を達成するために必要な事項について「協議し、建議」（第2条第1項各号）すると定める。

協議会の責務は2つの条例に分割規定してあるが、本来的な役割が「高松市総合都市交通計画に定める施策の効果的な推進」に置かれるため、総合的見地から交通政策に関わる必要性に鑑み、両条例間の整合性を図ったと考えられる。

　ところで、先述した「コミュニティ協議会」とは「地域の個性及び自立性を尊重した地域のまちづくり」を進めるため、「高松市自治基本条例」(平成21年12月21日、条例第51号)の規定により市民が設置する協議体で、福祉・環境・教育等、多様化する諸課題を自身の問題として捉える「地域みずからのまちづくり」に向け、自主的に参加し、総意と協力による「住みよい地域社会の構築」を共通の目的としている。また、市は「市民の自治を推進するため、…(中略)…その活動に対して適切な支援」(第23条)を行う。「高松市地域コミュニティ協議会の認定に関する規則」(平成22年2月15日、規則第2号)第1条に基づき、協議会としての認定(第2条)は市長が行うが、概ね小学校単位で、連合自治会や地域の各種団体、企業およびNPO等で構成される。2006年5月には市内44地域の協議会の集合体として「高松市コミュニティ協議会連合会」が設けられた。

　「高松市総合都市交通計画推進協議会」と「コミュニティ協議会」をはじめとする市民団体が協働して「高松市公共交通利用促進条例」案の作成に携わったことは、民主的な試みとして評価できる。今後の各種取り組みにおいていかなる役割を果たすか注目したい。

## 第4節　高松市公共交通利用促進条例に係るタクシー事業の取り扱い

　公共交通の衰退が移動制約者の急増や中心市街地における商業業務機能の低下等、多くの弊害を招き、ひいては地域社会全体の疲弊につながるとの認識は、交通計画と都市計画の密接不可分性を考えれば当然といえる。「高松市公共交通利用促進条例」も「公共交通の利用の促進は…(中略)…高松のまちの魅力を高め、にぎわいの創出に資することを旨として行われなければならない」(第3条第2項)と規定する。ただし、金沢市等のほか、福岡市の条例でも「市は、生活交通施策をまちづくり施策その他の市の施策と一体的

に推進する」(第4条第1項) とあり、高松市の条例がとくに優れているとはいえない。

　「高松市公共交通利用促進条例」の目的は「公共交通の利用の促進に関し、基本理念を定め、市、公共交通事業者、市民及び事業者の責務」を明らかにし、公共交通の利用促進に関する「施策の基本的事項」を定め、「公共交通の利用を総合的に促進し、もって快適で人と環境にやさしい都市交通の形成に寄与すること」(第1条) に置かれる。その上で「誰もが安全に安心して移動できる公共交通体系を構築することを基本理念」(第3条第1項) とし、地域振興に資するものならびに環境への負荷の少ない社会の実現を目指すとされる。

　公共交通の利用促進において、市民や公共交通事業者の範囲をいかに定義するかは大きな問題である。「高松市公共交通利用促進条例」第2条第1項第3号が準用する「高松市自治基本条例」は、市民の定義を「市内に居住し、通勤し、または通学する個人および市内で事業を行い、または活動を行う個人または法人その他の団体」(第2条第1項) と規定し、「協働」(第2条第5項) を「市民と市が、または市民相互が、互いを理解し、対等な立場で、それぞれの責任と社会的役割を踏まえ、共通の目的達成のために共に取り組むこと」(第2条第6項) と定めている。福岡市や熊本市の条例と異なり、市民の範囲を市内で「活動を行う個人または法人その他の団体」に広げ、市外からの買い物客、観光客や通院者等も市民に包含したことは評価できる。

　問題は「高松市公共交通利用促進条例」が定める公共交通事業者の範囲である。条例は公共交通を「市民の日常生活又は社会生活における移動のための交通手段として利用される公共交通機関」(第2条第1項第1号) と定義する。けれども「公共交通事業者」(第2条第1項第2号) については乗合バス事業者、鉄道事業者、フェリー事業者等に限定し、タクシー事業者は除外された。前述の「条例素案提言書」作成過程において、公共交通機関に包含すべきか否か議論が行われたが、基本的に「1人乗客のタクシーは公共交通機関と認めがたい」[8] との理由で対象外としたのである。

　高松市は、公共交通に対する施策対象を「不特定多数の乗合機関」に限定したいとの理由から、タクシー (乗合タクシーを除く。以下、同じ) を「基軸

としての公共交通機関」とは見なさず、バイク、自転車、徒歩等と併せ「基軸を支えるもの」と捉えている。同市は「条例素案提言書」の内容を各種施策に反映させているが、タクシーに関しては鉄道や乗合バス等の「基軸」を補完する交通手段として扱われる。2013年1月開催の「高松市総合都市交通計画推進協議会」第2回会議では、委員から公共交通「利用促進の中でのタクシーの位置付けをしっかりしてほしい」との意見が提示された。「交通結節機能を持つものとして、タクシーを条例に位置付けられないか」というパブリックコメントも寄せられている。これに対し、行政側は「本協議会におけるこれまでの審議の中で、鉄道・バスおよび乗合タクシー等の一般乗合事業を、本条例における利用促進の対象である公共交通とする旨の結論をいただいています。一方、タクシーは基軸を支えるものとして自動車の中に含まれており、公共交通を補完する施策と位置付けています」と返答した。さらに「タクシーが公共交通を補完する施策の対象であるならば、…（中略）…自動車の部分において、タクシーを含むことを明記されたい」との意見や、「タクシーは、バスや乗合タクシーを利用できない方の受け皿であり、タクシーの役割も位置付けていただきたい」とのコメントに対しては、「御意見を踏まえ、[筆者注：「条例素案提言書」内にある]図中に次の内容を追記します。自動車（※タクシー（乗合以外）を含む）」[9]と回答している。しかし、条例にはタクシーに関する記述は存在しない。

　タクシーが公共交通機関にあたるかに関しては議論があるが、公共交通が発達していない地域では重要な移動手段となる。第2節で扱った2012年の「第3回高松広域都市圏パーソントリップ調査」によれば、65歳以上の高齢者の外出率は78.9％（1989年は80.3％）で、交通手段分担率は徒歩13.2％（同21.6％）、二輪車14.5％（同26.4％）、自動車67.7％（同46.9％）、乗合バス1.2％（同1.1％）、鉄道その他3.2％（同3.7％）となっている。タクシー利用率と外出目的は不明であるが、介護を必要とする「移動困難者」が33.0％、移動に「困難あり」も41.8％を占める。公共交通の利便性が劣悪な同県の実情を勘案すれば、通院や買い物等へのアクセスに係るタクシーの利用は、同居人が所有する自家用自動車への便乗と同様、かなり多いと推察され、同事業に対する高松市の位置づけには疑問が残る。

「公共交通空白地域」におけるバス路線廃止または減便後の代替交通機関および通院者、高齢者等、移動制約者の公共施設等への移送手段となる乗合タクシーは、「道路運送法」（最終改正：平成26年6月13日、法律第69号）に定める「特定の者の需要に応じ、一定の範囲の旅客を運送する旅客自動車運送事業」としての「特定旅客自動車運送事業」（第3条第2項）に該当する場合が多々ある。乗合タクシー（特定旅客自動車運送事業）については「条例素案提言書」も「その他、地域交通の基軸」に位置づけている。ただし、「高齢者、障害者等の移動等の円滑化の促進に関する法律」では「公共交通事業者等」の中に「一般乗用旅客自動車運送事業者」（第2条第1項第4号ハ）が包含される。法的にはタクシーも公共交通機関の一種であり、公共交通から除外したり、公共交通機関の補完と位置づけるのは問題とも思える[10]。

## 第5節　公共交通利用促進施策と各種取り組み

「高松市公共交通利用促進条例」は、自転車利用が多い地域特性をふまえ「自転車をはじめとする、公共交通と相互に補完し合う他の交通手段との連携を図ることが不可欠」（前文）と記してある。しかし、同条例の素案段階で盛り込まれた「公共交通と自家用車・自転車（レンタサイクルを含む。）の連携、環境向上、徒歩・自転車の利用環境向上など、公共交通の利用促進を補完する施策」の文言は削除された。条例には、公共交通の利用促進施策に関する基本方針として「公共交通以外の交通手段との間における効率的な機能分担及び連携」（第8条第1項第2号）が挙げられている。自転車利用に関する施策は2015年策定の「高松市地域公共交通網形成計画」[11]に盛り込まれたものの、サイクル・アンド・ライドの整備が中心であって、主に「高松地区における自転車を利用した都市（まち）づくり計画」[12]に委ねられており、相互間の調整と連携が十分とはいえない。

　2014年7月、「四日市市都市・環境常任委員会」が行政視察に訪れ、委員が「条例と自転車の関連性はどうか」との質問をした際、高松市は「市内循環バスと自転車は互いに競合関係にあり、自転車の利用が増えるとバスの利用者が減ることも考えられるので、バランスをとりながら各々の施策を進め

たい」[13]と回答した。自転車を「公共交通の利用促進を補完するもの」と位置づけず、むしろ公共交通の利用を妨げる存在と捉えるようにもみえるが、高松市は「あくまで中心市街地におけるバスのちょい乗り利用と自転車利用という限定的な場面に言及したものであり、これをもって、全市的に自転車を公共交通と競合関係にあると位置付けたものではない」[14]と説明する。

　たしかに前述の「条例素案提言書」には「自転車は公共交通（＝基軸）を補完するもの」とあり、自転車利用に関する積極的な施策推進が求められる。「高松地区における自転車を利用した都市（まち）づくり計画」等に配慮し、条例に他計画との調整条項を加えることも考慮すべきと思われる[15]。

　「高松市公共交通利用促進条例」の基本理念は「誰もが安全に安心して移動できる公共交通体系」（第3条第1項）の構築に置かれる。したがって条文には明記されていないが、障害者や高齢者等に対する移動手段の確保も含まれる。高松市では高齢者の増加および公共交通の衰退に伴い、移動制約者への対応が課題になっており、高齢者福祉および公共交通利用促進の両面からの施策として地域ICカードを活用した運賃割引制度を2014年10月に導入した。市内に在住する70歳以上の高齢者を対象とし、運賃を50％割引する制度（6か月ごとに更新）で、補助金交付対象はシステム改修費等と運賃割引額の差額補填（2014年度の当初予算額は4,287万円）である。同制度の導入で、郊外部から乗合バスで直接に中心市街地へ向かうより、最寄りの鉄道駅で乗り換えた方が安価となり、中心市街地において鉄道から乗り継げばバスの初乗り運賃が安くなる。「高松市地域公共交通網形成計画」に盛り込まれたパーク・アンド・ライドの推進にも資するであろう。なお、同形成計画がLRTやBRTといった新交通システムおよびトランジットモールの導入を検討課題に挙げたことはともかく、市内中心部への自動車進入抑制のため、特定の道路や地域、時間帯における自動車利用者に対して課金する「ロードプライシングの実施」まで課題としたことは、東京都、鎌倉市を除き全国的に事例がなく、新しい試みといえる。

　行政と交通事業者が一体となってICカードを活用する方法は、鹿児島市や熊本市等、全国的に実施されており、利用客は増加傾向にあるが、高松市はバス路線が廃止された「公共交通空白地域」を運行するコミュニティバス

等にも適用した。JR 四国を除く市内すべての電車とバスで共通の IC カードが利用できるため、全市域を通して公共交通の利便性を向上させる可能性が高いと思われる。

　条例は、公共交通の利用促進に際し、「交通の円滑化及び効率化を図り、もって高松のまちの魅力を高め、にぎわいの創出に資すること」（第 3 条第 2 項）および「環境への負荷の少ない社会の実現に資すること」（第 3 条第 3 項）を求め、交通計画と都市計画との融合だけでなく、公共交通の利用促進に環境保全を絡めている。その上で、市の責務を「公共交通の維持・改善を可能とするまちづくりの推進及び公共交通事業者との協働による公共交通の利便性の向上」と、利用促進施策の「総合的かつ計画的な策定、及び実施」（第 4 条第 1 項）に置き、「公共交通事業者、市民及び事業者の意見を十分に反映させる」（第 4 条第 2 項）努力義務を課する。これに対し、公共交通事業者は第 5 条に定める事業の効率化、利用促進策の推進および公共交通の利便性向上に努めなければならない。その場合「他の公共交通事業者との連携」ならびに「市、市民及び事業者と協働」（第 5 条第 1 項・第 2 項）が重視される。関連施策を連携・協働して行えば、諸施策が相乗効果を生み「正のスパイラル」への転換が比較的容易になろう。

　市民は「公共交通の利用促進への理解と関心を深める」とともに「過度の自家用車の利用を控え、公共交通を積極的に利用」（第 6 条第 1 項）するよう努める必要がある。事業者も「その事業活動に伴う移動、従業員の通勤等における公共交通の利用を推進するとともに、従業員に対し公共交通の利用に関する意識啓発を行う」（第 7 条第 1 項）努力義務を有する。いうまでもなく公共交通は市民の利用によって支えられている。公共交通を積極利用する意識を高めるため、学校教育で公共交通の積極的な利用を促す取り組みを推進する方策も求められ、公共交通に親しむソフト面での事業展開が望まれる。

## 第 6 節　公共交通空白地域等およびバリアフリー関連施策

　高松市には公共交通空白地域等が存在するにもかかわらず、条例は明確な条文を規定していない。同市は条例中、「地域の特性に応じた公共交通間お

よび公共交通と公共交通以外の交通手段との間における効率的な機能分担及び連携」(第8条第1項第2号) 条項が「公共交通空白地域への対応施策も想定した条文にあたる」[16]と説明するが、公共交通空白地域等での公共交通の確保は重要な行政課題であり、当該地域の定義、方向性、各種施策等に係る必要な項目を定めた市民誰もが理解できる条文修正もしくは追加が肝要と考える[17]。先述の「四日市市都市・環境常任委員会」が行政視察を行った際、高松市は「市内に空白地帯は存在しており、本条例の地元説明会においても、利用促進以前に公共交通がないではないかとの意見もあった。持続可能な公共交通として地域主導の動きを期待しているが、なかなか進んでいないのが実状」と述べている。既述したとおり、高松市の乗合バス網は郊外から市中心部への一極集中型となっている。したがって、各路線間の役割分担と連携に関する施策と併せ、公共交通空白地域等における移動手段確保の中核は当面の間、地域の特性に応じた鉄道や幹線バスの基幹交通と交通結節点の整備ならびに、コミュニティバス等の支線交通が効率的に機能し合う路線網の再構築に置かれると思われる。

　一方、「高松市公共交通利用促進条例」は、新潟市の条例と同じく「高齢者、障害者等の移動等の円滑化の促進に関する法律」を意識したバリアフリーに関する条文を備えており、ユニバーサルデザインについて「年齢、性別、障害の有無、国籍等にかかわらず、できる限り多くの人が利用することができるよう製品、環境等を計画し、設計すること」(第8条第1項第4号) と定義する。具体的施策は「誰もが安全に安心して移動できる公共交通体系を目指した鉄道駅のバリアフリー化や駅周辺の歩道段差解消等、あらゆる人に優しいユニバーサルデザインの考え方」に配慮した移動環境の整備に重点が置かれる。

　ところで、市長は基本方針に基づき、第3節で述べた「公共交通利用促進計画」を策定する。同計画の内容は、①公共交通の利用の促進に関する目標、②、総合的かつ計画的に講ずべき施策、③公共交通と公共交通以外の交通手段との連携に関する事項、④その他、利用促進施策を総合的かつ計画的に推進するために必要な事項となる。重要な事柄は目標の設定と達成度の公表である。条例は、市および公共交通事業者は「公共交通の利用実態及び利用者

の意向の把握」(第11条) に努め、市長は「毎年度、公共交通利用促進計画で定めた目標の達成状況、利用促進施策の実施状況等」を取りまとめ、「概要を公表」(第12条) しなければならない。毎年度にわたる公表は、市民の参加意識を高める可能性をもち、市議会や市民による事業評価につながる。「市民は、利用促進施策を市、事業者及び公共交通事業者と協働して推進するよう努めなければなら」(第6条第2項) ず、「公共交通利用促進計画」を策定する際、市長は「高松市総合都市交通計画推進協議会」への意見聴取のみならず、「あらかじめ、市民の意見を反映させるために必要な措置を講ずる」(第9条第3項) 義務がある。こうした手続きは住民自治に配慮した措置といえよう。さらに市議会や市民による事業評価は、一層有益な「公共交通利用促進計画」の改訂を促す効果がある。

　もとより「公共交通利用促進計画」に基づく施策の推進には、公共交通事業者に対する支援と、国や県の協力が求められる。市は「必要な財政上の措置を講ずるよう努め」(第10条第1項) ながら、「必要があると認めるときは、公共交通事業者及び公共交通事業者が構成する団体に対し助言を行うとともに、国、県その他関係機関に対し必要な要請又は提案を行う」(第10条第2項) ことができる。市の財政力には限界があるため、国と県の援助は必要不可欠である。けれども、公共交通事業者間の利害調整に関しては、「基軸」としての公共交通機関からタクシー事業が除外されているだけに、複雑な問題が発生するおそれを否定できない。ただし、高松市は「現在のところ、本市において、タクシーを含めた事業者間の利害調整が必要となる事案は発生していない。しかしながら、本市が取り組んでいる鉄道新駅の整備等の交通結節拠点の整備においては、基軸を補完する交通モードとの結節点として、タクシーベイなどの整備は必須である」[18] と回答している。

注
1) 高松市『多核連携型コンパクト・エコシティ推進計画―人と環境にやさしい 真の田園都市 高松を目指して』2013年2月。
2) 2014年の第186回国会における「都市再生特別措置法等の一部を改正する法律案提出理由」第186回国会・国土交通委員会議事録第12号、2014年5月8日。
3) 『「定住自立圏構想」について』総務省・地域力創造グループ、2014年10月。

4)『香川県人口移動調査報告』香川県政策部統計調査課、2015 年 2 月 1 日。
5)『第 3 回高松広域都市圏パーソントリップ調査』高松広域都市圏総合都市交通体系調査委員会、2012 年。
6) 高松市市民政策局交通政策課資料。http://www.city.takamatsu.kagawa.jp/15003.html（2015 年 11 月アクセス）。
7) 高松市総合都市交通計画推進協議会『高松市公共交通利用促進条例（仮称）素案 提言書について』および『高松市公共交通利用促進条例（仮称）素案』2013 年 1 月 21 日。
8) 高松市市民政策局・コンパクト・エコシティ推進部交通政策課ヒアリング、2015 年 6 月 11 日。
9)『公共交通利用促進条例（仮称）素案提言書（案）に対する意見およびその対応』高松市交通政策課。
10) 交通政策課へのヒアリングでは「運用面で『基軸を補完するもの』として取り扱っているので、条文にタクシーを加える必要はないと考える」とのことであった。
11)『高松市地域公共交通網形成計画』高松市、2015 年 3 月。
12) 自転車を利用した香川の新しい都市づくりを進める協議会・高松地区委員会、2008 年 11 月策定。
13)「都市・環境常任委員会行政視察報告」四日市市都市・環境常任委員会、2014 年 8 月 22 日。
14) 前掲（注 8）ヒアリング。
15) 交通政策課でのヒアリングによれば、「自転車は基軸を補完するものであり、『条例素案提言書』においても、自転車に関する施策を、公共交通と相互に補完し合う施策として位置付けており、調整条項を加える必要はないと考えている」とのことである。
16) 前掲（注 8）ヒアリング。
17) 高松市によれば「既に公共交通空白地域への対応施策も想定した条文となっており、特段の追加は必要ないと考えている」とのことである。
18) 前掲（注 8）ヒアリング。

[第14章]
# 長岡京市公共交通に関する条例

## 第1節 | 長岡京市と公共交通の概況

　京都市と大阪市の中間に位置する長岡京市は、交通の利便性に優れたまちとして発展した。市名は長岡京にちなみ、長岡京の南部と一部市域が重なる歴史的にも有名な古刹・名勝地として知られる。丹波街道以西の西部は主に西山の丘陵地帯からなる自然豊かな地域で、光明寺をはじめ長岡天満宮やその境内にある料亭・錦水亭等のほか、有名な神社仏閣が点在する観光都市である。

　長岡京市の人口は約8.1万人（2016年6月1日現在の推計人口）であるが、2010年における年齢別構成は15歳未満が14.1％、15〜64歳62.7％、65歳以上は21.2％であり、全国の高齢化率22.8％と比較すれば若干低い。自家用自動車保有台数は07年の4万4,500台をピークに減少を続け10年は4万3,024台となっている。市内にはJR東海道本線の長岡京駅と阪急京都線の長岡天神駅が置かれ、両駅から阪急バスが市内路線の大部分を運行、大山崎町、向日市へも連絡する。また、京都市営バスがJR長岡京駅東口〜竹田駅西口（京都市伏見区）間を往復している。同市は06年10月から国の補助を受けてコミュニティバスの運行（2015年以降は市の単費で運行）を開始した。自転車利用に関しては、市営駐輪場がJR長岡京駅周辺に1か所（約2,500台）、

阪急長岡天神駅周辺に1か所（約2,000台）あり、民営駐輪場を含めれば、約5,000台の収容台数となる。そのため、11年度における駅周辺の放置自転車はJR長岡京駅周辺が1日6台程度、阪急長岡天神駅周辺で1日9台程度[1]に過ぎない。

2010年のパーソントリップ調査[2]によれば、代表交通手段分担率は鉄道が19.7％、バス1.8％、自動車29.9％、自動二輪1.6％、原付4.1％、自転車18.6％、徒歩24.2％で自動車の割合が高いものの、鉄道とバスの利用率も21.5％と比較的高い。これは京都市や大阪方面に近い同市の地理的特性と鉄道駅再開発および公共交通の一定程度の歴史的発達過程に起因すると思われる。しかし、全国的な公共交通の衰退と利用率の低下傾向は同市にも波及しており、近年では環境問題や高齢社会への対応と併せ、公共交通の重要性が強調され、健全な持続と利便性向上を目指す公共交通事業者、行政、市民、事業者が一体となった取り組みが求められている。

## 第2節　長岡京市公共交通に関する条例の制定とその概要

「長岡京市公共交通に関する条例」（平成25年12月26日、条例第26号）は、公共交通が「将来にわたって住み続けるため必要不可欠であることを認識」し、「健康な環境負荷の少ない持続可能なまちづくり」（前文）を進めるため制定された。目的は市、市民、事業者および公共交通事業者の責務を明確にし、基本となる事項を定めて「車中心のまちづくりから公共交通中心のまちづくりへの転換」を図り、「誰もが移動しやすい良好な都市環境の形成に寄与すること」（第1条）に置かれる。

条例が定義する公共交通とは「市民の日常生活又は社会生活における移動のための交通手段として不特定多数の人に利用される交通機関」（第2条第1項第1号）をいう。公共交通事業者には、乗合バス事業者およびタクシー事業者ならびに旅客鉄道事業者（第2条第1項第4号）が該当する。しかし、「市民」の定義は熊本市等と同じく「市内に住所を有する者及び市内に勤務又は在学する者」（第2条第1項第2号）とされ、観光客や市外からの買い物客を含まない。その理由について長岡京市は「公共交通を支える第1当事者

は、日常的に利用頻度の高い市内在住、在勤、在学者であると捉えている。一時的な訪問者である観光客や買い物客も利用者であることを否定しないが、観光地周辺や商業施設周辺における慢性的な渋滞問題などは特に起きておらず、現時点では条例改正が必要とは考えていない」[3]と説明する。

けれども、「交通政策基本法では、交通に関する施策の推進は、まちづくり、観光立国の実現その他の観点を踏まえ、各施策相互及び関係者が連携、協働しつつ行われなければならないと定められている。今後、必要があれば、観光等の視点も入れて検討することは十分あり得る」[4]とも述べており、条例改正に含みを残した。長岡天満宮等の観光名所を有する同市の2015年観光入込客数は121.6万人[5]に及ぶ。市外からの買い物客や通勤・通学者も多く、市民のための公共交通利用推進が本来の目的とはいえ、一定の配慮が望まれる。なお、事業者とは公共交通事業者を除く「市内で事業活動を行う法人その他の団体及び個人」(第2条第1項第3号)を指す。

市の責務は、「公共交通に関する総合的な政策」(第3条第1項)の策定と実施にある。政策立案に際しては、市民、事業者および公共交通事業者の意見を反映させ、かつ、施策の実施にあたり「理解と協力」(第3条第2項)を得るよう努力することが求められる。これに対し、市民には「公共交通の利用の促進について理解と関心を深めるとともに、市が実施する公共交通に関する施策に協力」(第4条)する努力義務が、事業者には「事業活動及び従業員の通勤における公共交通の利用の促進」と、「市が実施する公共交通に関する施策に協力」(第5条)すべき努力義務が課せられる。また、公共交通事業者は「公共交通の利用の状況を踏まえつつ市の公共交通の利便性を高めること」および「市が実施する公共交通に関する施策に協力」(第6条)するよう努める義務がある。

条例の主柱は、公共交通に関する基本計画の策定にある。同計画は「長岡京市地域公共交通ビジョン」(第7条第1項)と呼ばれ、策定にあたり市長は第12条に規定する「長岡京市地域公共交通会議」の意見を聴かなければならず、変更するときも同様の手続き(第7条第2項)が求められる。さらにビジョンを策定もしくは変更したときは「速やかにこれを公表」(第7条第3項)する必要がある。ただし、奈良県の条例のような評価制度は予定されて

おらず、公表の理由も市民等に対する周知と意識の高揚に置かれるため、市長は「市民及び事業者による自主的かつ自発的な活動が推進されるよう努めなければならない」（第9条）との規定はあるものの、一般市民等の参加が軽んじられるおそれを否定できない。

2013年7月、「長岡京市地域公共交通ビジョン」（計画期間：2013〜23年）は、「長岡京市公共交通に関する条例」の制定に先立ち、「長岡京市第3次総合計画」（計画期間：2001〜15年度）と、「長岡京市都市計画マスタープラン」（計画期間：2001〜15年）を上位計画として作成されたが、「長岡京市第4次総合計画」（計画期間：2016〜30年度）ならびに「第二期長岡京市都市計画マスタープラン」（計画期間：2016〜30年）の策定に伴い、見直しが行われている。

## 第3節　公共交通の環境整備と移動制約者対策に関する諸問題

「長岡京市公共交通に関する条例」に係る重要事項は、公共交通の環境整備にある。市長は「市民の日常生活及び社会生活を支援するため、公共交通の環境整備を行う」（第8条第1項）とされ、その内容は、①地域の安心・安全、市民の健康増進及び環境負荷の低減に努めること、②車中心のまちづくりから公共交通中心のまちづくりへの転換を図るため、公共交通優先の整備を行うこと、③公共交通による移動が困難であると認められる地域については、当該地域の交通手段が確保されるよう努めること（同条各項）である。①と②は環境保護や「まちづくり」に配慮した事項であるが、③が問題となろう。「移動が困難であると認められる地域」とは「公共交通空白地域」もしくはそれに準ずる地域を指すと考えられる。けれども福岡市や熊本市の条例と異なり、地域の分類・定義だけでなく、基本的な方針・方策も規定されておらず、単に市長の努力義務を定めたに過ぎない。

「長岡京市公共交通に関する条例」の中に、公共交通空白地域等に係る条文を包含しなかった理由を条例制定過程にみれば、当初案では当該地域等の定義や基本方針ならびに政策的対応策を包含していた。ところが各主体の責務や基本計画、「地域公共交通会議」等の基本的な枠組みを定める条例とし

て位置づけたため、「他の条文も含めた全体のバランスを鑑みて削除された」[6]のである。第4節で扱うように、長岡京市は条例とは別に「公共交通空白地域」等に係る定義づけを行い、優先度に応じた対策を実施中である。しかし、条例に規定がなければ、移動制約者の生活交通に関する具体的な対応策が「長岡京市地域公共交通ビジョン」に盛り込まれていても、法理的観点から実効性が十分確保されるとは限らない。

　加えて条例は、前文に「高齢化社会に対応するため」との文言を記したものの、関連する条文がない。市は「高齢者の移動を保障する積極的な環境整備に関しては、そもそも公共交通自体が移動制約者に配慮したものであることから、公共交通中心のまちづくりへの転換を図ることを目的として制定した本条例においては、個々の条文に明記することまではしていない」[7]との見解を示した。独居老人や介護の必要な高齢者をはじめ、移動が困難な高齢者は数多く存在する。移動の確保は本来、福祉政策ではなく交通政策の責任領域である。高齢者の移動保障には特別な施策が求められるため、当該事案についても個別条項を追加した条例改正が望ましい。

　長岡京市はかつて、公共交通空白地域等に相当する地域の交通対策や、高齢者等の移動制約者に関する計画を策定した経緯がある。地域公共交通の活性化と再生を総合的、一体的に推進する目的で作成された「地域公共交通活性化・再生法」に基づく「長岡京市地域公共交通総合連携計画」（計画期間：2011～12年度）である。当該計画は2008年5月、計画作成に関する協議及び連携計画の実施に係る連絡調整を行う目的で設置した自治会長、公募市民、公共交通事業者、関係行政機関等で構成する「長岡京市地域公共交通活性化協議会」（2012年3月27日に解散、「長岡京市地域公共交通会議・コミュニティバス部会」に移行）における幾多の議論を経て成案となった。協議会は、「地域公共交通活性化・再生法」に規定する法定協議会としての「地域公共交通網形成計画の作成及び実施に関し必要な協議を行うための協議会」（第6条第1項）に該当し、「長岡京市地域公共交通総合連携計画」は法定計画にあたる「地域公共交通総合連携計画」（第5条）にほかならない。計画策定の大きな理由は、①地域公共交通総合連携計画の策定調査に要する経費、②実証運行2分の1、③実証運行以外2分の1等、国から交付される各種補助金

の確保にあった。

　「長岡京市地域公共交通総合連携計画」[8]によれば、「公共交通空白地域における身近な交通手段を確保」するため、コミュニティバス運行等、新たな交通体系の確立を目指すとともに、自家用自動車での移動が困難な住民や来訪者の交通手段を維持するため、乗合バス事業者に「現行バス路線の継続運行や、安全な輸送サービス等（低床式バスの導入等）に対する財政的な支援」を行うとある。

　長岡京市北西部の「公共交通空白地域」においては病院、スーパーマーケット、駅、公共施設等や市中心部を結ぶコミュニティバスを運行しているが、高齢者をはじめ移動制約者の利便性向上と、鉄道や既存バス路線との乗り継ぎ利便の向上を考慮して継続運行が図られた。さらに住民等からの意見や利用実績等を考慮し、関係者との調整を経て、地域の実情にあったデマンド型交通、福祉バス・タクシー等の活用等、新たな交通システムの再構築を目指すと記している。けれども計画どおりの成果を挙げられず、乗合バスの維持はもちろん、コミュニティバスの運行も困難な状況に置かれたようである。

　「長岡京市地域公共交通総合連携計画」に係る諸施策はすでに終了した。計画策定当時、運行していた乗合バスの多くが撤退し、コミュニティバスも一部廃止されたが、新たな交通システムの再構築は「長岡京市地域公共交通ビジョン」でも課題となっている。福岡市等の条例を参考に、デマンド型交通の導入等、速やかな対策が望まれる。その際、同ビジョンと上位計画との整合性をいかに図るか、公共交通の確保と絡めた良好な都市環境の整備をいかに具現化するかと併せ、公共交通空白地域等の存在を見据えた一層的確な対応が求められる。

## 第4節　公共交通空白地域等の定義および各種施策

　「長岡京市地域公共交通ビジョン」は、①便利で使いやすい交通システムの構築、②賑わいを生み出す徒歩・自転車と公共交通中心のまちづくり、③公共交通をみんなで支える体制の構築を基本方針に位置づけている。施策の中心は、①新たな交通事業の導入と創出、②既存の乗合バス、コミュニティ

バスの改善、③サービス水準向上による公共交通の利用促進、④まちの賑わいと回遊を生み出す市街地整備、⑤徒歩・自転車と公共交通の利用を促すソフト施策の推進、⑥多様な主体で支える仕組みづくりと意識の醸成、⑦少ない移動ニーズや福祉的需要への対応策の検討・実施に置かれ、都市計画と交通計画を関連づけた内容で構成される。高松市のように自転車を公共交機関の「補完」とは考えず、公共交通とともに「まちづくり」に必須な「都市の装置」として捉えたところも評価できよう。

一方、移動制約者に関する施策については「乗合バスやコミュニティバスでカバーできない地域や、移動が困難な人への支援としてデマンド交通、福祉有償運送等の導入の検討を進める」とあり、「長岡京市愛のタクシー事業の充実」と共に「優先的に取り組むメニュー」から除外され、中長期的な課題となっている。「長岡京市愛のタクシー事業」とは外出困難な心身障害者に対し、タクシー料金の一部を助成（1人あたり年間1万800円）する制度で、身体障害者手帳1・2・3級、療育手帳A、精神保健福祉手帳1級の者が対象となる。ただし、福祉政策の一環と捉えて健康福祉部の所掌事務とする等、一定の問題が見受けられる。

「長岡京市公共交通に関する条例」を制定した理由が「公共交通が市民の暮らしを支え、市民が将来にわたって住みつづけるため必要不可欠」（前文）との認識にあったとすれば、公共交通空白地域等の定義、指定条件および基本方針等を記した条文を規定すべきと考える。条例は「市長は、公共交通による移動が困難であると認められる地域については、当該地域の交通手段が確保されるよう努めるものとする」（第8条第3項）としか規定しておらず、市当局は運用で「公共交通利用可能地域」、「公共交通利便地域」、「公共交通検討対象地域」ならびに「公共交通空白地域」を定め、その定義に基づいてコミュニティバスの運行や、市内乗合バスの充実等に係る施策を実施している。

「公共交通利用可能地域」は便数等に差はあるものの、公共交通の利便性が比較的高い地域が指定される。鉄道駅までの距離やバスの便数によって格差が生じるため、同地域のうち、駅から500メートル未満もしくは便数の多いバス停から200メートル未満の地域を「公共交通利便地域」とし、それ以

外を「公共交通検討対象地域」に分類する。

「公共交通検討対象地域」の指定については、①複数の鉄道駅から1キロメートル以上、②主な生活施設（公共施設、商業施設、病院施設等）から1キロメートル以上、③高齢化率20％以上との条件を課し、施策優先度の高い地域の抽出・分別が行われる。優先度に差をつける理由は、公共交通の利便性に関する検討課題はあるものの、近隣に生活施設が充実している地域とそうでない地域、または高齢化の進展度に伴って日常生活における公共交通への依存度が異なるため、必要性に格差が生じるという考え方[9]にある。

「公共交通空白地域」は駅から1キロメートル以上、バス停から200メートル以上離れている地域[10]が指定対象となる。同地域に関しては優先度に特別の条件はなく、必要に応じた施策が講じられる。各地域における各種施策の遅滞については早急な改善が求められるが、「公共交通検討対象地域」まで定義した分類手法は細やかであり、「公共交通空白地域」の距離条件も福岡市や熊本市より優れている。けれども、これらの地域指定や各種施策が条文化されず、運用で行われていることは問題で、条例改正の際、公共交通空白地域等に関する明確な規定を追加する必要があろう。

「長岡京市地域公共交通活性化協議会」については第3節で述べたが、同協議会が解散・移行した「長岡京市地域公共交通会議」の性格と役割は次のとおりである。同会議は「長岡京市地域公共交通ビジョン」策定に際し、市長が意見を求める諮問機関となるが、同時に「地域公共交通活性化・再生法」に基づく法定協議会であり、「道路運送法施行規則」が定める「地域公共交通会議」（同施行規則第9条の2）にも該当する。条例は「道路運送法施行規則に規定する地域公共交通会議を置く」（第12条）と定めており、主たる役割は乗合バスに関する協議となる。

「道路運送法施行規則」に従えば、「地域公共交通会議」は、「一般乗合旅客自動車運送事業者が、…（中略）…乗合旅客の運送を行う場合において、…（中略）…地方公共団体、一般乗合旅客自動車運送事業者、住民その他の国土交通省令で定める関係者が当該運送に係る運賃等について合意しているときは、…（中略）…あらかじめ、その旨を国土交通大臣に届け出ることをもつて足りる」（第9条第4項）との規定に基づき、運賃等の設定または変更

の是非を検討する協議機関に位置づけられる。「合意しているとき」とは、届出に係る運賃等について「地域公共交通会議…（中略）…において協議が調っているとき」（同施行規則第9条の2）とされる。

　また、国土交通省自動車局長通達[11]によれば、「地域公共交通会議」は、運賃設定等に関わる業務を中心としながら、地域の実情に応じた乗合旅客運送の在り方や、地域住民の交通利便の確保・向上に努める役割も求められる。施行規則および通達の趣旨に対応し、「長岡京市公共交通に関する条例施行規則」（平成26年3月28日、規則第1号）は、同会議が「地域の実情に応じた適切な乗合旅客運送の態様、運賃・料金等に関する事項、市運営有償運送の必要性及び旅客から収受する対価に関する事項」のほか、「その他交通会議が必要と認める事項を協議」（第2条）すると規定してある。長岡京市は東西を結ぶ幹線道路が未整備のため、JR西日本、阪急の両駅への市民のアクセスは自家用自動車によるものが多く、乗合バスやコミュニティバス等に関わる協議を行うことは当然と考える。

　しかし、「長岡京市公共交通に関する条例」は「道路運送法」の適用外となる鉄道事業者も公共交通事業者に含め、様々な努力義務を課しており、「長岡京市地域公共交通会議」が乗合バス等に対する協議を重視し過ぎれば、鉄道事業への対処に支障が生じるおそれがある。条例施行規則は「その他交通会議が必要と認める事項」としか定めておらず、慎重な運営が肝要であろう。福岡市の「福岡市地域公共交通会議」等にも同様の配慮が求められる。

　財政的支援についていえば、市長が公共交通に関する施策を推進するため必要があると認めるときは「市民、事業者又は公共交通事業者に対し、技術的又は財政的な支援をすることができる」（第11条）とされる。市内を運行する不採算なバス路線は拡大の一途にある。長岡京市は公共交通空白地域等への対策を除き、住民や来訪者等の公共交通手段の維持・確保のため、乗合バス運行事業者に対し、バス路線の継続運行や安全な輸送サービス（低床式バスの導入等）等に資する財政支援を行い、地域住民の生活交通に必要となる最低限度の移動手段の確保に努めてきた。今後はとくに、自家用自動車等での移動が困難な市民等や、第8条第3項に定める「公共交通による移動が困難であると認められる地域」に対する効果的かつ積極的な支援が求められる。

**注**

1) 『長岡京市地域公共交通ビジョン』長岡京市、2013 年 7 月、5 頁。
2) 同上。
3) 京都府長岡京市建設交通部交通対策課ヒアリング、2015 年 6 月 5 日。
4) 同上。
5) 『平成 27 年京都府観光入込客調査報告書』京都府商工労働観光部観光振興課、2016 年 7 月。
6) 前掲（注 3）ヒアリング。
7) 同上。
8) 『長岡京市地域公共交通総合連携計画』長岡京市、2011 年。
9) 前掲（注 3）ヒアリング。
10) 従来の定義では 1 時間 2 便未満のバス停付近を「公共交通空白地域」と定義していたが、見直しにあたり、新たな定義では、便数で区分せずバス停から 200 メートル以遠の地域を「公共交通空白地域」と定義した。
11) 各地方運輸局長・沖縄総合事務局長宛　自動車交通局長通達、国自旅第 633 号「地域公共交通会議に関する国土交通省としての考え方について」2013 年 4 月 10 日。

# 資　料

## ●金沢市における公共交通の利用の促進に関する条例

平成 19 年 3 月 23 日
条例第 1 号

目次
第 1 章　総則（第 1 条―第 7 条）
第 2 章　公共交通の利用の促進に関する基本的な施策（第 8 条―第 14 条）
第 3 章　公共交通の利用の促進のための支援等（第 15 条―第 17 条）
第 4 章　公共交通の利用の促進のための推進体制（第 18 条）
第 5 章　雑則（第 19 条）
附則

第 1 章　総則
（目的）
第 1 条　この条例は、自家用車から公共交通への転換等による公共交通の利用の促進について、基本理念を定め、及び市、市民、事業者等の責務を明らかにするとともに、公共交通の利用を促進するための基本となる事項を定めることにより、市、市民、事業者等が一体となって公共交通の利用を総合的に促進し、金沢市における歩けるまちづくりの推進に関する条例（平成 15 年条例第 1 号）及び金沢市における駐車場の適正な配置に関する条例（平成 18 年条例第 6 号）と相まって、良好な都市環境の形成に寄与することを目的とする。
（用語の意義）
第 2 条　この条例において「まちなか区域」とは、別表に定める区域をいう。
2　この条例において「パーク・アンド・ライド」とは、交通渋滞の緩和を目的に、本市の近郊において自家用車から公共交通機関に乗り換えて目的地に移動する行為をいう。
（基本理念）
第 3 条　公共交通の利用の促進は、公共交通が市民の日常生活における移動のための手段としてその利便性の向上が図られること及び市民によって積極的に利用されることを基本として行われなければならない。
2　公共交通の利用の促進は、公共交通が環境への負荷の少ない交通手段であることを認識し、環境への負荷の少ない社会への実現に資するものとして行われなければならない。
3　公共交通の利用の促進は、安全かつ快適に歩くことができるまちづくりや駐車場の

適正な配置と相まって、金沢のまちの魅力を高め、にぎわいの創出に資するものとして行われなければならない。
4 　公共交通の利用の促進は、地域の特性に応じて、市、市民、事業者等の相互の理解と連携のもとに、協働して行われなければならない。

(市の責務)
第4条 　市は、前条に規定する基本理念(以下「基本理念」という。)にのっとり、公共交通の利用の促進に関する総合的かつ計画的な施策を策定し、及び実施しなければならない。
2 　市は、基本理念にのっとり、前項の規定により策定する施策に市民及び事業者の意見を十分に反映させるよう努めるとともに、その施策の実施に当たっては、これらの者の理解と協力を得るよう努めなければならない。
3 　市は、基本理念にのっとり、公共交通を事業として営む者(以下「公共交通事業者」という。)の当該事業の状況を踏まえ、公共交通事業者その他関係機関と協力しながら、公共交通の利便性の向上に努めるものとする。この場合において、特にまちなか区域においては、公共交通の利用によって円滑な移動を行うことができるよう配慮するものとする。

(市民の責務)
第5条 　市民は、基本理念にのっとり、公共交通の利用の促進についての理解と関心を深めるよう努めるとともに、本市が実施する施策に協力するよう努めなければならない。
2 　市民は、まちなか区域においては、基本理念にのっとり、当該区域における交通渋滞及び環境への負荷の状況等を踏まえ、自家用車の利用を控えて公共交通を利用するよう努めなければならない。
3 　市民は、まちなか区域以外の区域においては、基本理念にのっとり、できる限り公共交通を利用するよう努めなければならない。

(事業者の責務)
第6条 　事業者は、基本理念にのっとり、その事業活動を行うに当たっては、公共交通の利用の促進に配慮し、その従業員の通勤における公共交通の利用の促進その他の措置の実施に努めるとともに、本市が実施する施策に協力するよう努めなければならない。

(公共交通事業者の責務)
第7条 　公共交通事業者は、基本理念にのっとり、公共交通の利用の状況を踏まえつつ本市の公共交通の利便性を高めるよう努めるとともに、本市が実施する施策に協力するよう努めなければならない。

第2章 　公共交通の利用の促進に関する基本的な施策
(公共交通体系の実現)
第8条 　市は、公共交通事業者その他関係機関と協力しながら、その需要に応じて、市民及び事業者が利用しやすい公共交通体系の実現に努めるものとする。

(まちなか区域における公共交通の利用の促進に係る施策の実施)

第9条　市は、まちなか区域における公共交通の利用を促進するため、公共交通事業者その他関係機関と協力しながら、まちなか区域全体の公共交通の利便性を高度に維持増進する等の措置を講ずるとともに、商店街等の事業者との公共交通の利用の促進に係る連携の推進、歩行環境等の確保その他必要な施策を実施するものとする。
（公共交通重要路線）
第10条　市は、第8条に規定する公共交通体系の実現を図る上で重要であると認められる路線（以下「公共交通重要路線」という。）について、関係機関の協力を得ながら、公共交通の利便性の向上及び利用の促進その他必要な施策を実施するものとする。
2　市民及び事業者は、公共交通重要路線における公共交通の利用に努めるとともに、公共交通機関が優先的に走行することについて協力するよう努めなければならない。
（パーク・アンド・ライドの利用の促進）
第11条　市は、公共交通事業者その他関係機関と協力して、パーク・アンド・ライドの利便性の向上に努めなければならない。
2　前項に定めるもののほか、パーク・アンド・ライドの利用の促進に関する事項は、金沢市における駐車場の適正な配置に関する条例第3章に定めるところによる。
（交通不便地域における地域交通計画）
第12条　山間地域その他の交通が不便であると認められる地域の住民により組織される団体で、自主的な運営により当該地域における交通手段を確保しようとするもの（以下「自主運営団体」という。）は、当該地域における交通手段に関する計画（以下「地域交通計画」という。）を策定することができる。
2　地域交通計画は、次に掲げる事項について定めるものとする。
　(1) 地域交通計画の名称
　(2) 地域交通計画の対象となる交通手段
　(3) 前号に掲げる交通手段の運行の経路、計画、経費その他の運行に関する事項
　(4) その他当該地域において交通手段を確保するために必要な事項
3　自主運営団体は、地域交通計画を策定するに当たっては、本市の交通に関する計画と調和するよう努めなければならない。これを変更する場合も、同様とする。
4　自主運営団体は、第1項の規定により地域交通計画を策定したときは、市長と地域交通に関する協定（以下「地域交通協定」という。）を締結することができる。
5　市長は、地域交通計画に基づく当該地域における交通手段の確保を図るため必要があると認めるときは、当該地域交通協定の締結に係る自主運営団体が行う当該地域交通計画の具現化のための取組に協力するものとする。
（公共交通利用促進協定の締結等）
第13条　公共交通の利用を促進しようとするものと公共交通事業者とは、その相互において公共交通の利用の促進及び利便性の向上のための協定を締結することができる。
2　市長は、前項の協定でその内容が公共交通の利用の促進に寄与すると認めるものを公共交通利用促進協定として認定することができる。
3　市長は、前項の公共交通利用促進協定に係る活動に対して、必要な支援をすることができる。

（意識の高揚等）

第14条　市長は、公共交通の利用の促進に関する市民及び事業者の意識の高揚に努めるとともに、市民及び事業者による自主的かつ自発的な公共交通の利用の促進に関する活動が推進されるよう努めなければならない。

第3章　公共交通の利用の促進のための支援等

（国等への要請）

第15条　市長は、公共交通の利用の促進に関し必要があると認めるときは、国、県その他関係団体に対し、必要な協力を要請するものとする。

（援助）

第16条　市長は、公共交通の利用を促進するため必要があると認めるときは、技術的な援助をし、又は予算の範囲内において財政的な援助をすることができる。

（表彰）

第17条　市長は、公共交通の利用の促進に著しく貢献したものを表彰することができる。

第4章　公共交通の利用の促進のための推進体制

（公共交通利用促進市民会議）

第18条　市、市民、事業者等は、それぞれの責務に基づいて、自主的かつ自発的に公共交通の利用の促進に関する活動を推進するため、公共交通利用促進市民会議（以下「市民会議」という。）を組織するものとする。

2　市民会議は、次に掲げる事項について協議するものとする。

(1) 公共交通の利用の促進に向けた意識の高揚に関する事項
(2) 公共交通の利便性の向上に関する事項
(3) その他公共交通の利用の促進に関する事項

第5章　雑則

（委任）

第19条　この条例の施行に関し必要な事項は、市長が別に定める。

附　則

この条例は、平成19年4月1日から施行する。

別表（第2条関係）

| |
|---|
| 犀川、浅野川、西日本旅客鉄道株式会社北陸線、主要地方道金沢・湯涌・福光線、市道1級幹線4号広坂・新桜坂線、市道2級幹線301号卯辰山公園線、市道準幹線503号橋場・天神町線、市道準幹線505号扇町・石引線、市道本多町3丁目線5号、市道石引3丁目線4号、市道石引4丁目線3号及び市道出羽町線1号で囲まれた区域 |

## ●公共交通空白地等及び移動制約者に係る生活交通の確保に関する条例

平成22年3月29日
条例第25号

目次
前文
第1章　総則（第1条—第7条）
第2章　生活交通の確保に関する施策等
第1節　公共交通空白地等に関する施策等（第8条—第10条）
第2節　移動制約者に関する施策等（第11条）
第3章　福岡市地域公共交通会議（第12条）
第4章　雑則（第13条）
附則

　生活交通は、市民の諸活動の基盤であり、日常生活において重要な役割を果たし、地域社会の形成を支えるだけでなく、社会経済を発展させるとともに、文化を創造するなど豊かな社会の実現のために不可欠なものである。
　近年、高度経済成長時代を経て、住宅や大規模集客施設の郊外への立地が進み、個人のライフスタイルの多様化とあいまって、自動車への依存が一層高まっているとともに、都市部への人口流出等による人口減少、高齢化の進展などにより、地域公共交通を取り巻く環境は大変厳しい状況にある。こうした状況の中、乗合バス路線網の維持に加え、コミュニティバス、乗合タクシー、福祉有償運送など市場で供給が困難であり、かつ、通院、買物などの日常生活を支える新しい交通サービスへの期待が高まっている。
　福岡市においても、自動車に依存したライフスタイルの進展や需給調整のための規制の緩和により、乗合バスの不採算路線の廃止や縮小が相次ぎ、地域公共交通の衰退が現実のものとなっている。このことは、高齢者や障がい者の通院及び買物、子どもたちの通学などの日常生活に必要な移動の手段を奪うことになりかねず、ひいては地域社会の衰退を引き起こすことが懸念されるものである。
　このような状況に対処するため、福岡市が地域の生活支援のための交通の在り方を制度的にも政策的にも主体的に整備する必要に迫られている。
　今こそ、市民の生活交通を確保し、すべての市民に健康で文化的な最低限度の生活を営むために必要な移動を保障するとともに、これまでの公共交通事業者の取組を踏まえ、福岡市による「公助」を市民及び市民団体による「共助」及び「自助」並びに公共交通事業者のさらなる「努力」で補い合う仕組みづくりが求められている。
　よってここに、公共交通空白地等及び移動制約者に係る生活交通を確保し、もって活力ある地域社会の再生に寄与するという決意のもと、この条例を制定する。

第1章　総則
（目的）

第1条　この条例は、公共交通空白地等及び移動制約者に係る生活交通の確保を図るため，市民、市民団体、市及び公共交通事業者の役割を明らかにし、生活交通の確保に関する施策を定めるとともに、市民、市民団体及び公共交通事業者による主体的な取組を促進することにより、すべての市民に健康で文化的な最低限度の生活を営むために必要な移動を保障し、もって活力ある地域社会の再生を目指すことを目的とする。
（定義）
第2条　この条例において、次の各号に掲げる用語の意義は、それぞれ当該各号に定めるところによる。
　(1) 生活交通　通勤、通学、通院、買物その他の日常生活に欠かすことのできない人の移動をいう。
　(2) 市民団体　福岡市市民公益活動推進条例（平成17年福岡市条例第62号）第2条に規定する市民公益活動団体をいう。
　(3) 公共交通事業者　道路運送法（昭和26年法律第183号）による一般乗合旅客自動車運送事業者及び一般乗用旅客自動車運送事業者並びに鉄道事業法（昭和61年法律第92号）による鉄道事業者をいう。
　(4) 福祉有償運送事業者　道路運送法第79条の登録を受けた者のうち、道路運送法施行規則（昭和26年運輸省令第75号）第49条第3号に規定する福祉有償運送を行う者をいう。
　(5) 移動制約者　高齢者，障がい者等のうち移動に関し制約を受ける者をいう。
　(6) 公共交通空白地　道路運送法による一般乗合旅客自動車運送事業（以下「路線バス」という。）における停留所（以下「バス停」という。）から概ね1キロメートル以上離れ、かつ、鉄道事業法による鉄道事業（以下「鉄道」という。）における駅（以下「鉄道駅」という。）から概ね1キロメートル以上離れた地域をいう。
　(7) 公共交通不便地　バス停から概ね500メートル以上離れた地域（鉄道駅までの距離が概ね1キロメートル未満の地域及び公共交通空白地を除く。）をいう。
　(8) 公共交通空白地等　次のいずれかに該当する地域をいう。
　　ア　公共交通空白地
　　イ　公共交通不便地
　　ウ　公共交通不便地に準ずると市長が認める地域
　　エ　路線バス又は鉄道に係る路線の廃止等に伴いアからウまでに掲げる地域となるおそれのある地域
（市民の権利等）
第3条　市民及び市民団体（以下「市民等」という。）は、その居住し、又は活動する地域に係る生活交通の確保に向けた取組に参画する権利を有する。
2　市民等は、市が実施する公共交通空白地等及び移動制約者に係る生活交通を確保するために必要な施策（以下「生活交通施策」という。）について、共働（福岡市市民公益活動推進条例第2条第6号に規定する共働をいう。以下同じ。）して推進するよう努めなければならない。
3　市民団体は、その社会的な役割を自覚し、生活交通に関する活動について、市民の

理解と協力が広く得られるようにするとともに、団体相互の多様な連携を図るよう努めなければならない。
(市の役割)
第4条　市は、生活交通施策をまちづくり施策その他の市の施策と一体的に推進するものとする。
2　市は、市民等及び公共交通事業者に対し、生活交通施策に関する情報を提供し、かつ、分かりやすく説明するよう努めるものとする。
3　市は、国及び他の地方公共団体と協力して生活交通施策の推進に努めるものとする。
(公共交通事業者の役割)
第5条　公共交通事業者は、その社会的な役割を自覚し、市が推進する生活交通施策を尊重し、公共交通空白地等及び移動制約者に係る生活交通を確保するため、最大限の配慮を払うよう努めなければならない。
2　公共交通事業者は、自ら行う生活交通に係る事業の情報を、市及び市民等に対して積極的に提供するよう努めなければならない。
(生活交通施策の推進に当たっての役割)
第6条　市、市民等及び公共交通事業者は、生活交通施策の推進に当たっては、路線バス、鉄道等の基幹的な交通手段とのネットワークの維持及びその拡大を図り、人の移動の連続性を確保するよう努めなければならない。
2　市、市民等及び公共交通事業者は、相互に情報交換を行い、かつ、協力関係を構築するよう努めなければならない。
(市民等による施策の提案等)
第7条　市民等は、市に対して、その居住し、又は活動する地域に係る生活交通に関する施策を提案することができる。
2　市は、前項の規定に基づき市民等が提案する施策等について、共働して推進するよう努めるものとする。
第2章　生活交通の確保に関する施策等
第1節　公共交通空白地等に関する施策等
(公共交通空白地等に関する施策)
第8条　市は、公共交通空白地等に係る生活交通を確保するため、市民等及び公共交通事業者と相互に連携協力し、必要な支援を行うよう努めるものとする。
(特別対策区域の指定)
第9条　市長は、公共交通空白地等のうち、当該地域における生活交通の確保に向けた取組の状況を踏まえ、生活交通の確保のための支援が必要と認められる地域を生活交通特別対策区域(以下「特別対策区域」という。)として指定することができる。
2　市長は、特別対策区域を指定し、変更し、又は解除しようとするときは、あらかじめ、第12条に規定する福岡市地域公共交通会議の意見を聴くものとする。
3　市長は、特別対策区域を指定し、変更し、又は解除したときは、規則で定めるところにより、その旨を告示するものとする。
(特別対策区域における支援等)

第10条　市は，特別対策区域において，予算の範囲内で，生活交通の確保のために必要な支援を行うものとする。
2　市は，前項の特別対策区域における支援を行うに当たっては，当該特別対策区域における生活交通の質の向上に努めるものとする。
3　市民等及び公共交通事業者は，特別対策区域において，市の生活交通の確保に関する施策を共働して推進し，かつ，最大限の協力をするよう努めなければならない。

第2節　移動制約者に関する施策等

第11条　市は，移動制約者に係る生活交通を確保するため，福祉有償運送事業者に対し，運営等に関する相談，助言，指導その他の必要な支援を行うものとする。
2　福祉有償運送事業者は，前項に規定する市の助言，指導等に対し，最大限の配慮を払うよう努めなければならない。

第3章　福岡市地域公共交通会議

第12条　この条例の適正な運用を図るため，福岡市地域公共交通会議（以下「交通会議」という。）を置く。
2　交通会議は，次に掲げる事項について，調査，協議及び関係者の意見の調整の事務を行う。
　(1)　生活交通の在り方に関する事項
　(2)　特別対策区域に関する事項
　(3)　前2号に掲げるもののほか，市民の生活交通の確保に関し市長が必要と認める事項
3　交通会議は，道路運送法に基づく地域公共交通会議を兼ねるものとし，前項の事務のほか，同法に定められた協議を行う。
4　交通会議の組織及び運営に関し必要な事項は，規則で定める。

第4章　雑則

（委任）
第13条　この条例に定めるもののほか，この条例の施行に関し必要な事項は，規則で定める。

附　則

（施行期日）
1　この条例は，公布の日から起算して9月を超えない範囲内において規則で定める日から施行する。
（平成22年規則第133号により平成22年12月28日から施行）
（検討）
2　市は，この条例の施行後3年を経過した場合において，この条例の施行の状況を勘案し，必要があると認めるときは，この条例の規定について検討を加え，その結果に基づき必要な措置を講ずるものとする。
（経過措置）
3　この条例の施行の際現に市が公共交通空白地等において，当該公共交通空白地等の実情及び特性に即した代替となる交通手段の確保等に係る支援を行っている地域は，第9条第1項の規定により指定された特別対策区域とみなす。

◉加賀市地域交通基本条例

平成23年3月17日
条例第3号

　市民が日常生活で病院や買物に行き、また、社会生活で職場や学校に通い、あるいは、観光客が市内の観光地を巡るといった様々な活動が行われるとき、そこには人の空間の移動、すなわち「交通」が生まれ、交通の手段である自家用車、路線バス、タクシー、電車等はこれらの活動を支える基礎となっている。
　昭和40年代以降自家用車がごく一般的なものとして普及した結果、本市に住む多くの人々は、快適性と利便性に優れたそれを交通の手段として最も利用する生活を享受している。
　一方、高齢者、児童生徒、市外からの来訪者といった自家用車を使い難い人は、これまで交通の手段として利用してきた路線バスが自家用車の普及の影響を受けて路線廃止や減便といったサービスの縮小が行われたことによって、活動の基礎が揺らぐという大きな問題を抱え始めている。
　これらのことを踏まえ、自家用車を使えるか否かに関わらずに市民が安全で安心な生活をし、また、来訪者が円滑に活動することができるよう、市、地域の交通に関わる事業者及び市民がそれぞれの責務を果たしながら地域における交通を確保し、ひいては本市が活力ある地域として発展することを目指して、この条例を制定する。

（目的）
第1条　この条例は、本市における地域交通の確保についての基本的な方針を定め、市、地域交通事業者及び市民の責務等を明らかにすることにより、地域交通の確保に関する市の施策（以下「地域交通施策」という。）を推進し、並びに地域交通事業者及び市民の地域交通の確保に関する主体的な取組を促進し、もって市民の安全で安心な生活の確保及び活力ある地域社会の形成に寄与することを目的とする。
（定義）
第2条　この条例において「地域交通」とは、市民の日常生活若しくは社会生活における移動又は市外からの来訪者の移動のための交通手段となるサービスをいう。
2　この条例において「地域交通事業者」とは、地域交通の提供を業として行う者をいう。
（安全で円滑な地域交通の提供）
第3条　地域交通の提供は、十分に安全が確保され、円滑に利用できるようにするとともに、快適性の確保に留意し、地域交通を利用する者の立場に立って行われるものとする。
（地域交通の確保のための協働）
第4条　地域交通の確保は、市、地域交通事業者及び市民の地域交通の確保に関する共通した理解と方向性のもと、協働して行われるものとする。
（地域交通の総合的整備）

第5条　地域交通の整備は、地域の特性、需要の動向、費用効果の分析その他地域交通に関する社会的及び経済的条件を考慮して、地域交通の種類による特性に応じて適切な役割を分担し、また、効率的に連携することを旨として、総合的に行われるものとする。

2　前項の地域交通の整備は、地域交通の提供に要する費用と当該地域交通の提供による収入の均衡に留意して行われるものとする。

（市の責務）

第6条　市は、前3条に定める地域交通についての基本的な方針（以下「基本方針」という。）にのっとり、地域交通施策を市のその他の施策との整合を図りつつ実施するものとする。

2　市は、地域交通施策を実施するに当たっては、国及び石川県並びに地域交通事業者と連携し、また、市民に対して地域交通施策の実施への参加を求め、かつ、連携して行うものとする。

3　市は、地域交通事業者及び市民に対して、交通に関する情報を積極的に提供するとともに、これらの者が地域交通に関して意見を交換する機会を設けるものとする。

（地域交通事業者の責務）

第7条　地域交通事業者は、基本方針にのっとり、自らが提供する地域交通の安全性、円滑性及び快適性の向上並びに持続性の保持を図るものとする。

2　地域交通事業者は、市及び市民と連携して、地域交通施策の実施に協力し、基本方針の実現に寄与するように努めるものとする。

（市民の責務）

第8条　市民は、基本方針にのっとり、地域交通の確保に関する意識を高めるとともに、その主体的な取組の実施に努めるものとする。

2　市民は、市及び地域交通事業者と連携して、地域交通施策の実施に協力し、基本方針の実現に寄与するように努めるものとする。

（財源の確保）

第9条　市は、基本方針にのっとった地域交通施策の実施に必要な財源の確保に努めるものとする。

（地域交通基本計画）

第10条　市は、基本方針の実現及び地域交通施策の総合的かつ計画的な推進を図るための基本計画（以下「地域交通基本計画」という。）を定めるものとする。

2　市は、市のあらゆる施策を講じるに当たっては、地域交通基本計画との整合に配慮するものとする。

3　地域交通基本計画は、国及び石川県が定める地域交通に関する計画との調和が保たれたものとする。

（委任）

第11条　この条例の施行に関し必要な事項は、市長が別に定める。

附　則

この条例は、平成23年4月1日から施行する。

## ●新潟市公共交通及び自転車で移動しやすく快適に歩けるまちづくり条例

平成24年7月2日
条例第51号

目次
第1章　総則（第1条―第7条）
第2章　施策の推進に関する基本的事項（第8条・第9条）
第3章　主要な施策（第10条―第21条）
第4章　雑則（第22条―第24条）
附則

第1章　総則
（目的）
第1条　この条例は、公共交通及び自転車で移動しやすく快適に歩けるまちづくり（以下「移動しやすいまちづくり」という。）に関し、基本理念を定め、並びに市、市民、事業者及び公共交通事業者の責務を明らかにするとともに、移動しやすいまちづくりに関する施策（以下「施策」という。）の基本となる事項を定めることにより、移動しやすいまちづくりを市、市民、事業者及び公共交通事業者の協働により総合的、計画的かつ効果的に推進し、もって自動車の過度な利用からの転換を図り、市民が健康で暮らしやすい社会の実現に寄与することを目的とする。

（定義）
第2条　この条例において、次の各号に掲げる用語の意義は、それぞれ当該各号に定めるところによる。
⑴　公共交通　市民の日常生活又は社会生活における移動のための交通手段として利用される公共交通機関をいう。
⑵　市民　市内に住所を有する者及び市内で働き、又は学ぶ者をいう。
⑶　事業者　市内で事業活動を行う法人その他の団体及び個人をいう。
⑷　公共交通事業者　事業者のうち、次に掲げるものをいう。
　ア　道路運送法（昭和26年法律第183号）による一般乗合旅客自動車運送事業者及び一般乗用旅客自動車運送事業者
　イ　鉄道事業法（昭和61年法律第92号）による鉄道事業者（旅客の運送を行うものに限る。）
　ウ　海上運送法（昭和24年法律第187号）による船舶運航事業者（旅客の運送を行うものに限る。）

（基本理念）
第3条　移動しやすいまちづくりは、歩行、自転車及び公共交通が日常生活及び社会生活に密接に関わるものであるという認識の下、超高齢社会への対応、健康の増進、環境への負荷の低減、市内外の交流の拡大及び地域の活性化に資することを考慮し、交通環境の整備並びに市民の歩行並びに自転車及び公共交通の自発的な選択及び利用の

推進が一体となって行われなければならない。
（市の責務）
第4条　市は、前条に規定する基本理念（以下「基本理念」という。）にのっとり、施策を策定し、及び実施する責務を有する。
2　市は、施策の策定及び実施に当たっては、市民及び事業者の意見を反映させるよう努めるとともに、市民及び事業者の理解及び協力を得るために必要な措置を講じなければならない。
（市民の責務）
第5条　市民は、基本理念にのっとり、移動しやすいまちづくりについての理解と関心を深めるとともに、第1条に規定する目的の達成に向けて施策に協力しなければならない。
2　市民は、交通法規を理解し、及び遵守しなければならない。
（事業者の責務）
第6条　事業者は、基本理念にのっとり、移動しやすいまちづくりについての理解と関心を深め、事業活動及び従業員等の通勤における歩行並びに自転車及び公共交通の利用を推進するとともに、第1条に規定する目的の達成に向けて施策に協力しなければならない。
（公共交通事業者の責務）
第7条　公共交通事業者は、基本理念にのっとり、その社会的な役割を踏まえ、公共交通の利便性の向上及び利用の推進に努めるとともに、第1条に規定する目的の達成に向けて施策に協力しなければならない。
2　公共交通事業者は、その運営する公共交通に関する情報を利用者に提供し、及びその運営する公共交通に関して利用者から意見を聴取して、これをその運営に反映させるよう努めなければならない。
第2章　施策の推進に関する基本的事項
（施策の推進の基本方針）
第8条　市は、市民、事業者その他関係機関との協働により、次に掲げる事項を考慮して施策を推進しなければならない。
(1) 土地の利用方針と交通との連動
(2) 移動のための各交通手段の特性を踏まえた役割分担及び連携
(3) 公共交通の需要
(4) 地域の状況に応じた自動車の通行の部分的な抑制
(5) 交通安全の確保
(6) バリアフリー（障がい者等の社会参加を困難にしている物理的、社会的、制度的及び心理的な障壁を除去することをいう。）及びユニバーサルデザイン（障がいの有無等にかかわらず多様な人々が利用しやすいよう都市及び生活環境を構築することをいう。）
(7) 天候その他の自然的条件
（基本計画）

第9条　市長は、施策を総合的かつ計画的に推進するため、移動しやすいまちづくり基本計画（以下「基本計画」という。）を策定するものとする。
2　基本計画は，次に掲げる事項について定めるものとする。
 (1) 移動しやすいまちづくりについての基本的な方針
 (2) 移動しやすいまちづくりについての目標
 (3) 施策の具体的事項
 (4) 前3号に掲げるもののほか、移動しやすいまちづくりを推進するために必要な事項
3　市長は、基本計画の策定に当たっては、市民、事業者その他関係機関の意見を聴くものとする。
4　市長は、基本計画を策定したときは、速やかに、これを公表するものとする。
5　前2項の規定は、基本計画の変更について準用する。

第3章　主要な施策
（歩行環境の整備）
第10条　市長は、地域の状況に応じ、公共交通の駅及び停留所並びに駐輪場と歩行空間との連続性並びに歩行空間相互の連続性の確保を図るものとする。
2　市長は、地域の状況に応じ、歩行者及び自転車の通行を優先することが望ましい道路について、地域住民等との合意の下、自動車の通行及び速度を抑制するため必要な措置を講ずるものとする。
（まち歩きの推進）
第11条　市長は，一定の区域内における健康の増進及び地域の活性化に寄与する歩行（以下「まち歩き」という。）について、当該区域内の住民及び団体と協働し、まち歩きを推進するための計画（以下「まち歩き計画」という。）を策定し、まち歩き計画に基づいたまち歩きの推進及び歩行環境の改善に努めるものとする。
2　市は，まち歩き計画の実施に当たっては、区域内の住民及び団体と協定を締結し、必要な支援を行うことができる。
（まち歩き団体）
第12条　まち歩きを推進しようとする団体（以下「まち歩き団体」という。）は、まち歩き計画の策定に参加することができる。
2　まち歩き団体は、当該まち歩き団体及び地域住民が実施しようとするまち歩き計画の案を市長に提案することができる。
3　市長は、前項のまち歩き計画の案がまち歩きの推進に資するものと認められる場合は、当該まち歩き計画の案を市長が策定するまち歩き計画に反映させるものとする。
（自転車に関する環境の整備）
第13条　市長は、自転車で移動しやすい道路の整備に努めるものとする。
2　市長は、事業者と協力して駐輪場の整備を推進するものとする。
3　市長は、自転車を市街地での移動手段として推進するため、レンタサイクル（自転車を一定の時間貸し出す事業をいう。）の拡充に努めるものとする。
4　市長は、自転車の走行についての交通法規について、関係機関と連携して指導及び啓発を行うものとする。

（自転車利用推進団体）
第14条　自転車の利用を推進しようとする団体（以下「自転車利用推進団体」という。）は、当該自転車利用推進団体及び地域住民が実施しようとする自転車の利用の推進に関する計画（以下「自転車利用推進計画」という。）を市長に提案することができる。
2　市は、自転車利用推進計画が自転車の利用の推進に資するものと認められる場合は、当該自転車利用推進計画の実施に関する協定を当該自転車利用推進計画を提案した自転車利用推進団体と締結し、必要な支援を行うことができる。

（公共交通の環境整備）
第15条　市長は、次に掲げる事項を考慮して公共交通の環境整備及び連携を図るものとする。
　(1)　地域の日常生活及び社会生活を支えること。
　(2)　都心と都心以外の地域の拠点との結び付きを高めること。
　(3)　都心及び都心周辺部の交通環境

（地域交通団体）
第16条　地域において自主的な運営により当該地域における交通手段を確保しようとする団体（以下「地域交通団体」という。）は、次に掲げる事項について定めた当該地域における交通手段に関する計画（以下「地域交通計画」という。）を策定し、市長に提案することができる。
　(1)　地域交通計画の名称
　(2)　地域交通計画の対象となる交通手段
　(3)　前号に規定する交通手段の運行の経路，経費その他の運行に関する事項
2　市は、地域交通計画が地域内の公共交通の利便性の向上に資するものと認められる場合は、当該地域交通計画の実施に関する協定を当該地域交通団体と締結し、必要な支援を行うことができる。

（自動車及び公共交通の連携）
第17条　市長は、事業者その他関係機関と協力して、パークアンドライド（自宅等から最寄りの公共交通の駅又は停留所までの区間を自動車を利用して移動し、これを当該駅又は停留所の付近に駐車した後、当該駅又は停留所から目的地までの区間を公共交通を利用して移動することをいう。以下同じ。）の利便性の向上を図るものとする。
2　市は、パークアンドライドの利便性の向上を図るため必要と認める場合は、パークアンドライドの利便性の向上を図るための措置の実施に関する協定を事業者その他関係機関と締結し、必要な支援を行うことができる。

（意識の啓発等）
第18条　市長は、市民の歩行並びに自転車及び公共交通の利用の推進に関する意識の啓発を図るとともに、市民の歩行並びに自転車及び公共交通の自発的な選択及び利用の推進に関する活動の推進を図るものとする。

（エコ通勤の推進）
第19条　市は、事業者が次に掲げる事項について定めたエコ通勤（環境等を考慮して

自動車（公共交通に係るものを除く。）の利用を控え、歩行、自転車又は公共交通により通勤することをいう。以下同じ。）を推進するための計画を策定した場合において、当該計画がエコ通勤の推進に資するものと認められるときは、当該計画の実施を支援するための協定を当該事業者と締結し、必要な支援を行うことができる。
(1) エコ通勤の推進についての基本方針
(2) エコ通勤の推進についての目標
(3) エコ通勤を推進するために行う具体的事項
(4) 前3号に掲げるもののほか、エコ通勤を推進するために必要な事項
(市民意見の聴取)
第20条　市長は、施策に反映させるため、移動しやすいまちづくりについての市民の意見の聴取に努めるものとする。
(表彰)
第21条　市長は、市民の歩行並びに自転車及び公共交通の利用の推進に著しく貢献したものを表彰することができる。
第4章　雑則
(財政上の措置)
第22条　市は、移動しやすいまちづくりを推進するために必要な財政上の措置を講ずるよう努めるものとする。
(国等に対する要請等)
第23条　市長は、移動しやすいまちづくりを推進するため必要があると認める場合は、国、県、警察その他関係機関に必要な協力の要請又は提案を行うものとする。
2　市長は、移動しやすいまちづくりを推進するため必要があると認める場合は、市民及び事業者に助言又は要請を行うものとする。
(その他)
第24条　この条例に定めるもののほか、この条例の施行に関し必要な事項は、市長が別に定める。
附　則
この条例は，平成24年12月1日から施行する。

## ●熊本市公共交通基本条例

平成 25 年 3 月 27 日
条例第 20 号

　公共交通は、市民の日常生活における重要な移動手段であり、地域経済を発展させるなど、豊かな地域社会の形成のために不可欠なものである。
　近年、個人の生活様式の多様化と集客施設の郊外化が進み、自家用自動車への依存が高まってきたこと、人口減少社会が到来したこと等により、公共交通の利用者は年々減少している。その結果、公共交通事業者の経営悪化を招き、公共交通の路線の廃止や減便といったサービスの縮小が行われ、更に公共交通の利用者が減少するという状況に至っている。
　その一方で、少子高齢化の進展、移動手段を持たない高齢者の増加、障害者等の社会参加、環境負荷の低減に向けた意識の高まり等により、公共交通の重要性がますます高まっている。
　このような状況において、公共交通を基軸とした多核連携のまちづくりを推進するとともに、環境にも配慮し自家用自動車から公共交通への転換を進め、公共交通により円滑に移動することが可能な地域社会を実現することが求められており、公共交通を利用する者はもとより、地域社会全体で公共交通を支えていくことが必要となっている。
　ここに、市民は日常生活及び社会生活を営むために必要な移動をする権利を有するとの理念を尊重し、市民及び事業者の参画と協働の下、公共交通の維持及び充実のための施策を総合的かつ計画的に推進するため、この条例を制定する。

（目的）
第 1 条　この条例は、市、市民、事業者及び公共交通事業者の責務、公共交通の維持及び充実に関する施策の基本となる事項その他の事項を定めることにより、公共交通の維持及び充実を図るための施策を総合的かつ計画的に推進し、もって公共交通により円滑に移動することが可能な地域社会の実現に寄与することを目的とする。

（定義）
第 2 条　この条例において、次の各号に掲げる用語の意義は、当該各号に定めるところによる。
(1) 公共交通　市民の日常生活及び社会生活における移動手段として利用される公共交通機関（各公共交通機関相互の関係を含む。）をいう。
(2) 市民　本市の区域内に住所を有する者及び本市の区域内に通勤し、又は通学する者をいう。
(3) 事業者　本市の区域内で事業を営み、又は活動する個人及び法人その他の団体（次号に掲げるものを除く。）をいう。
(4) 公共交通事業者　次のいずれかに該当するものをいう。
　ア　道路運送法（昭和 26 年法律第 183 号）第 9 条第 1 項に規定する一般乗合旅客自動車運送事業者

イ　道路運送法第9条の3第1項に規定する一般乗用旅客自動車運送事業者
　　ウ　軌道法（大正10年法律第76号）第4条に規定する軌道経営者
　　エ　鉄道事業法（昭和61年法律第92号）第7条第1項に規定する鉄道事業者
　(5)　停留所等　次のいずれかに該当するものをいう。
　　ア　道路運送法第3条第1号イに規定する一般乗合旅客自動車運送事業の用に供する自動車の停留所（自動車専用道路（道路法（昭和27年法律第180号）第48条の4に規定する自動車専用道路をいう。）に設置されるものを除く。）及び当該一般乗合旅客自動車運送事業の用に供する自動車に乗降することが可能な場所
　　イ　路面電車（道路交通法（昭和35年法律第105号）第2条第1項第13号に規定する路面電車をいう。）の停留場
　　ウ　鉄道事業法第2条第1項に規定する鉄道事業の用に供する駅
　(6)　公共交通空白地域　停留所等からの距離が1,000メートル以上離れた地域をいう。
　(7)　公共交通不便地域　公共交通空白地域以外の地域であって、停留所等からの距離が500メートル以上離れたものをいう。
　(8)　公共交通準不便地域　公共交通空白地域又は公共交通不便地域以外の地域であって、地形、地域の特性、公共交通の運行状況その他の特別の事情により公共交通不便地域と同様の状況にあると市長が認めるものをいう。
(平26条例34・一部改正)
(市の責務)
第3条　市は、公共交通の維持及び充実のため、市民及び事業者並びに公共交通事業者の参画と協働の下総合的な施策を立案し、実施する責務を有する。
2　市は、前項の施策を実施するに当たっては、当該施策に関する市民、事業者、公共交通事業者及び周辺市町村、公共交通事業者が組織する団体その他の関係機関（以下「関係機関」という。）の理解を深め、かつ、その協力を得るよう努めなければならない。
3　市は、公共交通の維持及び充実に関する市民意識の啓発に努めなければならない。
(公共交通事業者の責務)
第4条　公共交通事業者は、次に掲げる事項を行うよう努めるものとする。
　(1)　公共交通事業者としての社会的な役割を自覚し、公共交通の利便性を向上させるとともに、市が実施する施策に協力すること。
　(2)　公共交通の利便性の向上に関する情報を、市民及び事業者に対して積極的に提供すること。
(事業者の責務)
第5条　事業者は、次に掲げる事項を行うよう努めるものとする。
　(1)　公共交通に対する理解と関心を深め、市が実施する施策に協力すること。
　(2)　事業活動を行うに当たり、できる限り公共交通を利用すること。
(市民の責務)
第6条　市民は、次に掲げる事項を行うよう努めるものとする。
　(1)　公共交通に対する理解と関心を深め、公共交通の担い手のひとりであることを自

覚し、市が実施する施策に協力すること。
(2) 日常生活において、過度に自家用自動車（以下「自家用車」という。）に依存せず、公共交通を積極的に利用すること。

（公共交通ネットワークの強化）
第7条　市は、公共交通事業者とともに、公共交通を基軸とした多核連携のまちづくりの実現に向け、国、県及び関係機関と協力しながら、次に掲げる事項を推進するものとする。
(1) 基幹となる公共交通の輸送力の増強、速達性の向上及び定時性の確保
(2) 分かりやすく効率的なバス路線網の構築
(3) 基幹となる公共交通を中心とした公共交通機関相互の有機的かつ効率的な連携

（公共交通の利用の促進）
第8条　市は、自家用車から公共交通への移動手段の転換を促進するため、公共交通の走行環境及び利用環境の改善その他公共交通の利便性の向上に必要な施策を講ずるものとする。
2　市は、公共交通の利用を促進するため、国、県、公共交通事業者及び関係機関と協力し、公共交通相互の乗継ぎ及び公共交通と自家用車、自転車等との乗継ぎの利便性の向上など、必要な施策を講ずるものとする。
3　市は、事業者及び公共交通事業者が行う公共交通の利用の促進に向けた取組に対し、積極的に協力するものとする。

（公共交通空白地域等への対応）
第9条　市は、公共交通空白地域において、当該公共交通空白地域に居住する住民が組織する団体及び公共交通事業者と協働して、公共交通による移動手段の確保のために必要な施策を講ずるものとする。
2　市は、公共交通不便地域及び公共交通準不便地域において当該公共交通不便地域及び公共交通準不便地域に居住する住民が組織する団体が行う公共交通による移動手段の確保に向けた取組を促進するために必要な施策を講ずるものとする。

（市民からの提案等）
第10条　市長は、市民からの公共交通の維持及び充実に関する提案について総合的に検討し、これを適切に市の施策に反映させるために必要な措置を講ずるものとする。

（周辺市町村との連携及び国等への要請）
第11条　市長は、公共交通の維持及び充実に関する施策を実施する上で必要があると認めるときは、周辺市町村と連携を図るとともに、国、県及び公共交通事業者が組織する団体に対し、必要な措置を講ずるよう要請するものとする。

（公共交通事業者等への支援）
第12条　市は、公共交通の維持及び充実に関する施策を実施する上で必要があると認めるときは、公共交通事業者、公共交通事業者が組織する団体等に対し、技術的及び財政的支援に努めるものとする。

（熊本市公共交通協議会）
第13条　利便性の高い公共交通を実現するための諸課題及び施策について協議するた

め、市長の附属機関として、熊本市公共交通協議会(以下「協議会」という。)を設置する。
2　協議会の組織及び運営について必要な事項は、規則で定める。
(委任)
第 14 条　この条例に定めるもののほか、この条例の施行に関し必要な事項は、市長が別に定める。
附　則
この条例は、平成 25 年 4 月 1 日から施行する。
附　則(平成 26 年 3 月 25 日条例第 34 号)
この条例は、公布の日から施行する。

### ●奈良県公共交通条例

平成 25 年 7 月 17 日
奈良県条例第 12 号

奈良県公共交通条例をここに公布する。

奈良県公共交通条例

　奈良県の公共交通は、奈良盆地を中心に路線バス及び鉄道により整備され、山間では特にバス路線が重要な役割を果たしている。

　近年、奈良県においては、急速に進展する少子高齢化、人口減少、過疎化、多様な生活様式の追求による自家用自動車への依存の高まりなどを背景とする公共交通利用者の減少により、公共交通の維持が困難になりつつある。

　この状況は、今後も継続すると見込まれること並びに日常生活及び社会生活を営むうえで、路線バス、鉄道、市町村が運営するコミュニティバスなどの公共交通を必要とする県民及び来訪者が増加することが見込まれることから、公共交通を利用した移動環境の確保が課題となっている。

　このため、道路環境及び自然環境に配慮しつつ、過度に自家用自動車に依存することのない社会及び地域の実情に適合した公共交通により円滑に移動することのできる持続可能な社会を実現することにより、県民及び来訪者の日常生活及び社会生活を確保することが求められている。

　全ての県民が健康的で文化的な日常生活及び社会生活を営むため、不便や不自由を感じることのない移動環境の確保を社会インフラと位置付け、県、市町村、公共交通事業者等、県民が相互に連携し、及び協力しながら、公共交通を作り上げていくことが必要となる。

　ここに、県が公共交通に関する施策を総合的かつ計画的に推進するため、この条例を制定する。

（目的）
第一条　この条例は、県民の自立した日常生活及び社会生活を確保すること並びに来者に便宜を提供することの重要性に鑑み、現在あるべき及び将来に目指すべき公共交通のあり方についての基本理念を定め、並びに県の責務並びに市町村との連携並びに公共交通事業者等及び県民の役割を明らかにするとともに、公共交通に関する施策を総合的かつ計画的に推進し、もって公共交通により円滑な移動を享受できる持続可能な地域社会の実現に寄与することを目的とする。

（基本理念）
第二条　公共交通による生活交通を享受できる移動環境の確保は、県民が健康的で文化的な日常生活及び社会生活を営むため必要であることから、必要な施策を総合的かつ計画的に推進することが県の責務である。

2　公共交通に関する施策の推進は、県、市町村、公共交通事業者等、県民が、連携し、

及び協働しつつ、行われなければならない。
(県の責務)
第三条　県は、前条に規定する基本理念（以下「基本理念」という。）にのっとり、公共交通に関する施策を総合的かつ計画的に策定し、及び実施するものとする。
2　県は、県内における公共交通の広域的なネットワークを確保するとともに、市町村が実施する施策又は公共交通事業者等が実施する業務について、必要な助言その他の支援を行うよう努めなければならない。
3　県は、第一条に規定する目的（以下「目的」という。）の実現のため、市町村、公共交通事業者等及び県民と相互に連携し、協力を得るよう努めなければならない。
(市町村との連携)
第四条　県は、市町村が、公共交通に関して、その市町村の区域の自然的経済的社会的諸条件に応じた施策を策定し、及び実施していることに鑑み、市町村との連携に努めるものとする。
(公共交通事業者等の役割)
第五条　公共交通事業者等は、目的の実現に重要な役割を有していることに鑑み、その業務を適切に行うよう務めるとともに、県又は市町村が実施する公共交通に関する施策に協力するよう努めるものとする。
(県民の役割)
第六条　県民は、基本理念についての理解を深め、県又は市町村が実施する公共交通に関する施策に協力するよう努めるものとする。
2　県は、公共交通に関する施策を総合的かつ計画的に推進するため、県民及び来訪者と情報を共有し、広く知識と意見を求めるものとする。
(公共交通基本計画)
第七条　知事は、まちづくり、保健、医療、福祉、教育その他の施策との連携及び関連する施策との連携を図りながら、公共交通に関する施策を総合的かつ計画的に推進するため、公共交通に関する基本的な計画（以下「公共交通基本計画」という。）を定めるものとする。
2　前項に基づく公共交通基本計画は、次に掲げる事項について定める。
　一　公共交通に関する施策についての基本的な方針
　二　公共交通に関し、県が総合的かつ計画的に講ずべき施策
3　知事は、施策の実施状況及び事業効果の評価を踏まえ、必要に応じ、公共交通基本計画の見直しを行うものとする。
4　知事は、毎年度、公共交通基本計画に基づく施策の実施状況を議会に報告するものとする。
(委任)
第八条　この条例に定めるもののほか、この条例の施行に必要な事項は、知事が別に定める。
　附　則
この条例は、公布の日から施行する。

● 高松市公共交通利用促進条例

平成 25 年 9 月 27 日条例第 42 号
改正
平成 26 年 4 月 1 日

高松市公共交通利用促進条例

　モータリゼーションの進展を背景に、近年、我が国の地方都市の多くにおいて、郊外に立地する大規模小売店舗や公共施設等の増加などにより都市機能が拡散し、自家用車への依存が一層高まっている。そして、公共交通利用者が大きく減少し、市民生活の基盤である公共交通を取り巻く環境は厳しさを増している。

　今後、更に人口減少、少子・超高齢社会が進行する中で、公共交通が衰退することは、移動手段を持たない交通弱者の急増はもとより、温室効果ガス排出量の増加、中心市街地における商業業務機能の低下や、郊外への人口流出による社会的コストの増大など多くの弊害を招きかねず、ひいては地域社会の衰退を引き起こすことが懸念されるものである。

　このような状況に対処するため、本市は、都市機能を集積し、市街地拡大を抑制するコンパクトで持続可能な集約型の都市構造「多核連携型コンパクト・エコシティ」の実現を目指しており、その取組の柱として、既存の交通基盤を有効に活用し、人と環境にやさしく、健康増進にも資することとなる、快適で利用しやすい公共交通体系を構築しようとしている。

　この交通体系を将来にわたり持続可能なものとするためには、公共交通の利便性向上策の着実な実施と市民一人一人による公共交通の積極的な利用、さらには温暖小雨の気候、平坦な地形などの地域特性により市民に広く利用されている自転車をはじめとする、公共交通と相互に補完し合う他の交通手段との連携を図ることが不可欠である。

　ここに、市、市民、事業者及び公共交通事業者が協働して取り組むことにより公共交通の利用を促進し、安全かつ快適で人と環境にやさしい都市交通の形成に寄与するため、この条例を制定する。

（目的）
第 1 条　この条例は、公共交通の利用の促進に関し、基本理念を定め、市、公共交通事業者、市民及び事業者の責務を明らかにするとともに、公共交通の利用の促進に関する施策（以下「利用促進施策」という。）の基本的事項を定めることにより、公共交通の利用を総合的に促進し、もって快適で人と環境にやさしい都市交通の形成に寄与することを目的とする。

（定義）
第 2 条　この条例において、次の各号に掲げる用語の意義は、当該各号に定めるところによる。
　(1) 公共交通　市民の日常生活又は社会生活における移動のための交通手段として利用される公共交通機関であって、公共交通事業者が本市の区域内において運行する

ものをいう。
(2) 公共交通事業者　次に掲げるものをいう。
　ア　道路運送法（昭和26年法律第183号）に規定する一般乗合旅客自動車運送事業（高速自動車国道を利用して、都市間の旅客の運送を行うものを除く。）を営む者
　イ　鉄道事業法（昭和61年法律第92号）に規定する鉄道事業（旅客の運送を行うものに限る。）を営む者
　ウ　海上運送法（昭和24年法律第187号）に規定する一般旅客定期航路事業（高松港と男木港との間を運航するものに限る。）を営む者
(3) 市民　高松市自治基本条例（平成21年高松市条例第51号）第2条第1号に規定する市民をいう。
(4) 事業者　市内に事務所又は事業所を有する個人又は法人その他の団体をいう。
(5) 協働　高松市自治基本条例第2条第6号に規定する協働をいう。

（基本理念）
第3条　公共交通の利用の促進は、誰もが安全に安心して移動できる公共交通体系を構築することを基本として行われなければならない。
2　公共交通の利用の促進は、公共交通の利便性の向上を通じて交通の円滑化及び効率化を図り、もって高松のまちの魅力を高め、にぎわいの創出に資することを旨として行われなければならない。
3　公共交通の利用の促進は、公共交通が環境への負荷の少ない交通手段であることに鑑み、環境への負荷の少ない社会の実現に資することを旨として行われなければならない。

（市の責務）
第4条　市は、前条の基本理念（以下「基本理念」という。）にのっとり、公共交通の維持・改善を可能とするまちづくりの推進及び公共交通事業者との協働による公共交通の利便性の向上を図るとともに、利用促進施策を総合的かつ計画的に策定し、及び実施しなければならない。
2　市は、利用促進施策の策定及び実施に当たっては、公共交通事業者、市民及び事業者の意見を十分に反映させるよう努めるものとする。

（公共交通事業者の責務）
第5条　公共交通事業者は、基本理念にのっとり、事業の効率化に努めるとともに、他の公共交通事業者と連携しながら、公共交通の利便性を高めるよう努めなければならない。
2　公共交通事業者は、利用促進施策を市、市民及び事業者と協働して推進するよう努めなければならない。

（市民の責務）
第6条　市民は、基本理念にのっとり、公共交通の利用促進への理解と関心を深めるとともに、過度の自家用車の利用を控え、公共交通を積極的に利用するよう努めなければならない。

2 市民は、利用促進施策を市、事業者及び公共交通事業者と協働して推進するよう努めなければならない。
(事業者の責務)
第7条 事業者は、基本理念にのっとり、その事業活動に伴う移動、従業員の通勤等における公共交通の利用を推進するとともに、従業員に対し公共交通の利用に関する意識啓発を行うよう努めなければならない。
2 事業者は、利用促進施策を市、市民及び公共交通事業者と協働して推進するよう努めなければならない。
(基本方針)
第8条 市は、市民、事業者及び公共交通事業者との協働により、次に掲げる基本方針に基づき、利用促進施策を推進しなければならない。
(1) 公共交通の利便性の向上及び積極的な利用の促進
(2) 地域の特性に応じた公共交通間及び公共交通と公共交通以外の交通手段との間における効率的な機能分担及び連携
(3) 公共交通優先の交通体系へ転換するための交通環境の整備
(4) ユニバーサルデザイン(年齢、性別、障害の有無、国籍等にかかわらず、できる限り多くの人が利用することができるよう製品、環境等を計画し、設計することをいう。)に配慮した公共交通に関する施設等の整備
(5) 教育、啓発等を通じた公共交通に関する意識の醸成
(公共交通利用促進計画)
第9条 市長は、利用促進施策を総合的かつ計画的に推進するため、公共交通の利用の促進に関する計画(以下「公共交通利用促進計画」という。)を策定しなければならない。
2 公共交通利用促進計画は、次に掲げる事項について定めるものとする。
(1) 公共交通の利用の促進に関する目標
(2) 公共交通の利用の促進に関し、総合的かつ計画的に講ずべき施策
(3) 公共交通と公共交通以外の交通手段との連携に関する事項
(4) 前3号に掲げるもののほか、利用促進施策を総合的かつ計画的に推進するために必要な事項
3 市長は、公共交通利用促進計画を定めようとするときは、あらかじめ、市民の意見を反映させるために必要な措置を講ずるとともに、高松市総合都市交通計画推進協議会条例(平成24年高松市条例第3号)に定める高松市総合都市交通計画推進協議会の意見を聴かなければならない。
4 市長は、公共交通利用促進計画を定めたときは、遅滞なく、これを公表しなければならない。
5 前2項の規定は、公共交通利用促進計画の変更について準用する。
(財政上の措置等)
第10条 市は、公共交通の利用の促進のために必要な財政上の措置を講ずるよう努めるものとする。

2　市長は、公共交通の利用の促進のため必要があると認めるときは、公共交通事業者及び公共交通事業者が構成する団体に対し助言を行うとともに、国、県その他関係機関に対し必要な要請又は提案を行うものとする。
(利用実態及び意向の把握)
第11条　市及び公共交通事業者は、公共交通の利用実態及び利用者の意向の把握に努めるものとする。
(実施状況等の公表)
第12条　市長は、毎年度、公共交通利用促進計画で定めた目標の達成状況、利用促進施策の実施状況等を取りまとめ、その概要を公表しなければならない。
(委任)
第13条　この条例に定めるもののほか、必要な事項は、市長が定める。
附　則
(施行期日)
1　この条例は、公布の日から施行する。
(経過措置)
2　この条例の施行の際現に定められている高松市総合都市交通計画(公共交通及び自転車を活用したまちづくりを総合的かつ計画的に推進するために市長が定めた計画をいう。)のうち第9条第2項各号に掲げる事項に該当する部分は、この条例の施行の日以後新たに公共交通利用促進計画が策定されるまでの間は、公共交通利用促進計画とみなす。
(高松市総合都市交通計画推進協議会条例の一部改正)
3　高松市総合都市交通計画推進協議会条例の一部を次のように改正する。
(省略)

●長岡京市公共交通に関する条例

平成25年12月26日
条例第26号

目次
前文
第1章　総則（第1条―第6条）
第2章　基本的事項（第7条―第11条）
第3章　地域公共交通会議（第12条・第13条）
第4章　雑則（第14条・第15条）
附則

　市街地と西山連峰が近接しみどり豊かなまちなみがひろがる長岡京市は、京都と大阪の中間に位置し、都市基盤の進展とともに交通利便性の優れたまちとして発展してきた。
　一方、自動車の普及等に伴って、全国的に利用者の減少による公共交通の衰退に拍車がかかっており、長岡京市においてもその傾向が生じている。
　このような状況のなか、環境問題や高齢社会に対応するためには、公共交通の重要性及び必要性がより一層増しており、市民生活を支える公共交通を健全に持続させるとともに、利便性向上に向けて、公共交通事業者だけではなく、行政や市民、事業者も一体となって公共交通を支えていくことが求められている。
　よってここに、公共交通が市民の暮らしを支え、市民が将来にわたって住みつづけるため必要不可欠であることを認識し、安心・安全で健康な環境負荷の少ない持続可能なまちづくりを進めるため、この条例を制定するものである。

第1章　総則
（目的）
第1条　この条例は、公共交通に関し、市、市民、事業者及び公共交通事業者の責務を明らかにするとともに、基本となる事項を定めることにより、車中心のまちづくりから公共交通中心のまちづくりへの転換を図り、誰もが移動しやすい良好な都市環境の形成に寄与することを目的とする。
（定義）
第2条　この条例において、次の各号に掲げる用語の意義は、それぞれ当該各号に定めるところによる。
　(1)　公共交通　市民の日常生活又は社会生活における移動のための交通手段として不特定多数の人に利用される交通機関をいう。
　(2)　市民　市内に住所を有する者及び市内に勤務又は在学する者をいう。
　(3)　事業者　市内で事業活動を行う法人その他の団体及び個人をいう。ただし、次号の公共交通事業者を除く。
　(4)　公共交通事業者　次のいずれかに該当するものをいう。

ア　道路運送法（昭和26年法律第183号）第4条の規定に基づき許可を受けた一般乗合旅客自動車運送事業者及び一般乗用旅客自動車運送事業者
　　イ　鉄道事業法（昭和61年法律第92号）第3条の規定に基づき許可を受けた鉄道事業者（旅客の運送を行う者に限る。）
（市の責務）
第3条　市は、公共交通に関する総合的な政策を策定し実施しなければならない。
2　市は、<u>前項</u>の政策に市民、事業者及び公共交通事業者の意見を反映させるよう努めるとともに、その政策実現のための施策の実施に当たっては、これらのものの理解と協力を得るよう努めなければならない。
（市民の責務）
第4条　市民は、公共交通の担い手であることを認識し、公共交通の利用の促進について理解と関心を深めるよう努めるとともに、市が実施する公共交通に関する施策に協力するよう努めなければならない。
（事業者の責務）
第5条　事業者は、事業活動及び従業員の通勤における公共交通の利用の促進に努めるとともに、市が実施する公共交通に関する施策に協力するよう努めなければならない。
（公共交通事業者の責務）
第6条　公共交通事業者は、公共交通の利用の状況を踏まえつつ市の公共交通の利便性を高めるよう努めるとともに、市が実施する公共交通に関する施策に協力するよう努めなければならない。
第2章　基本的事項
（地域公共交通ビジョン）
第7条　市長は、公共交通に関する施策を総合的かつ計画的に実施するため、市内の公共交通に関する基本的な計画である長岡京市地域公共交通ビジョン（以下「ビジョン」という。）を策定しなければならない。
2　市長は、ビジョンを策定しようとするときは、<u>第12条</u>に規定する長岡京市地域公共交通会議の意見を聴かなければならない。これを変更しようとするときも同様とする。
3　市長は、ビジョンを策定し、又は変更したときは、速やかにこれを公表しなければならない。
（公共交通の環境整備）
第8条　市長は、市民の日常生活及び社会生活を支援するため、公共交通の環境整備を行うものとする。この場合において、市長は、地域の安心・安全、市民の健康増進及び環境負荷の低減に努めるものとする。
2　<u>前項</u>の環境整備を行うに当たっては、車中心のまちづくりから公共交通中心のまちづくりへの転換を図るため、公共交通優先の整備を行うものとする。
3　市長は、公共交通による移動が困難であると認められる地域については、当該地域の交通手段が確保されるよう努めるものとする。
（意識の高揚等）
第9条　市長は、公共交通の利用の促進等公共交通に関する市民及び事業者の意識の高

揚に努めるとともに、市民及び事業者による自主的かつ自発的な活動が推進されるよう努めなければならない。

(表彰)

第10条　市長は、公共交通の利用の促進等公共交通に関する施策の推進に著しく貢献したものを表彰することができる。

(市民等への支援)

第11条　市長は、公共交通に関する施策を推進するため必要があると認めるときは、市民、事業者又は公共交通事業者に対し技術的又は財政的な支援をすることができる。

第3章　地域公共交通会議

(設置)

第12条　公共交通に関する政策及び施策の推進並びに地域の実情に即した輸送サービスの向上に必要となる事項を協議するため、長岡京市地域公共交通会議(道路運送法施行規則(昭和26年運輸省令第75号)第9条の2に規定する地域公共交通会議をいう。)を置く。

(組織)

第13条　長岡京市地域公共交通会議は、市長が委嘱し、又は任命する委員25人以内をもって組織する。

2　委員の任期は、2年とし、再任を妨げない。ただし、委員が欠けた場合における補充の委員の任期は、前任者の残任期間とする。

3　この章に定めるもののほか、長岡京市地域公共交通会議の組織及び運営に関し必要な事項は、規則で定める。

第4章　雑則

(国等に対する要請等)

第14条　市長は、公共交通に関する施策に関し必要があると認めるときは、国、京都府その他関係団体に対し、必要な協力を要請するものとする。

(委任)

第15条　この条例に定めるもののほか、この条例の施行について必要な事項は、市長が別に定める。

附　則

(施行期日)

1　この条例は、平成26年4月1日から施行する。

(経過措置)

2　この条例の施行の際、現に存する長岡京市地域公共交通ビジョンについては、この条例の規定に基づき策定されたものとみなす。

(長岡京市特別職非常勤職員の報酬及び費用弁償に関する条例の一部改正)

3　長岡京市特別職非常勤職員の報酬及び費用弁償に関する条例(昭和39年長岡京市条例第15号の一部を次のように改正する。

(省略)

# おわりに

　地方自治体の公共交通条例を中心に、「まちづくり」条例や各種施策について考察してきた。批判めいた提案も行ったが、あくまで個人的見解に過ぎない。

　本書の執筆にあたり、質問に快く応じていただいた金沢市、福岡市、加賀市、新潟市、熊本市、奈良県、高松市および長岡京市の担当部局課の方々にはあつく御礼申し上げる。

　公共交通空白地域等は全国的規模で拡大している。筆者の故郷には以前、国鉄と路面電車、乗合バスが運行しており、田舎とはいえ人々が自由に往来できた。現在はJR四国を除き、利便性に劣る1日2便のコミュニティバスのみになった。商店街は衰退し、自家用乗用車がなければ買い物にも支障をきたす状況である。

　2015年6月、「旅客鉄道株式会社及び日本貨物鉄道株式会社に関する法律の一部を改正する法律」（平成27年6月10日、法律第36号）が成立し、16年秋にJR九州が上場を果たした。法律上、国土交通大臣は完全民営化後も、路線維持や利用者利便の確保等について、配慮すべき事項に関する指針を策定し、必要に応じて勧告、命令等を行うことができる。けれども「当分の間」の措置であり、鉄道事業の慢性的な赤字状況に鑑みれば、中長期的には不採算路線の縮小・廃止が懸念される。

　JR北海道は留萌線留萌〜増毛間の廃止を手はじめに、路線の縮小・廃止に踏み出した。石勝線・夕張支線も2019年度末で廃止される。同社は16年11月、単独での維持が困難な路線を公表したが、バス転換、上下分離方式の導入等に係る国・道、沿線地方自治体との本格的検討に入る。札幌圏を含む全線区で赤字が続く中、札沼線、根室線といった輸送密度が極端に低い10

路線 13 区間が対象になる。一方、第 3 セクター鉄道会社の経営は相変わらず見通しが立たない状況である。

　人口減少と不況の中で地方経済は混迷状態にあり、住民の生活は一層苦しくなっている。住民が自由に移動できず、都市部に居住する人々が容易にアクセスできなければ、地域は衰退するばかりである。地域公共交通の活性化・再生が欠かせない。

　「交通基本法」案が上程（廃案）され、「交通政策基本法」が成立する過程を通し、地方自治体による公共交通条例が相次いで制定された。とはいえ 2016 年 8 月現在、公共交通条例を策定した地方自治体は、本書で紹介した 1 県 7 市のみと思われる。本数はまだ少ないものの、「交通政策基本法」に基づく「交通政策基本計画」の実施が成果を挙げ、個別法の改正および国の補助制度の拡充が進めば、多くの地方自治体で同様の条例が制定されると考える。国の立法はそれほどまでの影響力を有するのである。「移動権」を是認する条例の成立は難しいが、国の諸施策は直接・間接を問わず新たな条例に反映する。その意味でも地域公共交通の活性化・再生に果たす国土交通省の役割は重要である。同省は持続可能な公共交通の再構築に一層重点を置き、地方自治体が後押しなければならない。

　「はじめに」でも紹介したように、国の「地域公共交通確保維持改善事業費補助」に係る予算は、毎年約 300 億円程度の規模にとどまる。これに対し、福岡市（博多駅）〜長崎市（長崎駅）を結ぶ「九州新幹線（長崎ルート）」の建設費は、標準軌で走行する武雄温泉〜長崎区間だけで 5,000 億円を上回る。しかも軌間可変電車（フリーゲージトレイン）の開発が遅滞しており、在来線と新幹線を乗り継ぐ「リレー方式」による暫定開業となるため、時間短縮効果はわずか 22 分である。新幹線開業に伴い、経営分離される予定であった肥前山口〜諫早間の並行在来線は、上下分離方式を採用して JR 九州が 23 年間運行を維持するが、佐賀県と長崎県の負担は地域振興に係る補助金だけでなく、おそらく第 3 セクター鉄道に転換される 24 年目からの経営負担が加わる。鹿児島・熊本両県と沿線地方自治体が 62 億円を出資し、鹿児島ルート開業時、鹿児島本線の八代〜川内間を引き継いだ肥薩おれんじ鉄道は乗客数が激減し続け、2014 年度の累積赤字が 14 億 6,000 万円に膨れ、両県

は14〜23年度27億円の追加支援を決めた。並行在来線の経営分離は沿線地域の衰退を招くだけである。

　JR東海の「中央新幹線」（リニア新幹線）は、同社の年間事業収入の3倍を超える総事業費9兆円の巨大プロジェクトであり、品川〜名古屋までの先行開業区間だけで5兆5,235億円の事業費を要する。新幹線の3倍の電力を消費し、維持費も高額なため採算性にも疑問があるが、JR東海は東海道新幹線の収益を充て、経営の維持を図るとする。しかし、2016年3月期におけるJR東海の長期債務残高は2兆1,505億円に上っており、予想される事業費高騰と相まって経営を圧迫しかねない。また、品川〜名古屋間は86％がトンネルで南アルプスの山中（都市部は40メートル以上の大深度地下）を貫き、5,680万立方メートルの残土が発生する等、大規模な環境破壊が懸念されている。16年5月、中央新幹線工事実施計画の認可処分の取り消しを求める訴訟が提起された。

　ところが政府は、高速道路や港湾整備とともに「中央新幹線」を、地方を活性化する「地方創生回廊」と位置づけ、大阪までの延伸を前倒しするために3兆円の財政投融資を投入すると発表した。しかし、延伸工事の開始は早くとも11年後で景気対策の効果は期待できず、内閣府も直接的な需要の押し上げ効果（1.3％程度）から除外している。さらに「中央新幹線」が完成すれば東京、名古屋、大阪等の大都市に人、物、金が一層集中する可能性が高く、「地方創生」に逆行しかねない。これらの事業に国費を費やすのではなく、地域公共交通の活性化・再生に不可欠な財源に充てるべきと考える。

　大学卒業後、筆者は運輸本省（現：国土交通省）に職を得たが、自治行政の重要性を痛感した。「行政国家」において、省庁の職員は法案作成や他省庁、国会、政権政党、交通事業者との折衝を通し、幅広い見識をもてる。けれども、いわゆる「現場」を知らない。地方支分部局に移動すれば一定の「現場」経験も可能となるし、都道府県や市町村単独では不可能な広域事務および調整機能も果たせるものの、地方自治体の職員とは比較にならない。住民と協働して公共交通空白地域等における移動手段を確保し、地域公共交通の活性化・再生を進め、地方経済を立て直して住民生活の改善を図ることは、首長・議会とならび地方自治体職員の務めである。

本書を執筆中の 2016 年 4 月 14 日と 16 日、マグニチュード 6.5 〜 7.3、最大震度 7 程度の熊本大地震が発生した。筆者の住むアパートも屋上に設置した貯水タンクが壊れ、エレベーターが故障する等の被害があり、約 1 か月間に及ぶ 7 階までの水運びを余儀なくされた。勤務する熊本学園大学も相当な損害を被ったが、西原村や益城町、阿蘇一帯の被災状況は甚大である。乗合バスや路面電車が運行停止したため、自家用乗用車による道路渋滞につながり、救援物資運搬車や緊急用車両の運行が妨げられた。12 月時点でも、生活路線としての JR 九州・豊肥本線、第 3 セクター・南阿蘇鉄道は一部区間しか運行していない。「公共交通の役割を再認識した」との感想が多く聞かれたものである。東日本大震災による被災者の生活を想像せざるをえない状況であった。

　地域公共交通の活性化・再生は地方自治体の大きな課題であるが、市民の参加なくしては成果が望めない。本文で扱った公共交通条例が、いずれも市民らの役割と義務を明記している理由となる。自らの生活を守るため、一層の自覚と参加意識の高揚を期待してやまない。

　私事ながら、長年にわたり筆者の研究生活を支えてくれる妻・洋子に本書を捧げたい。また、編集に際し、お世話になった日本評論社の永本潤氏に御礼申し上げる次第である。

## 索　引

### 欧文

BRT　3, 18, 56, 58, 108, 113, 165
LRT　45, 56, 58, 59, 125, 165

### あ行

移動権　14, 15, 16, 17, 23, 27, 28, 30, 31, 32, 33, 35, 75, 88, 89, 90, 91, 92, 118, 145, 210
移動の権利　91, 140
ウーバー社　11
運行効率化調査検討事業　151, 152, 153
大船渡線　3, 18

### か行

会社更生法　7
海上運送高度化事業　45
加賀市
　　―市民主役条例　101, 102, 103
　　―地域公共交通育成等協働事業補助金　100
　　―地域公共交通育成等協働事業補助金交付要綱　100
　　―地域公共交通会議　97, 100
　　―地域公共交通会議・地域公共交通活性化・再生協議会　97
　　―地域公共交通活性化・再生協議会　97, 100
　　―地域交通基本条例　94, 95, 99, 101, 103, 189
　　―廃止路線代替バス運行維持事業補助金交付要綱　99
　　第二次―総合計画　101, 102-103
過疎地域自立促進特別措置法　143
金沢市
　　―歩けるまちづくり審議会　69
　　―駐車場適正配置審議会　69
　　―における歩けるまちづくりの推進に関する条例　64, 65, 69, 181
　　―における公共交通の利用の促進に関する条例　62, 63, 64, 65, 68, 69, 70, 181
　　―における駐車場の適正な配置に関する条例　64, 69, 181, 183
　　―パーク・アンド・ライド駐車場の配置に関する基本指針　69, 73
　　―まちなか空地活用促進奨励金交付要綱　64
　　―まちなかにおける定住の促進に関する条例　64, 66
金沢交通戦略
　　新―　67, 68
　　第2次―　67
株式会社産業再生機構法　126
株式会社地域経済活性化支援機構　126
株式会社地域経済活性化支援機構法　126
基軸としての公共交通機関　162
基軸を支えるもの　163
軌道運送高度化事業　45
近接性の原理　20, 147
熊本交通圏　121, 122, 123, 136
熊本市
　　―公共交通基本条例　73, 80, 115, 116, 118, 119, 123, 124, 125, 126, 127, 129, 130, 132, 134, 196
　　―公共交通グランドデザイン　115, 116, 117, 118, 129
　　―自転車の安全利用及び駐車対策等に関する条例　123
経済のグローバル化　4
軽量軌道交通　45
気仙沼線　3, 18

原因者負担の原則　85, 100, 114
公共交通
　―空白地域　9, 111, 116, 117, 118, 130, 131, 133, 164, 165, 167, 169, 173, 175, 176, 177, 179, 197, 198
　―空白地域等　9, 10, 21, 39, 98, 117, 129, 130, 131, 132, 134, 150, 166, 167, 173, 174, 175, 176, 177, 178, 198
　―空白地等及び移動制約者に係る生活交通の確保に関する条例　74, 75, 79, 81, 85, 87, 92, 185
　―空白地や公共交通不便地若しくは公共交通不便地に準ずると市長が認める地域となるおそれのある地域　77, 81
　―検討対象地域　176, 177
　―重要路線　67, 68, 183
　―準不便地域　130, 131, 197, 198
　―条例　9, 92
　―不便地　76, 77, 78, 79, 81, 84, 186
　―不便地域　111, 116, 130, 131, 133, 197, 198
　―不便地に準じると市長が認める地域　77
　―利便地域　176
　―利用可能地域　176
　―利用促進市民会議　69, 72, 184
公共レンタサイクルまちのり　66
交通基本法案　14, 15, 22, 89, 90, 92
交通権　14, 17, 32, 33, 34, 35, 75, 85, 88, 90, 91, 92, 145
交通事業経営健全化計画　128
交通政策基本法　14, 15, 16, 17, 18, 19, 20, 21, 23, 24, 25, 26, 27, 28, 30, 33, 35, 36, 38, 39, 41, 46, 68, 90, 91, 97, 172, 210
交通税　85
交通税法　22, 114
公有民営方式車両購入費補助　50, 52
高齢者、障害者等の移動等の円滑化の促進に関する法律　24, 150, 164, 167
高齢者の居住の安定確保に関する法律　143
国勢調査人口速報集計結果（平成27年）　2
国勢調査抽出速報集計結果（平成27年）　2
国土強靱化基本法　18, 37, 40
国土形成計画（全国計画）　23, 117
国土形成計画法　23, 117
国土のグランドデザイン2050　117
国立社会保障・人口問題研究所　4
国家戦略特別区域法の一部を改正する法律　10
国家戦略特区諮問会議　10
コミュニティバス　9, 10, 118, 126, 132, 133, 147, 151, 158, 174, 175, 178
コンパクトシティ　38, 39, 68, 73, 116, 117, 129, 157
　多核連携型―　116, 117, 157

## さ行

財政制度等審議会財政投融資分科会　47
裁判規範性　25, 26, 27, 28, 30, 33, 34, 90, 118
産業活力再生特別措置法　7, 136
産業競争力強化法　7, 12
産業再生機構　126, 136
三陸鉄道　3, 57
自家用乗用車保有率　8
自家用有償旅客運送事業　11
事業評価補助　57
次世代型バス高速輸送システム　3
事前届出制　5
私的独占の禁止及び公正取引の確保に関する法律　127
市電延伸　124
自転車で移動しやすく快適に歩けるまちづくり条例　104, 105, 109, 113, 123, 191
自転車利用推進計画　110, 194
社会資本整備重点計画法　23
社会的価値　96, 125
車両減価償却費等補助　52, 153, 154
集約地域　117

需給調整規制　5, 94, 122
準特定地域　121, 122
上下分離　45, 58, 209, 210
少子高齢化　2, 3, 4, 9, 25, 41, 139, 196, 200
常磐線　3
条例素案提言書　160, 162, 163, 164, 165
新金沢交通戦略　→金沢交通戦略
新幹線開業 PR 戦略実行プラン　95
生活交通特別対策区域　77, 82, 84, 85, 87, 88, 187

## た行

第二期長岡京市都市計画マスタープラン　→長岡京市
第二次加賀市総合計画　→加賀市
第 2 次金沢交通戦略　→金沢交通戦略
多核連携型コンパクト・エコシティ　156, 157, 160, 168, 202
多核連携型コンパクトシティ　→コンパクトシティ
高松市
　―公共交通利用促進条例　156, 159, 160, 161, 162, 164, 165, 167, 202
　―総合都市交通計画推進協議会　159, 160, 161, 163, 168, 204, 205
タクシーの供給過剰問題　121
誰もが自由に移動できる権利　140
地域間幹線系統確保維持費補助　50, 51
地域公共交通
　―確保維持改善事業　7, 27, 39, 45, 46, 48, 50, 72, 97, 100, 113
　―確保維持改善事業実施要領　27, 50
　―確保維持改善事業費補助金交付要綱　27, 43, 45, 48, 50, 78, 79, 144, 152
　―確保維持事業　48, 50
　―確保事業補助　151, 153
　―確保のための協働連携事業　151, 152, 153
　―活性化・再生総合事業　45
　―活性化・再生総合事業費補助金交付要綱　45, 92
　―協議会　45, 133, 144
　―再編実施計画　41, 46, 51, 52, 56, 57, 148
　―再編推進事業補助（再編計画推進事業）　57
　―調査事業補助（計画推進事業）　57
　―調査等事業補助　57
　―特定事業　45, 46, 58
　―の活性化及び再生に関する法律　12, 21, 36, 41, 44, 48
　―の活性化及び再生に関する法律及び独立行政法人鉄道建設・運輸施設整備支援機構法の一部を改正する法律　47, 50
　―の活性化及び再生に関する法律の一部を改正する法律　46, 47, 58
　―バリア解消促進等事業（補助）　48, 50, 55
　―網形成計画　27, 39, 41, 42, 46, 47, 56, 57, 58, 68, 88, 134, 148, 164, 165, 174
地域内フィーダー系統確保維持費補助　50, 51, 78
地方公共団体の財政の健全化に関する法律　128
地方自治法第二百五十二条の二十二第一項の中核市の指定に関する政令　156
地方中枢拠点都市　117, 157
中小企業再生支援協議会　126
強くしなやかな国民生活の実現を図るための防災・減災等に資する国土強靱化基本法　18
デマンドタクシー　9, 118, 150
鉄道軌道安全輸送設備等整備事業補助　55, 56
鉄道事業再構築事業　45, 56
鉄道事業法の一部を改正する法律　5
道路運送高度化事業　45
道路運送法　10, 11, 41, 46, 75, 76, 83, 87, 98, 120, 121, 122, 164, 178, 186, 188, 191,

196, 197, 203, 207, 208
道路運送法及びタクシー業務適正化臨時措置法の一部を改正する法律　94, 122
道路運送法施行規則　87, 98, 144, 146, 177
道路交通法　67, 107, 197
道路交通法の一部を改正する法律　107
特定地域　121, 122, 123
特定地域及び準特定地域における一般乗用旅客自動車運送事業の適正化及び活性化に関する特別措置法　121
都市再生特別措置法　38, 68, 117, 157
都市の装置　16, 96, 107, 176
土地利用政策（立地適正化計画）　68
富の再分配　4
トランジットモール　108, 165

## な行

長岡京市
　―愛のタクシー事業　176
　―公共交通に関する条例　170, 171, 173, 176, 178, 206
　―第4次総合計画　173
　―地域公共交通ビジョン　172, 173, 174, 175, 177, 207, 208
　第二期―都市計画マスタープラン　173
奈良県
　―基幹公共交通ネットワーク確保事業補助　151, 154
　―基幹公共交通ネットワーク確保事業補助金交付要綱　151, 153
　―地域公共交通改善協議会　147, 148
　―公共交通基本計画　148, 149, 150
　―公共交通条例　138, 139, 140, 141, 142, 144, 148, 149, 150, 200
　―地域公共交通網形成計画　148
　―道路の整備に関する条例　142
　―附属機関に関する条例　150
新潟市公共交通及び自転車で移動しやすく快適に歩けるまちづくり条例　104, 105, 109, 113, 123, 191

乗合タクシー　9, 10, 45, 94, 97, 98, 99, 100, 101, 132, 133, 150, 154, 162, 163, 164, 185
乗継円滑化事業　45, 46

## は行

パーク・アンド・ライド　68, 69, 111, 112, 165, 181, 183, 194,
バリアフリー（化）　24, 25, 30, 36, 38, 39, 48, 50, 53, 55, 56, 66, 102, 107, 145, 146, 166, 167, 192
バリアフリー化設備等整備事業補助　55, 56
東日本大震災　3, 15, 17, 18, 40
避難指示区域　3
費用対効果　71, 96, 141
貧困・格差　4
福岡市
　―生活交通確保バス運行補助金交付要綱　78, 82, 84
　―総合交通戦略協議会　88
　―地域公共交通会議　76, 83, 86, 87, 88, 133, 178, 185, 187, 188
　―地域公共交通会議規則　87
　―地域主体の生活交通確保支援補助金交付要綱　77, 82
ふらっとバス　66
プログラム法　25, 26, 28, 30, 31
法定協議会　44, 46, 50, 52, 57, 87, 88, 98, 134, 144, 145, 146, 147, 153, 174, 177

## ま行

まち歩き　109, 193
まちづくりに関する連携協定　147, 151, 152
まちなか区域　64, 66, 67, 181, 182, 183
民事再生法　7, 158

## や行

山田線　3
要綱第3条に規定する協議会　48, 50, 51,

52, 53, 54, 55, 57
予約型運行転換経費補助　50, 52

### ら行

ライドシェア　9, 10, 11, 12, 13
離島
　―航空路運航費補助　54
　―航空路補助　54
　―航路構造改革補助　53, 54
　―住民運賃割引補助　53, 54, 55
　―振興対策実施地域　53
利用環境改善促進等事業補助　55, 56
利用環境整備事業　151, 152, 153
連携中枢都市圏　117
ロードプライシング　165

■著者紹介

香川正俊（かがわ　まさとし）

1950 年　香川県に生まれる
1974 年　運輸本省（現：国土交通省）入省
1984 年　早稲田大学大学院政治学研究科修士課程修了（行政学）
1985 年　（財）国際臨海開発研究センター・中国交通部門嘱託研究員　など
1990 年　熊本商科大学（現：熊本学園大学）専任講師
現　在　熊本学園大学商学部・同大学大学院商学研究科教授
　　　　（専攻：交通論、国際政治、行政学、比較公共政策）
　　　　交通権学会副会長、日本港湾経済学会理事　など
主　著
　単　著　『中国共産党と政治・行政・社会改革』（御茶の水書房、2008 年）
　　　　　『世界と日本の格差と貧困』（御茶の水書房、2013 年）
　編　著　『日中両国の政治・社会・経済的諸課題』（御茶の水書房、2007 年）
　　　　　『都市・過疎地域の活性化と交通の再生』（成山堂書店、2010 年）
　訳　書　『日本語訳　中華人民共和国港湾法解釈』（成山堂書店、2005 年）

地域公共交通の活性化・再生と公共交通条例
（ちいきこうきょうこうつうのかっせいか・さいせいとこうきょうこうつうじょうれい）

2017 年 2 月 10 日　第 1 版第 1 刷発行

著　者——香川正俊
発行者——串崎　浩
発行所——株式会社　日本評論社
　　　　〒170-8474　東京都豊島区南大塚 3-12-4
　　　　電話 03-3987-8621（販売）-8598（編集）
　　　　https://www.nippyo.co.jp/
　　　　振替　00100-3-16
印刷所——平文社
製本所——牧製本印刷
装　幀——林　健造
検印省略　Ⓒ KAGAWA Masatoshi 2017
ISBN978-4-535-55874-8　　　　　　　　　　　　　　　Printed in Japan

JCOPY〈（社）出版者著作権管理機構　委託出版物〉
本書の無断複写は著作権法上での例外を除き禁じられています。複写される場合は、そのつど事前に、（社）出版者著作権管理機構（電話 03-3513-6969、FAX 03-3513-6979、e-mail: info@jcopy.or.jp）の許諾を得てください。また、本書を代行業者等の第三者に依頼してスキャニング等の行為によりデジタル化することは、個人の家庭内の利用であっても、一切認められておりません。